ろな戦略論やフレームワークがあります。毎月のように新しいビジネス本が発刊され、少しインターネットを検索するだけで、「私／僕の考えた最強のマーケティング戦略」のようなコンテンツがたくさん出てきます。人それぞれ意見や考え方がありますから、それ自体は別にいいと思います。ただし、そうした意見が立脚する**前提**が間違っていたとしたら問題です。ですから、ファクトやエビデンスに基づいてその前提部分をしっかりアップデートしておきましょう、というのが筆者からの提案です。

料理に例えるなら、いくら腕の良い料理人（＝読者のみなさま）でも、砂糖と塩を取り違えたら（＝事実を誤認していたら）、おいしい料理（＝ビジネス成果）は作れません。「さすがにそのレベルでは間違えないよ」と思われるかもしれません。しかし読み進めていただくと分かりますが、意外と "そのレベル" で誤認していることが多いのです。

現実と理屈が乖離しているとき、間違っているのは理屈のほうである

本書でいうエビデンスとは、**異なる状況下で繰り返し観測される市場や消費者行動の規則性**のことです（Bass, 1995）。筆者は、そうしたエビデンスに基づいて「根拠のあるマーケティングをしましょう」という立ち位置から、消費財を中心に、化粧品、自動車、金融、不動産、エンターテインメント、メディア、インフラ、D2Cといった分野の戦略立案や施策開発に携わっています。

その傍らで執筆活動も行っており、拙著『"未"顧客理解』（日経BP）はいくつもの企業で社内研修に採用され、また海外での翻訳版も出版されるなど、多くの方の目に留まる機会に恵まれました。読者からは「今まで顧客理解は進めてきたが、**買わない人**（＝未顧客）の理解は十分では

なかった、新しい視点が得られた」といった感想を頂くことが多いのですが、それも「**事業の成長には、既存顧客だけではなく非購買層やライトユーザーへの浸透が重要である**」というエビデンス（Sharp, 2010）が起点になっています。

　最近は事業部単位の相談を受けることが多いのですが、いわゆる成長の踊り場から抜け出せない事業や、新商品が次々に千三つ（せんみつ＝1000に3つしか成功しない例え）にのまれる企業にはある共通点が見受けられます。それは、**担当者や経営者が良かれと思ってやっている"マーケティング"こそが、実は事業の成長を妨げ、時にはビジネスを衰退させる原因になっている**ということです。

　つまり、科学的な根拠のある「**エビデンスベース**」ではなく、担当者が信じ込んでいる「**おとぎ話ベース**」や、お気に入りの「**成功事例ベース**」で戦略や施策が決まり、そのマーケットでは効果がない、むしろマイナスになるようなことを自信満々にやっているのです。具体的に言うと、「そのカテゴリーにその理論は当てはまりませんよ」「その顧客層にそんな施策しても意味ないですよ」「それは売上の先行指標じゃないですよ」「そのフェーズでその視点の戦略は逆効果ですよ」といったケースによく出くわします。つまり**目的と手段が一致していない**わけです。

　例えば、YというKPI（重要業績評価指標）を高めるためにXという打ち手を講じたとします（Xが手段、Yが目的）。しかし、それが実際にワークするのは市場に「X→Y（Xを行うとYが増える）」という関係性が存在する場合です。実は「X→Y」などという因果関係は存在しなかった、原因は別の要因Zだった、Xは定数でマーケティングが介入できる変数ではなかった、実はYはKPIではなく変化させたところで売上にはあまり関係なかった、むしろ「Y→X」だった、では話にならないわけです。

　しかし、実際にはそのような検証が行われることはまれで、多くの現

場では「あのヒット商品はX→Yで生まれたらしい」「あの有名マーケターがX→Yだと言っていた」「それなら我が社もXをしたらYになるんじゃないか」という粒度の意思決定が横行しています。

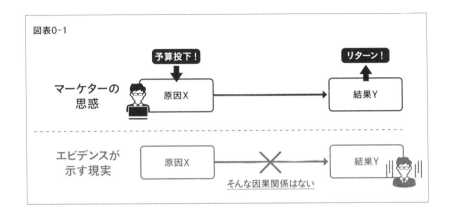

図表0-1

その「当たり前」、
ホントに「当たり」の前ですか？

　正直、マーケティングにできること、できないことがずいぶん混同されているように感じます。「ブランドはどう成長するのか」「消費者はどう商品を買うのか」「どういうときに、どんなアプローチが効果的なのか」といった**マーケティング以前の基礎知識が足りない、あるいは間違っている**のです。例えば、次のような話を聞いたことはないでしょうか。ざっと読んで、「自分も同意見だ」あるいは「そういうものだと思っている」という話がどれくらいあるか、チェックしてみてください（何を言っているかよく分からないものは飛ばして結構です）。

〈消費者行動やロイヤルティに関する当たり前〉

- ☐ 上位20%のヘビーユーザーが売上の80%をもたらす
- ☐ 既存顧客の離反を少し減らすだけで利益は大幅に改善される
- ☐ 新規獲得は顧客維持の数倍コストがかかるため、リテンション中心に考えるほうが理にかなっている
- ☐ ヘビーユーザーのロイヤルティを高めリピートにつなげていくことが大切
- ☐ ロイヤル顧客の大半はブランドに愛着があってリピートしている
- ☐ ヘビーユーザーはクロスセルやアップセルが利きやすい
- ☐ ブランドが好きで、購買頻度も高く、長期間にわたってリピートしてくれるファンを育成することが事業成長のカギ

〈商品の差別化やSTPに関する当たり前〉

- ☐ ブランドはSTPで成長する
- ☐ 無関心な人に振り向いてもらうには他社との差別化がポイントだ
- ☐ ターゲットを絞り込み、強いパーセプションを形成することが新規獲得の肝だ
- ☐ 小さなブランドが成長するには、まず独自のポジショニングを確立する必要がある
- ☐ 現代の消費者は常に自分向けの商品を探しており、細かな違いにも敏感だから、「このベネフィットを得られるのはこのブランドだけ」と思ってもらうことが重要
- ☐ 競合との直接衝突を避けるためには、パーセプションやブランドイメージによる心理的・知覚的な差別化が有効である
- ☐ 購買のドライバーになっているブランドイメージを特定し、それを高めていくことがブランドの成長につながる

☐ 真にポテンシャルがある商品というのは、きっかけさえあれば後はひとりでに売れていくものだ

☐ 成熟市場では、新商品は長い期間をかけて少しずつ成長する

☐ 認知率が100%に近いロングセラーのコアプロダクトを宣伝するくらいなら、新商品の広告費に回したほうがいい

☐ ロゴやパッケージ開発では「企業の思い」や「伝えたい意味」がしっかり伝わるデザインにすることが何より先決

〈広告やメディアプランに関する当たり前〉

☐ 広告は常に一貫性を重視すべきだ

☐ メッセージを増やすと消費者が混乱するおそれがある

☐ 費用対効果が不明瞭なマス広告は基本的に避けたほうがよい

☐ 現在では、リーチを広げるよりターゲットの解像度を高めることのほうが重要だ

☐ ファネルの歩留まりを解消し、購買やファン化に向かうプロセスを促進していくことが大切

☐ 広告の主な役割は、ターゲットに対して「ブランドを買うべき理由」を明確に伝えることである

☐ 未顧客に対しては、とにかく第一想起を増やしていくことが主なゴールとなる

☐ 効果測定では、事前に設定した「あるべき態度変容」や「ブランドイメージの変化」の達成度合いを評価することが大切

☐ KPI管理については、購入意向、推奨意向といった態度変容を売上の先行指標として追っていくことが基本となる

☐ 短期のROIを最大化していくことが、結局は長期的な成長にもつながる

こうした視点や考え方を、データをとって逐一確認している人はあまりいないでしょう。ある意味"当たり前"であり、「昔からそういわれている」「マーケ本や教科書にそう書いてある」「自分の経験や感覚と照らし合わせても違和感がない」といった理由で、特に疑うこともなく、日常のビジネス会話やプレゼン資料の前提にしているのではないでしょうか。あるいはこれらを暗黙の了解として戦略を立て、施策を作り、プロジェクトの振り返りをすることが習慣になっているマーケターもいるかもしれません。筆者は、そこから見直していく必要があると考えています。

　なぜなら**先に列挙した考え方は、エビデンスを見る限りいずれも「事実ではない」**、あるいは**「例外的に当てはまる場合もあるが、一般的にはそうとはいえない」ものばかり**だからです。つまり、これらを「当たり前」として戦略や施策を考えると、その先に生まれる商品や広告、価格、流通が**「前提から根本的に間違っている」**という事態にもなりかねないのです。

　さて、みなさんいくつ当てはまりましたか。割と多く当てはまったという方、「ドキッ」とされたのではないでしょうか。もしくは「そんなわけないでしょ」と一笑に付したくなるかもしれません。しかし、別に筆者のポジショントークや独自理論で言っているわけではなく、査読つきの論文などのちゃんとした"ソース"がある話なのです。詳しくは後続の章で、論拠と一緒に1つずつ解説していきます。ちなみに、「いずれもカテゴリーやブランド次第、場合によるのでは」と思われた方、鋭いですね。

知っている＝「何を知らないのか」を知らない

　孔子の論語に、「学而不思則罔、思而不学則殆（学びて思わざれば則ち罔し、思ひて学ばざれば則ち殆し）」という言葉があります。ビジネスやマーケティングの文脈に向けて筆者なりに書き下すと、理論やフレームワークを覚えるだけで、自分で考えることをしなければ実践力は身につかない。しかし、自分の知っている知識や経験の範囲内であれこれ思案するだけでは、独りよがりで近視眼的なマーケティングになってしまう、という感じでしょうか。前半については方々でよく指摘されていますが、本書の力点は後半部分にあります。

　世の中には「知ってるつもり」になっていることがたくさんあります。筆者も、本書を執筆するための先行研究の中で、いかにマーケティングを知った気になっていたか、幾度となくたたきのめされました。さて、「知っているつもり」とは**「知らないことを知らない」**とも言い換えられます。これに関して、作家・橘玲氏の著書『バカと無知』（新潮社）の中で、子どもの認知能力に関する次のようなくだりが出てきます。

> 「53-37」を16ではなく24と答える子どもがいる。これは「大きい数から小さい数を引く」という規則に、それぞれの桁で従っているのだ。このケースでは、子どもは誤ったルールで「正しく」問題を解いている。計算の前提が間違っていることに気づかなければ、繰り下がりのある引き算はすべて不正解になるが、「57-34」のような引き算は正解できるから、なぜうまくできないのかを知ることは難しいのかもしれない。
>
> （橘玲著『バカと無知』p.50-51より）

　これは、正解にたどり着くために「何を知らないのかを知らない」こ

9

とによって起こる問題です。この子どもは、「大きな数から小さな数を引く」というルール自体は理解しています。しかし、繰り下がりを考慮して、という**前提**が抜けているわけです。

> 先生： 「引き算するときは、大きな数から小さな数を引きなさい<u>（繰り下がりを考慮して）</u>」

> 子ども：「引き算するときは、大きな数から小さな数を引けばいいんだな」

恐らく先生は、繰り下がりのある引き算を授業で教えているのだと思います。もしくは教科書に書いてあるのでしょう。しかし、それを理解していないせいで、もしくは忘れてしまい、「自分が知っている範囲内」で問題を解いた結果、間違った答えにたどり着いたわけです。マーケティングでもこれと似たようなことがよく起こります。カテゴリーによって理論に向き不向きがある、大きなブランドと小さなブランドでは真逆の取り組みが必要になる、成長フェーズによってゴールの優先順位が異なるといった**場合分けや使い分け**が必要なのに、一緒くたに扱われているきらいがあります。

例えば、消費財のようなプレファレンス（選好）の異質性が低い「レパートリー市場」と、金融サービスのようなプレファレンスの異質性が高い「サブスクリプション市場」ではロイヤルティの捉え方が大きく異なります（Sharp, Wright, & Goodhardt, 2002）。また、ブランドの規模によって、浸透率とロイヤルティが成長に及ぼす影響は変わってきます（田中, 2017）。さらにカテゴリーやブランドの成長段階によって、長期的なブランド構築と短期的な購買喚起への最適な予算配分は大きく異なります（Binet & Field, 2018）。

こうした規則性に逆らってマーケティングをしても大した効果は得られないわけですが、先の算数の例と1つ大きく異なるのは、**マーケティングの場合、こうした規則や場合分けの大半が教科書にも書かれていません**。また上司や先輩も教えてくれません。そもそも、そんな規則や前提条件があること自体が知られていないからです。まず、そこに気づくことがスタート地点です。

ソクラテスの弁明

いわゆるソクラテスの「無知の知」の問題ですね。ところで東京大学大学院人文社会系研究科の納富信留教授によると、**無知の知の本質は「知る／思う」の区別にある**そうです。『ソクラテスの弁明』（光文社古典新訳文庫）の解説パートに、次のようにあります。

> 私たちの日常では、なんとなくそう思ったり、それなりの確信があったりする時にも、「知っている」という認定をすることがある。しかし、厳密に言えば、「知る」とは、明確な根拠をもって真理を把握しているあり方を指し、「知っている者」は、その内容や原因を体系的に説明できなければならない。（省略）答えが誤っている場合ばかりでなく、その根拠をきちんと把握していない状態も、「知る」にはあたらないのである。それは、たんに「思う」という状態に過ぎない。
>
> （納富信留『ソクラテスの弁明』より）

ちゃんとした根拠を説明できないなら、いくらもっともらしいことを言っても結局は「個人の感想」の域を出ないということです。この「知る／思う」の区別はマーケターにとっても重要です。例えばマーケティングではよく「打ち手の効果」が議論になります。特にプロモーション

後の売上があまりリフトしなかったときなどは、「本当に効果があったのか」と紛糾しがちです。しかし、実は効果が低いことが問題なのではなく、「**エビデンス的に効果がない打ち手に効果があると思い込んで、あれこれ議論していること**」のほうが本質的なイシューだった、ということがよくあります。

　ここは特に大事なところなので、いくつか具体例を挙げます。例えば、「既存顧客に対するファンマーケやロイヤルティ施策を頑張っているのに、リピートが伸びない」「インサイトを読み違えたかもしれない」と悩んでいるマーケターがいるとします。この人の最大の問題点はインサイトの読み違いではありません。浸透率を増やさずにロイヤルティだけを伸ばせると思っていることです（第2章）。また別のマーケターは、「差別化ポイントがなかなか理解されない」「この前の広告で、機能ベネフィットがちゃんと伝わらなかったのかもしれない」と悩んでいます。この人の問題はメッセージの解像度やクリエイティブの質ではありません。消費者は差別化ポイントを認識した上で自分に合うブランドを選んでいるに違いない、という前提でマーケティングを考えていることです（第4章）。
　同様に、購買ファネルの歩留まりで悩んでいる人は、歩留まりが問題なのではなく、ファネルに沿って購買行動が起こると思い込んでいることが問題なのであり（第8章）、ROIが低いことで悩んでいる人は、ROIが低いことが問題なのではなく、ROIを高めていけば事業が成長すると思い込んでいることが問題なのです（第10章）。要するに、エビデンスに照らし合わせると、**本人が問題だと思っていることは本質的なイシューではなく、筋違いなところで悩んでいる**わけです。

　なぜこのようなことが起こるのでしょうか。割と勘違いされている方が多いのですが、マーケティングにはサイエンスの側面もあるので、**そ**

もそも「自分の好きなように組み立ててうまくいく」わけではないのです。例えば、飛行機はなぜ飛ぶのでしょうか。翼の上と下で圧力が違うからですね。航空力学にのっとった翼の形状により、揚力が重力を上回るから鉄の塊が浮かぶわけです。要は物理学です。別に物理学を知らなくても「かっこいい飛行機の絵」は描けます。しかし、もしそんな素人が設計した飛行機があったとして、乗りたいですか。同様に、建築士の免許がなくても「今までにないデザインの家」は描けます。しかし、見た目はすてきでも、地震や台風が来たらどうなるでしょうか。家族が安心して暮らせるでしょうか。

　マーケティングも同じことです。**市場や消費者行動には「こうするとこうなる」、逆に「そうしたくてもそうはならない」という原理原則が存在します**。戦略や戦術はそれらにのっとって初めて成立するのです。ですから、あなたの考える「こうしたらこうなるんじゃないか、こういうアプローチをしてみよう」という**意見**の前に、エビデンスに基づいて、現実の市場がどう動くのか、ブランドはどう成長するのか、購買行動にはどのような規則性があるのかといった**事実**を知っておくことが大切になってくるわけです。

　誤解のないようにつけ加えると、エビデンスが全てだと言いたいわけではありません。物理学だけでいい家が建つわけではなく、デザインセンスや大工さんの長年の経験も必要でしょう。しかし、柱や骨組みがしっかりしていなければ、やはり長く安心して暮らせる家にはなりません。同様に、エビデンスもマーケティングを成功させるための重要な柱の1つであるはずなのに、あまり理解されていません。ですからそこを是正していきませんか、というのが筆者からの提案です。

ダブルジョパディ（DJ）の法則

　しかし、大半の「マーケティングの教科書」や「市販のビジネス本」は理論や事例、あるいは著者の成功体験が中心で、エビデンスまでつまびらかにされている本は少ないと思います。また、そうした書籍では、本来「〜だと思う」「自分の場合は〜だった」と書くべきところを、「〜だ」「〜である」と、あたかも一般的に当てはまる話であるかのように書かれている傾向があります。これがマーケターの「思う／知る」の境界を曖昧にしている一因かと思います。

　もう1つが専門知識や経験によるバイアスです。業界経験が長くなればなるほど、組織で上に行けば行くほど、自分は合理的で客観的な判断ができているという思い込みが強くなるのかもしれません。しかし科学ジャーナリストのデビッド・ロブソンは、専門家だからこそ陥る**“知性のワナ”**（インテリジェンス・トラップ）があると警鐘を鳴らしています（Robson, 2019）。例えば、ある実験によると、「自分には専門知識がある」という自覚が強まるほど主張が独断的になり、自らの考えに合わない意見に対して閉鎖的になる一方で、周囲は「でも、そう言うだけの実績もあるのだから」と信用しやすくなるそうです（Ottati et al., 2015）。このようにして、**「声だけ大きいKKD（勘と経験と度胸）の人」**が出来上がっていくのかもしれません。

　ですがマーケティングの世界では、普段の業務で当たり前と思われているような“常識”でも、実際にデータをとってファクトチェックしてみると正反対の事実が浮かび上がってくることがあります。最たる例が**「ダブルジョパディの法則」**でしょう。

マーケットシェアが低いブランドは購買客数も非常に少ない。またこれらの購買客は行動的ロイヤルティも態度的ロイヤルティもやや低い。（Sharp, 2010/2018, p.8）

要するに、**小さなブランドは売上を構成する顧客数（浸透率）と購入頻度（ロイヤルティ）の両方が少なくなる**、売上が二重にペナルティを受けるということです。昔からさまざまなカテゴリーで確認されている現象で、近年も数多くの報告が上げられています（Sharp et al., 2024）。

図表0-2

小さな企業は、
"二重苦"を被る

売上 ＝ <u>顧客数</u> × <u>購入頻度</u> × 価格

DOWN　　　DOWN　　　実は、価格弾力性も大きい
(Scriven & Ehrenberg, 2004)

ダブルジョパディの法則で特に大事になってくるのは、次の2点だと思います。

- **大きなブランドと小さなブランドの主な違いは顧客数であり、ロイヤルティの高さはそこまで変わらない**（大きなブランドのほうがやや高くなる）

- **顧客数が増えればロイヤルティも高まるが、ロイヤルティを高めたからといって顧客数が増えるわけではない**（むしろ、ロイヤルティだけを高めたりはできない）

南オーストラリア大学アレンバーグ・バス研究所（Ehrenberg-Bass Institute）でディレクターを務めるバイロン・シャープ教授の『How

Brands Grow（邦題：ブランディングの科学／朝日新聞出版）』以前は、多くのマーケターが逆だと考えていました。つまり、小さなブランドは「数こそ少ないがロイヤルティの高いファンに支えられている、そうしたロイヤル顧客の満足度を高めていくことでいずれ顧客数も増え、企業は成長できる」というのがむしろ通説だったわけです。

　しかし、「**そうはならない、エビデンス的には向きが逆だ**」というのがダブルジョパディの視点であり、同書が物議を醸した大きな理由だと思います。ちなみに同研究所のジェニー・ロマニウク教授によると、ロイヤルティを高めることが浸透率の増加につながることを示す明らかなエビデンスはまだないようです（Romaniuk, 2023）。実際、アレンバーグ・バス以外の研究者も異なるデータから同様の結論に達しており、"浸透率とロイヤルティは同時に動くため、**浸透率は変わらずロイヤルティだけが高くなったりはしない**"といわれています（Binet & Field, 2018, p.123）。

　また、あまり知られていませんが、売上の中で連動するのは顧客数と購入頻度だけではありません。**実は「顧客数」と「価格」もつながっています**。例えば、顧客の多い大きなブランドほど価格弾力性は小さくなり、顧客の少ない小さなブランドほど価格弾力性は大きくなります（Scriven & Ehrenberg, 2004）。簡単に言うと、小さなブランドほど値上げに伴う販売量の減少が顕著になるということです。また、顧客数と購入頻度間のダブルジョパディほど強くはないですが、顧客数と利用額の間にもダブルジョパディの関係が成立します。すなわち、顧客の少ない小さなブランドは顧客1人当たりの平均利用額もやや低く、大きなブランドになるほどやや高くなる傾向があるようです（Dawes et al., 2017）。

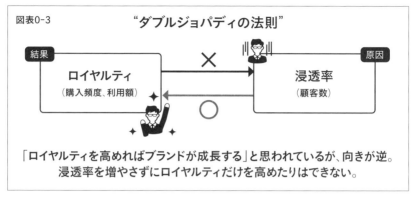

図表0-3　　　　"ダブルジョパディの法則"

結果 | ロイヤルティ（購入頻度、利用額） | × | 原因 | 浸透率（顧客数）

「ロイヤルティを高めればブランドが成長する」と思われているが、向きが逆。
浸透率を増やさずにロイヤルティだけを高めたりはできない。

出所:以下を基に筆者が作成
　Dawes, J., Bond, A., Hartnett, N., & Sharp, B. (2017). Does double jeopardy apply using average spend per buyer as the loyalty metric? *Australasian Marketing Journal, 25*(4), 261-268.
　Sharp, B. (2010). *How brands grow: What marketers don't know.* Oxford University Press.

　価格については第二部でまた詳しく説明しますが、要するに**売上を構成する3つの要素——顧客数、購入頻度、単価——は全てつながっている**ということです。一般的にこれらは独立した変数だと思われていますが、実はそれぞれを個別に動かせるわけではなく、全て**顧客数（浸透率）が起点**になります。つまり、顧客数が増えるほどリピートや利用額も増え、高い価格も受け入れられやすくなっていくわけです。これがダブルジョパディの奥深さであり、シンプルな「**事業成長の規則性**」です。本書ではこのあと、さまざまな切り口でブランドの成長に関するエビデンスを考察していきますが、**結局はこのシンプルな事実：ダブルジョパディの法則に帰結します**。

　ちなみに、こうした「**当たり前の逆転**」はダブルジョパディだけではありません。例えば、次の質問を見てください。

- カテゴリーのヘビーユーザーとライトユーザー、同じブランドをリピートしやすいのはどっち？

- 成長中の新しいブランドと衰退気味のレガシーブランド、カテゴリー利用者の購入意向が高いのはどっち？

　多くの方は「ヘビーユーザーのほうがリピートしやすいだろう」「成長しているブランドのほうが購入意向は高いだろう」と考えますが、実際は逆です。カテゴリーのヘビーユーザーとライトユーザーなら、リピートしやすいのはライトユーザーですし（Dawes, 2020）、成長中の新しいブランドと衰退気味のレガシーブランドなら、購入意向が高く出るのはレガシーブランドです（Bird & Ehrenberg, 1966; Sharp, 2017）。なぜそうなるのかについては後続の章で解説していきますが、要するに、**現実（データ）と理屈が異なるとき、間違っているのは理屈のほう**だということです。まず、それを受け入れることです。でないと、自分が慣れ親しんだ理屈に合わせて現実の解釈をねじ曲げることになりかねません。

ゼンメルワイス反射

　"事実が変われば、私は考え方を変えます。あなたはどうしますか？"——20世紀を代表する経済学者のケインズが残したとされる言葉です*。しかし、いくら科学的な証拠を提示しても変わらない人は変わりません。人間には防衛機制があるので、認知的不協和に陥った場合、「みんなと違うことを言っている人」を否定したほうが楽だからです。特にマーケティングのように属人性が高く、かつ組織で長年取り組んできたようなテーマではなおさらでしょう。

*諸説あり、経済学者のポール・サミュエルソンがケインズに言及した言葉ともいわれています（e.g., Ineichen, 2022）。

　こうした拒絶反応は昔から知られており、**ゼンメルワイス反射**という名称までついています（Gupta et al., 2020; Schreiner, 2020）。少し話はそれますが、「手洗い」は病気や感染症を防ぐための基本中の基本ですね。

しかし、そんな基本が、医者の間ですら「当たり前ではない時代」があったことはご存じでしょうか。

　19世紀、オーストリアのある病院では、助産師が立ち会う分娩に比べて、医師が立ち会う分娩では死亡率が跳ね上がるという現象が起こっていました。病理解剖のときに手に付着した物質が悪さをしているのではないかと気づいたハンガリー出身の医師ゼンメルワイスが、他の医師たちに手の消毒を徹底させたところ、劇的な改善が見られたといいます。しかし、彼がこのことを医学会に発表すると猛反発を食らいます。彼の説は、当時主流だった考え方と真っ向から対立しており、いわゆる"大御所"たちから反感を買ったわけです。この時、医学会が彼をどのように非難したのか、想像に難くありません。

「自分たちの無知のせいでたくさん人が死んだなんて受け入れられない」

「ずっとそれでやってきたのに、今さら間違ってましたなんて言えるわけがない」

「X先生やY先生の論文には、そんなことどこにも書かれてない」

「もしそうだとしても、今までのやり方を変えるのは面倒だ」

　結局、論文や書籍も受け入れられず、彼は失意の中で亡くなったようです。しかし、後年になってゼンメルワイスのほうが正しかったことが、フランスの微生物学者パスツールやイギリスの外科医リスターなどによって証明されます。つまり、細菌です。

　科学が進歩した現在では、なぜ手を洗うのかは子どもでも知っています。しかし、「新しい当たり前」が萌芽するときには、「それまでの当たり前」を信じてきた人々からの大きな反発が起こることがあります。特に、

自分の見知った常識や通説と異なる事実を突きつけられたとき、それを頭ごなしに拒絶する傾向を「ゼンメルワイス反射」と言います。こうした事例は医療に限った話ではないですね。コペルニクスの地動説やダーウィンの進化論も最初から受け入れられたわけではありません。徐々にエビデンスが積み重なり、事実を事実として認めることで科学は進歩していったわけです。では、マーケティングはどうでしょうか。

　現在の取り組みが、エビデンスとは正反対の取り組みだとしても、日々の業務では誰も声を上げないでしょう。誰もエビデンスなど知りませんし、気にもしないからです。この問題が根深いのは、そうした流れを修正する動機が企業組織には自然発生しないという点にあります。有名企業の成功事例がある。ビジネス本にそう書いてある。役員が提案を気に入っている。それだけで**「事足りてしまう」**のが普通の企業だと思います。みんなが良かれと思ってやっていることを、積極的に疑問視したり批判したりする人はまずいません。そんなことをしても、組織に属するビジネスパーソンにとって何のうまみもないからです。

　そのようにして、根拠のない**「戦略ごっこ」**がはびこり、事業を静かにむしばんでいきます。存在しない因果関係を基に戦略が決まり、成長に先行しない指標をKPIと思い込み、原因と結果を取り違えた施策に予算がつぎ込まれ、結果として本来得られたはずの売上から遠ざかっていくわけです。

　改めて、読者に問います。

　事実が変われば、私は考え方を変えます。あなたはどうしますか？

戦略ごっこ
マーケティング以前の問題
エビデンス思考で見極める
「事業成長の分岐点」

Contents

序章

エビデンスベースト
マーケティングとは

マーケティングも無関係ではない
「再現性の危機」

　国際的に権威のある専門誌（トップジャーナル）に、「人間には未来を予知する能力がある」という論文が掲載されたとしたら、あなたは信じますか。それはさすがに無理があるだろう、その結論に至った手続きに問題があるのではないか、むしろそれを受理したルールのほうがおかしいのではないか、と思われるのではないでしょうか。ひいてはその分野自体に対して「信じて大丈夫？」という疑念が生まれるかもしれません。これは例え話ではありません。およそ10年前、実際にあった話です（Bem, 2011）。

　近年、さまざまな分野で「**再現性の危機**」が指摘されています（Baker, 2016）。マーケティングに近い領域だと、心理学系の学術誌に掲載されている研究を追試して、オリジナルの結果を再現できたケースは半分もなかった[1]という報告が有名です（Open Science Collaboration, 2015）。実際、広告研究や消費者行動研究の分野でも同様の取り組みは行われています。数はそこまで多くありませんが、これまで報告されている再現率[2]をいくつか挙げてみます。

[1] 統計的に有意になったのは36％、原文の効果量が追試の効果量の95％信頼区間に含まれていたのは47％、主観評価で再現できたと言えるのは39％。
[2] 部分的再現は除く。

〈マーケティング関連分野の再現率〉

- Reid et al.（1981）：40％（n=30）
- Hubbard and Armstrong（1994）：15％（n=20）
- Evanschitzky et al.（2007）：44％（n=16）
- Park et al.（2015）：46.7％（n=184）

- Motoki and Iseki（2022）：20%（n=10）
- Charlton（2022）：11.4%（n=44）

　それぞれ対象としているジャーナルや研究テーマが違い、何をもって再現性があると判断するか、前提や条件をどこまでオリジナルの研究とそろえるかといった基準も異なるので、これらの数値は厳密には比べられませんが、近隣分野より突出して再現性が高いと言える状況ではなさそうです。

　こうした数字を見ると、「マーケティング理論ってちゃんとした裏付けがないの？」「そもそも何かしらの根拠があって理論やフレームワークと呼ばれてるんじゃないの？」と困惑されるかもしれません。このあたりはアカデミア特有の事情も絡むようなので、一概にはなんとも言えません。ただ、それ以前の問題として、マーケティングでは「私はこれが大事だと思う」という気持ちの表明や、「マーケってつまりこういうことだよね」という個人の感想がそのまま受け入れられる、ある意味ナイーブな側面があるように思います。

　ファクトよりストーリーに引かれるマーケターが意外と多いのかもしれません。例えば、市場や消費者行動を説明するために仮置きしたアイデア＝仮説でしかないのに、それに名前がつき、もっともらしい物語や事例で固められると、いつのまにか実在する因果関係かのように認識していることがあります。企画書などもそうですね。事実かどうかよりも納得感があるか、受け入れやすい「それらしさ」があるかどうかで評価が決まります。

　なんなら専門書に登場するマーケティング理論やキーワードですらそのきらいがあり、ソースを掘り下げてみると単なる「思考実験」だった、同じことを違う言い方にしただけの「車輪の再発明」にすぎなかった、

のような話も1つや2つではありません。しかし、**結局はフィクションやきれい事の域を出ないので、第三者が忖度なしに追試してみると再現不可となるケースがかなり出てくる**わけです（e.g., Sharp, 2010）。

CEOやCFOの不信感をあおるだけの「戦略ごっこ」

　理論を鵜呑みにするのは危険です。ブランドの実務に取り入れるとなればなおさらです。例えば、従来のマーケティングでは「**ポジショニング**」が重要といわれます。競争力の高いUSP（ユニーク・セリング・プロポジション＝売りとなる独自の強み）に基づいて消費者の頭の中にユニークな位置づけを確立し、納得感の高い買うべき理由を提供する、といった話です（e.g., Keller, 1993）。市販のマーケ本やビジネス系のニュースメディアなどでも、「このブランドは、ターゲットを絞り込んだ独自のポジショニングでファンを増やした」といった成功要因分析をよく目にします。それらを受けて、「なるほど、やはりポジショニングが成長のカギになるんだな！」と得心した経験があるかもしれません。

　しかし、そうしたブランドの成長をシングルソースデータ（広告接触や購買行動を個人ベースで継続的に記録したデータ）でひもといていくと、特定のポジショニングで成功したように見えて、実はあらゆる生活文脈で利用機会を増やしており、それにより浸透率が増え、振り返ると「**特定のポジションに収まっているように見えるだけ**」というケースが少なくありません（第7章4節）。実際、ブランドが成長するときは、特定のターゲット層からだけではなく、あらゆるセグメントから新規獲得して成長することが知られています（Dawes, 2016a）。つまり、「あるターゲット層に対する強くて深いポジショニング」でうまくいったのではなく、「どの軸で見ても、どの層に対しても薄く広くポジショニングできている」

からうまくいったケースが多いのです。

　ブランドイメージについても似たような思い込みがあります。一般的に、ブランドイメージを変化させることが売上アップや新規獲得につながると考えられています。みなさんの会社でも、「どのようなイメージアップを図るか」を議論することがあるのではないでしょうか。この場合、ブランドイメージが「原因」で購買が「結果」という捉え方をしているわけですが、実は逆です。いくつかの例外を除いて、**ブランドイメージはシェア（浸透率）の関数**になります（Barwise & Ehrenberg, 1985; Bird et al., 1970; Ehrenberg et al., 2002; Romaniuk et al., 2012）。つまり、イメージは利用経験の結果として形成されるものであり、利用（購買）の前に形成されるものではないということです。

　これが何を意味するかというと、例えば、あなたが「品質のよさ」を訴求することで新規獲得の強化を狙ったとします。しかし、あなたのブランドの浸透率が低いままであれば、品質訴求を多少強めたところで、品質を含めた全てのブランドイメージは低いままです。逆に、品質を訴求しようがしまいが、浸透率を高めれば品質を含む全てのブランドイメージが一様にアップします（第7章1節）。これは別に「品質のよさ」に限った話ではなく、カテゴリーベネフィット（どのブランドからでも当たり前に得られる便益）である限り、どんなイメージでもそうなります。また、購買ファネルのボトルネックを考えるときや、パーセプションチェンジ系のプロジェクトでも似たような落とし穴に注意する必要があります（第8章7節および8節）。

　このように、**一知半解な知識を現実に当てはめようとしても、残念ながら市場や消費者は「そうはならない、そういうふうに動いてくれない」ということが多々ある**わけです。エビデンスを知らなければ、「ポジシ

ョニングやブランドイメージを強化するために選択と集中をしたのに効果が出ない、なんでだろう」と悩み続けることになるでしょう。

「あの大先生の理論だから間違いない」「あの有名マーケターが作ったフレームワークだから信頼できる」――。筆者は、こうした思い込みによる脇の甘さが、**CEO**（最高経営責任者）や**CFO**（最高財務責任者）**のマーケティングに対する信頼を損ねたケース**をいくつも見てきました。例えば次のようなシナリオです。

1. 有名なマーケティング理論やフレームワークを基に戦略や施策が立案され、マーケティングが進む。
2. しかし、厳密に効果測定してみると売上がインクリメンタルに（増分で）増えているとは言えない（正味の貢献が少ない、統計的には有意でも効果量が小さい、etc.）。
3. それでは上司や経営陣への見栄えが悪いので、既存顧客に絞って集計を行い「ファンのロイヤルティが向上した」「推奨意向が高まった」「ファネルの歩留まりが解消された」などとリポートする。
4. しかし、結局は成長の踊り場からは抜け出せず、売上は縮小していく。
5. プロジェクトの振り返りでは、競合やトレンド、市場の縮小、顧客の世代交代などの"誰も傷つかない理由"が挙げられ、現場には一時の平穏が戻るが、経営層には不信感が募る。

我々がコントロールできるのは「勝算だけ」

こうした問題の背景には、「**再現性うんぬんより、もうかればそれでいい**」という実学ならではの慣行が関係しているかもしれません。短期的な成果を重視する働き方に慣れた人ほど結果にとらわれ、文脈を軽視しがちです。つまり、良い結果の背後には「良い結果を生み出す何かしらの原

理」があるはずだと信じ込み、自分自身でその原理を確認することなく採用してしまうわけです。例えば、我々は「**成功事例**」が大好きですね*。成果を出せと言われたとき、成果を出している他社の方法をまねることから始める人も多いでしょう。成功事例があるのとないのとでは、稟議上の通りやすさも違ってきます。しかし、成功というのは「常に成功する方法がある」のではなく、「文脈に対して確度の高い選択肢と確度の低い選択肢がある」だけです。

*事例研究が悪いと言っているわけではありません。本書でも事例はいくつも出てきます。成功事例のみの意思決定になるとまずい、と言っているのです（i.e. 知る／思うの混同、アウトカムバイアス、生存者バイアス、確証バイアス、etc.）。

　そもそも成功と失敗には確率的な側面があります。"勝負は時の運"と言ったりしますが、実質的に**我々がマーケティングを通してコントロールできるのは「勝算だけ」**です。このことについて、データサイエンティストで意思決定の専門家でもあるCassie Kozyrkov氏が分かりやすい例を挙げているので、それを参考に1つ思考実験をしてみたいと思います（Kozyrkov, 2020）。ここにコインとサイコロがあります。細工などはされていません。コインに賭けた場合は表が出れば1万円もらえ、サイコロに賭けた場合は6が出れば1万円もらえます。あなたはコインを選びました。コインを投げ、サイコロを振ったところ次のような結果になりました。

　　コイン：裏が出た
　　サイコロ：6が出た

　コインは裏なので1万円はもらえません。一方、サイコロは6が出ました。さて次のゲームですが、その前にあなたはコインに賭けるかサイコロに賭けるか、選び直すことができます。ルールは同じで、当てれば1万円もらえます。選び直しますか。成果を最優先するということは、選び直

すということです。しかし、2分の1で勝てる勝算があるのに、それを捨ててわざわざ6分の1のゲームに参加するのは愚かですね。いわゆる「**アウトカムバイアス**」と呼ばれる錯誤です。

　この例え話の教訓は、「良い結果」と「良い決定」は違うということです。もちろん「良い結果」のために「良い決定」が必要になってくるわけですが、実際に我々が担保できるのは後者だけです。先の例で、コインを選んだあなたは1万円もらえませんでした。それだけ見れば良い結果ではありません。一方、サイコロを選んでいれば1万円もらえたわけですが、それは結果論です。何回裏が出ようが、コインを投げ続ける（成功確率の高い選択肢を選ぶ）のが良い意思決定です。つまり評価すべきは、意思決定が、**その時点で得られる最も信頼できる情報に基づいて行われたかどうかというプロセスであり、1回1回の"出目"ではない**のです。

「例え話としては分かるけど、コインかサイコロか分かっていれば苦労しないよ」「理屈はそうかもしれないけど、負け続けたら話にならないよね」と思われたかもしれません。その通りです。だからエビデンスが必要なのです。**エビデンスとは事実に基づく知識であり、知識は視点、視点とは選択肢です。**つまり、エビデンスを知ることで確度の高い手札が増えるわけです。成功／失敗が確率的な事象である以上、勝つためには勝率の高い手で長く勝負し続ける（試行回数を増やす）しかありません。

　そのためには、1回1回の出目に一喜一憂するのではなく、自分が勝負しているゲームはどんなルールなのか、ディーラーや他プレーヤーの行動にはどのようなパターンがあるのか、どの手にどう配分すれば期待収支が最大になるのかといった**事実ベースの情報**が求められます。そこにオカルトやポエムが介入する余地はありません。よくいわれるように、マーケティングは実学です。**実学だからこそ、聞こえのいい物語ではな**

く事実を見るべきなのです。

　ビジネスやマーケティングにはそうしたパターンがないと思っている方も結構いますが、そんなことはありません。近年、エビデンスに基づいてマーケティングを進めていこうという考え方、「**エビデンスベーストマーケティング**」が海外マーケターを中心に広まっています。

エビデンスベーストマーケティングとは

　自然科学はもとより、医療や薬学では、科学的根拠に基づいて意思決定するというエビデンスベーストの考え方が当たり前です。近年では政策、看護、教育、立法、経営などの分野でも同様の動きが活発になっており、特にマーケティング領域では**エビデンスベーストマーケティング**（Evidence-Based Marketing）と呼ばれています。先述の**アレンバーグ・バス研究所**（以後アレンバーグ・バス）がその代名詞的な研究機関として広く知られています。

　バイロン・シャープ教授によると、エビデンスベーストマーケティングとは、次の原則を満たすマーケティング活動であると定義されます。

Marketing decisions are based on what is currently the best, reliable, generalized knowledge about how the world works, how buyers buy and how market interventions work; the use of situation-specific evidence and factual data to support decision-making.（Sharp, 2017, p.11）
［世の中がどのような仕組みで動き、購買者がどのように買い、市場への介入がどう機能するかに関する、現時点で最良の、信頼できる、一般化された知識に基づいてマーケティングの意思決定が行われる；そうした意思決定を支えるために状況に応じたエビデンスと

事実データが用いられる。（Sharp, 2017, p.11, 筆者訳）]

　平たく言えば、事実と科学的証拠に基づいて根拠のあるマーケティングをすべきだ、ということになるでしょう。ここでポイントになるのが、**異なる状況下で何度も繰り返すパターンや規則性**（Bass, 1995）に着目することです。国が異なっても、ブランドが異なっても、時代背景が異なっても、別の研究者がデータを取り直しても、繰り返し観測される規則性にこそ予算をあてがう価値があるのだ、というわけです。

　実際、リピート購買やロイヤルティといった消費者行動に関するものから、広告コミュニケーション、商品開発、価格戦略や流通といった個別テーマに関するものまで、さまざまな規則性が報告されています。有名なところでは、アレンバーグ・バスが提唱する「ダブルジョパディの法則」「購買重複の法則」「自然独占の法則」などが挙げられますが（Sharp, 2010）、それ以外にも実践的なエビデンスを編さんしている取り組みはいろいろあります。代表的なものをいくつか挙げます。

- Hanssens（2015）：トップジャーナルに掲載された論文の著者自身がエビデンスに基づく実務への示唆を簡潔にまとめ、それらを1冊にコンピレーションするという画期的な著作。広範なマーケティングミックスの要素や調整変数がどのようなビジネスインパクトをもたらすのかについて、コンパクトに整理されています。

- Wind and Sharp（2009）：さまざまな広告研究の一般化可能性について実務家と研究者に対するレビュー調査を行い、得られた知見をまとめるという試みがなされています。

- Binet and Field（2013, 2017, 2018）：イギリスの広告業界団体 Institute of Practitioners in Advertising（以下IPA）による、マ

ーケティングの効果と効率性に関する一連の分析リポート。マーケティング施策とビジネス成果をひもづけた大規模データベースを用いて、マーケティングコミュニケーションに関するさまざまな知見を導き出しています。特に、長期のブランド構築と短期の購買喚起への最適な予算配分（"60：40ルール"）が有名。

- Romaniuk et al.（2021）：リンクトインのThe B2B Instituteとアレンバーグ・バスがコラボレーションした、BtoB領域の事業成長に関するランドマーク的なリポート。

　いずれも実務家にとって極めて重要な資料ですが、日本ではほとんど知られていません。またアレンバーグ・バス以外にも、事実や証拠に基づいたマーケティングを行うべきだという流れはあります。筆者が特にウォッチしている研究者としては米カリフォルニア大学ロサンゼルス校（UCLA）のDominique Hanssens教授、米ノースイースタン大学のKoen Pauwels教授、米ペンシルベニア大学のPeter Fader教授などが挙げられます。彼らは極めて優秀なマーケティングサイエンティストですが、必ずしもアレンバーグ・バスと同じ路線をとっているわけではありません。本書では可能な限りそうした研究もレビューして、なるべくバランスの取れた「**エビデンスベーストマーケティングの入門書**」を目指していこうと思います。

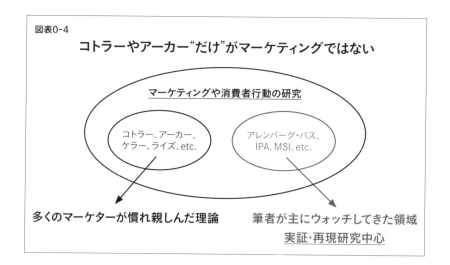

図表0-4

コトラーやアーカー"だけ"がマーケティングではない

マーケティングや消費者行動の研究

コトラー、アーカー、
ケラー、ライズ、etc.

アレンバーグ・バス、
IPA、MSI、etc.

多くのマーケターが慣れ親しんだ理論

筆者が主にウォッチしてきた領域
実証・再現研究中心

エビデンスは使い分けて"なんぼ"

エビデンスベーストマーケティングは、特定カテゴリーの消費者行動に共通する「大きな規則性」をまず理解することが大切だという話であって、1つの例外もない「絶対的なルール」があるなどという話ではありません。エビデンスには「こういう場合には当てはまり、こういう場合には当てはまらない」という**境界条件**が存在します。そうした境界条件に気づくことが、より高いレベルの理解につながります（Bass, 1995）。

例えばダブルジョパディの法則で考えてみましょう。ダブルジョパディは消費財のみならず、耐久財、サービス財、BtoBなど、さまざまな市場で観測される現象です（e.g., Colombo et al., 2000, Romaniuk et al., 2021; Sharp, Wright & Goodhardt, 2002）。一般的に、顧客数とロイヤルティの関係を表す法則として理解されていますが、実はブランドイメージや想起、検討などもダブルジョパディの影響を受けることが知られています（Dall'Olmo Riley et al., 1997; Ehrenberg et al., 2002; Mecredy et al.,

2022)。顧客の離反や維持もダブルジョパディの法則に従います（Wright
& Riebe, 2010）。また、ウェブサイトの規模と訪問数、滞在時間などに
も影響してくるようです（Taneja, 2020）。

　一方でいくつかの境界条件も知られています。ダブルジョパディの背
後には「**NBDディリクレ**」という統計モデルがあるのですが、理論的には、
市場が安定していること（例：シェアが大きく変わらない）、市場に大きな
境界線（例：サブマーケットなど）がないことなどがモデルの前提になり
ます（Scriven et al., 2017; Sharp, Riebe, & Dawes, 2002）。そこから、典型
的なDJカーブ（ダブルジョパディを表す曲線：第4章5節で解説）から外れる
パターンがあることも報告されています。

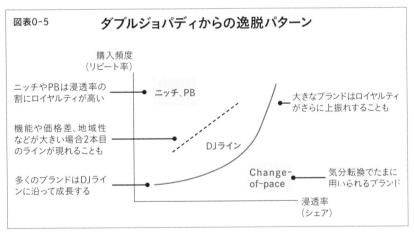

図表0-5　ダブルジョパディからの逸脱パターン

出所:以下を基に筆者が作成
　Dawes, J. (2022). Factors that influence manufacturer and store brand behavioral loyalty. *Journal of Retailing and Consumer Services, 68*, 103020.
　Dowling, G. R., & Uncles, M. (1997). Do customer loyalty programs really work?. *Sloan Management Review, 38*(4), 71-82.
　Scriven, J., Bound, J., & Graham, C. (2017). Making sense of common Dirichlet deviations. *Australasian Marketing Journal, 25*(4), 294-308.

　まず、ニッチブランド*や気分転換的に使われるブランドでは、ダブ
ルジョパディからの逸脱が見られることがあります（Bhattacharya, 1997;

Kahn et al., 1988)。次に、大きなブランドではロイヤルティが上振れすることがあり、小さなブランドは下振れすることがあります（Fader & Schmittlein, 1993; Li et al., 2009）。また、極めて大きな機能差や価格差がある場合や、用途が特定の季節あるいは地域に限られるような場合もダブルジョパディから外れたブランドが出てきます（Scriven et al., 2017; Uncles et al., 1994）。プライベートブランドも、浸透率の割にはロイヤルティが高くなる傾向があります（Dawes, 2022）。

*ただしニッチブランドも、成長するときはダブルジョパディの法則に沿ってニッチポジションから抜け出します（Dowling & Uncles, 1997）。

　エビデンスが「当てはまる／当てはまらない」という視点に加えて、「そのカテゴリーでより直接的にもうけにつながるかどうか」という判断軸もあるでしょう。例えばFMCG（Fast Moving Consumer Goods、日用消費財）でヘビーユーザーを育成しようとしても、ヘビーユーザーの購入量に占める自社ブランドの割合は3割程度で頭打ちになり、離反を食い止めようとしても1年で半分近く入れ替わることがあります（Dawes, 2020; Romaniuk & Wight, 2015）。逆に、売上の伸びしろの大半はライトユーザーとノンユーザーにあるといわれています（Trinh et al., 2023）。このように、一人ひとりのLTV（顧客生涯価値）に大きな差がつかないカテゴリーでは、アレンバーグ・バスのエビデンスを採用したほうが大きなビジネスインパクトを得られると思います。

　一方、顧客のWTP（支払い意思額）に応じた価格差別が可能な業界や、パーソナライズしたオファーで顧客の維持・育成が見込めるビジネスモデル、サービス業の一部などでは、「LTVやマージンが極端に大きい高価値顧客」と「それ以外の一般顧客」との間に明確な境界線が存在するため、企業にとって新規顧客と既存顧客の価値は等価にはなりません。「1人離反しても新しく1人獲得すればいいや」ということにはならないわけです。オンラインゲームや百貨店などをイメージしていただくと分

かりやすいかもしれません。こうしたカテゴリーでは、米ペンシルベニア大学ウォートン校のピーター・フェーダー教授らが提唱する「**カスタマーセントリシティ***」のような考え方も役立つでしょう（Fader, 2012）。ただし、それらのカテゴリーでも高価値顧客を意図的に育成することは容易ではなく、顧客基盤の拡大に伴う自然増に期待するしかない面もあるため、ライトユーザーへの浸透率が重要であるという大原則には変わりありません。

*カスタマーセントリック（顧客中心主義）と名前は似ていますが、意味は大きく異なります。第5章のコラムで解説します。

本書の特徴

本書が特に役立つ人、役立つ場面

- 成熟市場の消費財、サービス財、耐久財のマーケターや商品開発者
- 売上の踊り場に直面している経営幹部
- 小さなブランドを成長させるミッションを担うブランドマネジャー
- それを支援するプランナーやコンサルタント、クリエイターなど
- マーケティング入門者、初学者

　各論に入る前に、本書が特に役立つ場面とお勧めの読み方、逆に本書があまり向いていないケースなどについてお話ししておきたいと思います。本書は誰のどんな課題を解決するのか──。成熟市場のマーケティングに関わる全てのビジネスパーソンに知ってほしいエビデンスを集めたつもりですが、最も役立つのは「**売上の踊り場に直面しているマーケターや経営者**」と「**小さなブランドを大きく成長させるミッションを担う担当者やブランドマネジャー**」だと思います。次いで商品やサービスの開発者、支援する側の広告代理店のプランナーやコンサルタントとい

う順になるでしょう。

　成長の踊り場に陥る、もしくはいつまでも脱却できないのは、今まで
のやり方にどこか問題があるからです。別に自己流や経験則が悪いと言
っているわけではありません。成長の踊り場に来たということは、「こ
こまでは今までのやり方でよかった、ここからはそれでは不十分だ」と
いうだけのことです。それ以上でも以下でもありません。

　**実際、エビデンスだけでは0→1はできません。しかし自己流だけで
は1→10は難しいでしょう。**本書は2や3あたりで行き詰まったとき、
そこから10を目指そう、あるいは10から100を目指そうというときに
最も役立つのではないかと思います。今のやり方では限界なのではない
か、かといって何をどう変えていけばいいのだろうか、そうした疑問に
圧倒されている方に新しい視点を提供し、成長の踊り場から脱却するア
クションの"土台"となること——それがエビデンス思考の真価なので
はないかと思います。

　マーケティングの経験で言えば、初学者の方、新卒やジョブローテー
ションでマーケティング部門に配属になったばかりの方、既存のマーケ
ティングに染まっていない学生の方なども本書に向いていると思います。
意外に思われるかもしれませんが、マーケティングの当たり前を見直す
必要があるのは、長年の思い込みにより事実誤認しているからです。最
初からファクトやエビデンスに基づいて考えることができるなら、それ
に越したことはありません。もちろん、さまざまな理論や経験をしてき
た上で、「結局どうすればいいの？　自分の業界や商材だとどう考えれば
いいの？」と悩まれている上級者には言わずもがな役に立つと思います。

どんなカテゴリーに当てはまる？
小さなブランドでも役に立つ？

　本書は、株式会社コレクシア（東京・中野）のVIPクライアント向けリポートと、筆者が統括するコンサルティング部門のトレーニング資料をベースに、300報以上の先行研究レビューを追加して書籍用にまとめたものです。ですからどうしても当社のクライアントの業界、つまり**成熟市場の消費財やサービス財、耐久財向けのエビデンス**が多くなっています。また、大きなブランド（e.g., 成熟ブランド）と小さなブランド（e.g., 新商品）では当てはまるエビデンスが変わる場合がありますが、そうした場合分けも併記しているので、**新商品の担当者から主力商品の責任者まで幅広くご活用いただける**と思います。

　いつからエビデンスを取り入れるべきかで言うと、**早い段階で理解しておくほど後のプラスが大きい**と思います。商品のローンチ前、つまりアイデア出しやコンセプトワークに直接当てはまるエビデンスというのはありませんが、0→1の後にはいずれ1→10、10→100を迎えます。そして、エビデンスは基本的に先行進取するものです。大きなブランドになってから、「大きなブランドになるためのエビデンス」を探すのではありません*。**小さなブランドが大きなブランドになるために、「ブランドはどのように成長するのか」「消費者はどのように商品やサービスを選ぶのか」「大きく成長するブランドにはどのような共通点や規則性があるのか」**などを前もって知っておくべきなのです。

　ちなみに0→1においては、エビデンスというより「ブランドやカテゴリーを再解釈する」という視点が有効かもしれません。こちらは、前著『"未"顧客理解』で詳しく解説しています。

*もちろん、大きなブランドがさらに成長するためのエビデンスは新しく学ぶ必要があります。

本書のスコープとスタンス

　本書では、論文などで公にされているエビデンスを集め、メタ的な批判を加えることで「事業成長について何がどこまで分かっているのか」を考察していきます。筆者自身が特定ブランドのデータを集めてゼロから実証する本ではありません（それは本業のほうでやっています）。

　エビデンスというと、いわゆるエビデンスピラミッドを想像される方もいるかもしれません。本来、「エビデンス」というためには入念な要因統制*が求められるわけですが、本書ではRCT（ランダム化比較試験）を行ったかどうかでふるいにかけることはしません。もちろんRCTやそのメタ分析がある場合は積極的に紹介しますが、冒頭で触れた通り、マーケティングも再現性の危機の問題と無関係ではなく、むしろ実験環境で成立した傾向が現実の市場では再現されないというケースも少なくありません。従って本書では、要因統制の程度には幅があることは認めつつも、**現実の市場で実際に何度も観察されている規則性**を中心に紹介したいと思います。

*興味のある要因以外の影響が一定になるようにコントロールすること。例えば、広告の効果を知りたいなら、広告以外の影響は同じにする。

　またアカデミックな研究かそうではないかで分けることもしません。業界団体や調査会社などのリポートでも、大規模データやシングルソースデータに基づく実証研究は積極的に採用しています。逆に、トップジャーナルに載っているような理論でも、概念中心の研究は最小限の言及にとどめ、深くは掘り下げません。具体的な指針としては、マーケティングサイエンスの大家である故フランク・バス教授の提言（Bass, 1995）に従い、以下のポイントに重点を置きます。

- 異なる状況で何度も繰り返されるパターンや規則性を集める
- 可能な限り絵、図表、グラフで規則性の本質を表現する
- 規則性が当てはまらない条件や場合分けが必要なときは、可能な限り言及する

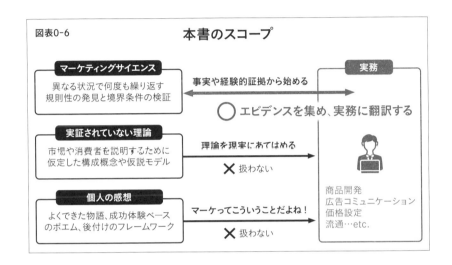

図表0-6　本書のスコープ

マーケティングサイエンス
異なる状況で何度も繰り返す規則性の発見と境界条件の検証

実証されていない理論
市場や消費者を説明するために仮定した構成概念や仮説モデル

個人の感想
よくできた物語、成功体験ベースのポエム、後付けのフレームワーク

事実や経験的証拠から始める
○ エビデンスを集め、実務に翻訳する

理論を現実にあてはめる
✕ 扱わない

マーケってこういうことだよね！
✕ 扱わない

実務

商品開発
広告コミュニケーション
価格設定
流通…etc.

　執筆のスタイルとしては、なるべく**ファクトを主、それに基づく筆者の意見を従**として併記することを心がけています。逆に、筆者の意見が中心の話は主にコラムで紹介しています。ビジネス書としては文中引用が多く、とっつきにくさがあるかもしれませんが、事実と意見を分けた上で、ひと続きの読み物としても楽しめることを意識して構成しています。理想的には、事実に基づいて読者なりの考えを持っていただき、筆者の解釈とどこまで同じで、どこから違うのかという対話につながればうれしく思います。

本書が不向きなケース

　本書で紹介するファクトやエビデンスは「全ての市場に当てはまる」わけでも「読者が置かれた状況で必ずうまくいく」わけでもありません。例えば、**イノベーション性が極めて高い新しい市場**や、**今までにない新規のビジネスモデル**などには当てはまらない場合があります。そうしたテーマの性質上、データがないからです。

　本書は、事業成長に取り組むビジネスパーソンに向けた実用書です。「**実務に役立つかどうか**」を唯一の基準として情報を主観的に取捨選択しているので、アカデミックな議論の深さや厳密さ、公正さなどを求める方には物足りないかもしれません。また先述の通り、エビデンスというためには綿密な要因統制が求められますが、本書には、厳密に言えばエビデンス"未満"のもの（他の条件が同じだと仮定した場合の話）も含まれます。しかし筆者は、統計的統制あるいはそれに近い操作を試み、Apple-to-Appleの比較になっていれば実務では十分役立つと考えています。それでは足りないという方は、お読みにならないほうがよいと思います。

　また、これは考え方の問題ですが、原則より例外ばかり気になる人（"必ずしもそうとは言い切れないのでは？"）には向いていません。統計学には「全てのモデルは間違っているが、いくつか有用なものもある」という言葉があります（Box, 1979）。本書で紹介する事業成長の規則性も、厳密に言えば「役に立つ近似」でしかありません。境界条件や場合分けが既知の場合はできる限り併記していますが、全ての例外をカバーしているわけではありません。つまり「必ずしもそう言い切れないものばかり」です。そうした折り合いがつけられない方には向いていないと思います。例えばあなたが病院で薬をもらうとき、もし「その薬が効かない場合もありますよね、それなら飲みたくありません」と言ったら、恐らく医者は「じゃあ飲まなくていいです」と言うと思います。それと同じことです。

本書の構成

　本書は、いわば「**マーケティングやブランディングの当たり前を事実ベースで洗い直してみよう**」という試みです。戦略思考にもいろいろありますが、マーケターは「誰に（WHO）」「何を（WHAT）」「どのように（HOW）」という順で考えることが多いと思いますので、本文もその順に構成しています。最初から順に読んでいただくと、**エビデンスベーストマーケティングの全体像を理解することができる**と思いますし、実務の中で「あれ、これって根拠のある話なんだっけ？」「こういう場合、どうすればいいんだろう？」と迷ったときに、**課題から逆引きして、各論レベルの確認に使っていただいても OK** です。本書は三部構成となっており、各部の概要は次の通りです。

第一部:
　第一部では「**WHO 以前の問題**」と題して、消費者行動の規則性を解説します。現在は、1人の顧客に着目して生活文脈や感情に即したミクロなインサイトを掘っていく「顧客理解」が注目されています。しかし、事業に増分価値をもたらすにはどのような視点の理解が必要なのでしょうか。例えば、よく「顧客を育成する」と言いますが、ライトユーザーをヘビーユーザーに変えることは可能なのでしょうか。ヘビーユーザーとロイヤルユーザーはどのように異なるのでしょうか。事業成長において新規獲得と顧客維持はそれぞれどのような役割を果たすのでしょうか。また、マーケティングでは昔から「態度を変えれば行動も変わる」という態度変容モデルが主流です。しかし、そんな簡単に人の行動が変わるものなのでしょうか。そもそも「態度→行動」のような単純な因果関係で捉えてよいのでしょうか。このような、消費者の態度変容と行動変容に関する基本的なファクトを中心に、「ブランドを成長させるためには、そもそも消費者をどのような存在として捉えるべきなのか」を学んでい

きます。

第二部:

　第二部では「**WHAT以前の問題**」と題して、商品や価格に関する規則性を解説します。従来のマーケティングでは、WHAT（どのような価値を提供するのか）を考える前提として「差別化」の重要性が説かれてきました。しかし、消費者は本当にブランドの差を認識して選んでいるのでしょうか。「誰に対するどんな差別化が、事業にどのような成長をもたらすのか」をきちんと理解していますか。また、差別化は「価格」と切っても切れない関係にあります。消費者にとっては「何が（商品）いくらで（価格）」というセットで価値になるからです。企業にとっても、何が利益成長のドライバーなのか、どうしたら高い価格が受け入れられるのかなどは大きな関心事です。価格弾力性に関するエビデンスを基に、販売量と利益のトレードオフを最小化するプライシング技術や、ブランドの成長段階に応じた価格戦略を学んでいきます。第二部の後半では、新商品の成否を分ける要因や、ブランドポートフォリオに関する疑問をエビデンスベースで考察していきます。サブカテゴリ―化やプレミアム戦略、リニューアル、リポジショニングなど、勘と経験に頼る部分が多かったテーマについてもエビデンス思考で切り込んでいきたいと思います。

第三部:

　第三部では「**HOW以前の問題**」と題して、広告やメディアプラン、クリエイティブ、マーケティングの費用対効果・投資対効果に関する規則性を見ていきます。広告は消費者にどのような影響を与え、売上やシェアを生み出すのでしょうか。根拠のあるコミュニケーションデザインとはどのようなものなのでしょうか。「リーチとターゲティング」「ブランドの一貫性と新しさ」「説得とパブリシティ」といった、時に対立する視点をどうバランスさせていけばよいのでしょうか。ポジショニン

グやブランドイメージに関する基本的なエビデンスから始め、最近注目を集めているパーセプション（認識変化）の設計や、カテゴリーエントリーポイント（CEP）ベースのブランド管理まで解説していきます。また近年では、「予算配分の最適化」や「ROIの最大化」といった言葉がずいぶん気軽に使われるようになりましたが、その意味を正しく理解し、利活用できている人は意外に多くありません。第三部ではそのあたりも確認しながら、根拠のある広告コミュニケーションとメディアプランニングを実践するための、「エビデンスに基づいたアプローチ」を紹介していきます。

　ちなみに本書を順に読み進めると、「あれ、あそこで言ってたことと違うんだけど」という一見矛盾するようなエビデンスに出くわすかもしれません。筆者も、海外の論文を読み始めた頃はそういう感覚に陥ることが多かったのですが、ほとんどが「**場合分け**」の問題です。読み進めていただくと分かると思いますが、大きなブランドの場合／小さなブランドの場合、成熟市場の場合／新興市場の場合、耐久財の場合／非耐久財の場合、既存顧客の場合／未客の場合、ヘビーユーザーの場合／ライトユーザーの場合などで、エビデンスの示す方向が大きく変わることがあります。つまり、**あるケースで効果があるといわれているアプローチが、別のケースでは逆効果という逆転現象がかなりあります**。それらについても可能な限り明示的に書き分け、なるべく整合性をとっているつもりですが、クリアでない箇所があれば引用文献リストから原文に戻って確認してください。

　また本書では、一度説明したエビデンスが2回、3回と出てくることがあります。通しで読まれる方には「それ前も聞いたよ」と感じられるかもしれませんが、気になる箇所だけ読んだ人が置き去りにならないようにするための配慮ですので、ご理解ください。

最後に、テーマによってはやっと実証研究が始まったばかりのものや、データ自体が少ないものもあります。そうしたエビデンスについては、あくまで執筆時点で入手可能な最も信頼できる情報に基づいたものであることをご承知おきください。つまり、**将来的には別の実証研究によって上書きされる可能性もゼロではありません**。そうした情報は、アップデートがあり次第、筆者のLINE公式アカウントで随時発信していきます。

〈芹澤連　LINE公式アカウントのご案内〉

　本書に書き切れなかったテーマや、最新エビデンスのアップデート、読者からの質問コーナー（FAQ）、読書会やイベントなどのお知らせなど、さまざまなコンテンツを発信しています。本書の読者であればどなたでも登録して頂くことができますので、今後の継続学習にぜひお役立てください。

●こちらのQRコードから友だち登録をお願いいたします。

第一部

WHO
以前の問題

消費者行動の規則性

まずは、「消費者に関するエビデンス」から解説していきます。筆者は
これまで「顧客・未顧客を含め、消費者理解が重要である」という主張を方々
でしてきました。なんならそういう書籍も出版しています。本書でもそ
のスタンス自体は変わりませんが、ここで言う消費者に関するエビデン
スというのは、ペルソナやカスタマージャーニー、インサイトといった
消費者1人の深い理解の話ではなく、消費者を母集団／マス／コホート（集団）
として捉えたときにどのような傾向があるのか、それは世の中一般的に
理解されている消費者のイメージとどのように異なるのかという話です。

　なぜ最初にこのような線引きをしたかというと、同じ「消費者理解」
でも、マーケティングの上流（i.e., 戦略構築）と下流（i.e., 商品や広告、プ
ロモーション開発）では求められる理解が異なるからです。おおざっぱに
言えば、前者は母集団レベルの理解が、後者は個人レベルの理解が有用
です。もう少し丁寧に言うと、戦略を考える場合は「社会経済的な区分
が異なる人でも、いかに共通の行動パターンを示すか」という母集団の
同質性に理解の重心を置き、施策を考える場合は「社会経済的な区分が
同じ人でも、条件次第でどのように行動パターンが異なるか」という個
人の異質性に理解の重心を置きます。戦略を考えるときは共通パターンに、
施策を考えるときはいつもと違う事象や行動に目を向けるということです。

　近年、「n=1」の理解が戦略を上書きするようなケースも見られます
が注意が必要です。もし施策が間違っても、戦略が合っていれば大けが
はしませんが、戦略の間違いは施策では取り返せません。従ってミクロ
な理解を進める前に、消費者行動にはどんな共通性があるのか、そもそ
も消費者をどのようなベクトルで捉えるべきなのか、という全体像を事
実ベースで理解しておくことが大切です。第一部を読み終えたころには、
今までの捉え方は「ベクトルの向きが逆だった」「矢印が無い所に矢印
があると思ってきた」といった学び直しができると思います。

第 **1** 章

新規獲得と
離反防止の
エビデンス

「新規と既存、どちらが大事か？」という問い自体が適切ではない

　まず、新規顧客と既存顧客の話から始めましょう。「新規獲得と離反防止、どちらが大事なのか」という議論はマーケティングの古典的なテーマの1つですが、これについては識者の間で見解の相違があるように思います。データに基づいて物事を考えるエコノミストやマーケティングサイエンティストには新規獲得のほうが大事という人が多く、成功事例や自身の経験ベースで物事を考えるコンサルタントやマーケターは既存顧客のほうが大事という人が多い印象です（もちろん全員がそうだという話ではありません）。

　筆者はどちらの立場も経験していますが、「**どちらが大事か1つ選べ**」**と言われたら新規獲得です**。この後、そう考えるに足る根拠も説明します。しかし、既存顧客の重要度が増す局面や、既存顧客にしか期待できない成果があるのもまた事実です。結局、ブランドを成長させるには、ブランドが置かれた状況やゴールに合わせて両者へ別々のアプローチを行うことが必要であり、「**新規と既存、どちらが大事か**」**という問いの設定自体、事業成長の本質を正しく理解していないことの表れ**なのです。

　本章では、まず新規獲得と離反防止が対立構造で捉えられるようになった背景の整理から始め、「どちらか片方を選べ」と言われたらなぜ離反防止ではなく新規獲得になるのかを解説します。その後、なぜ「新規vs.既存」という問題設定が正しくないのか、代わりにどんな視点を持つべきなのかという順で解説していきます。

1:5の法則、5:25の法則は本当か？

「顧客の離反を減らして（維持率を高めて）売上を増やす」——。事業会社／代理店、BtoB／BtoCを問わずこうした考え方の人は一定数いますし、またそれができると主張するコンサルタントやプランナーもいます。その根拠としてよく持ち出されるのが「新規獲得は顧客維持に比べて5倍のコストがかかる（**"1:5の法則"**）」や「離反を5%減らせば利益は25%改善する（**"5:25の法則"**）」といった格言です。

　こうした話の背景にある理屈としては、顧客を維持する期間が長いほど得られる利益は大きくなる一方で（e.g., LTV、WTP、口コミ）、ロイヤルティや学習効果により維持コストは下がると考えるわけですが、実際に調べてみるとそのようなエビデンスはないようです（Reinartz & Kumar, 2002）。まず顧客関係管理にかかるコストは変動が大きく、**新規顧客とほとんど変わらない、むしろ長期の顧客のほうがコストは高くつくこともある**と報告されています。また、既存顧客のほうが新規顧客より収益性が高い（e.g., WTPが高い）ということもないようです。要するに、"ロイヤル顧客の収益性がすべて高いわけではなく、収益性の高い顧客がすべてロイヤルなわけでもない"ということです（Reinartz & Kumar, 2002）。さらに、カテゴリーの浸透率や各社の参入順序、自社がリーダーなのかフォロワーなのかなどによって、獲得コストと維持コストが変わる市場もあります（Min et al., 2016）。いずれにしても、獲得するより維持したほうが安く済む、コスパが良いといった単純な話にはなりません。

　次に5:25の法則についてはどうなのでしょうか。こちらはハーバード・ビジネス・レビューに掲載されたある論文が基になっているようですが（Reichheld & Sasser, 1990）、バイロン・シャープ教授によってすでに反証されています（Sharp, 2010）。ちょっと考えてみてほしいのです

が、例えばあなたがサブスクリプション型のサービスをしているとして、現在の解約率/年が10%だとします。単純に考えて平均継続期間は1/0.1＝10年です。ここで、もし解約率を5%にすることができたら平均継続期間は1/0.05＝20年、つまり2倍になります。当然、そのぶん得られる利益も増えます（原文では、業界によって25〜85%増えるとのこと）。

　しかし、これをもって「解約率を5%改善するだけで利益が大きく増える」とは言えませんね。解約率10%を解約率5%にするということは、5%ではなく「5ポイント」の改善です。つまり離反を半分にしたということです。離反を半分にできれば利益が大幅に改善するのは当たり前ですし、**それだけの離反防止が果たして現実的に可能なのか**という話になります。

　1：5の法則や5：25の法則は、フィリップ・コトラー教授らの著書などにも似たような言及があるため（Kotler & Keller, 2006/2008, p.195）、そのまま真に受けている人も多いようですが、注意が必要です。というのも、実はどんなブランドもシェアに比例して顧客を失うことが知られています（Sharp, 2010）。**離反とは、他の要因と独立して、マーケターが任意にコントロールできる変数ではない**のです。次節ではこのあたりを詳しく解説していきます。

1-2

「離反率を減らしてブランドを
成長させる」という思考の盲点

　誤解のないよう書き添えておくと、「顧客の離反を防止しても利益に貢献しない、顧客維持の効果は弱い」と言っているわけではありません。むしろ理論上は、獲得より維持のほうが顧客価値への効果は高く推定されます。なぜなら新規獲得では既存顧客の価値は高まりませんが、維持率を改善すれば、既存顧客の価値だけでなく新しく獲得した顧客の価値も高まるからです（Riebe et al., 2014）。実際、大型のEC（電子商取引）サイトなどでは、獲得コストを1%改善することによる顧客価値の増加は0.02～0.3%程度に留まる一方で、顧客維持を1%改善すると顧客価値は3～7%増加するという報告もあります（Gupta et al., 2004）。このように理論上は、顧客維持の効果は高いのです。

　理論上は、というのがポイントです。どれだけ威力の高い大砲でも撃てなければ話になりません。1：5の法則にしても5：25の法則にしても、そもそも顧客を維持できること、獲得も維持も事業成長への貢献が同じであることが前提になります。つまり、「どちらを選んでも成長につながるなら、コストが安いほうがいいに決まっているよね」という理屈です。しかし、問題は「**あなたのブランドで現実的に離反を防止できるのか、あなたが競争しているカテゴリーで実際に顧客維持が可能なのか**」ということです。近年では、さも当たり前かのように「顧客の離反はマーケティング次第で止められる、離反を減らすことで事業は成長する」という前提で施策を考える人がいますが、実は大きな勘違いです。これには市場や消費者行動に関するいくつかの規則性が関係してきます。

まず、**平均への回帰**といって、ある時期のヘビーユーザーは次の時期にはライトユーザーやノンユーザーになりやすい傾向があります。これはマーケティングとは関係なく起こる現象であり、企業側の努力でどうにかできることではありません。こちらについては第2章で別途詳しく説明します。

　次に、離反は基本的にカテゴリーとそのブランドのシェアによって決まります（Wright & Riebe, 2010; Sharp et al., 2002）。大きなブランドほど離反する顧客の数も多くなりますが、もともとの顧客基盤が大きいため、比率で考えれば大きいブランドほど離反率は低く、小さなブランドほど高くなります。そして小さなブランドは顧客基盤も小さいので、離反のインパクトは大きくなります。結局、離反や維持もダブルジョパディの法則に従うわけです。これを**リテンションダブルジョパディ**といいます（Sharp, 2010）。従って、**「離反を減らせば顧客数を維持できる」というロジックは本来向きが逆で、正しくは「顧客数が増えることで相対的に離反率が減る」という理解になる**のです。
　事実、実証研究においても、ブランドが衰退するときは、顧客の離反が増えて衰退していくというより、むしろ顧客を獲得できなくて衰退していくことが見て取れます（Riebe et al., 2014）。筆者も以前確認したことがありますが、下り坂のブランドも離反率は他の競合ブランドとそこまで大きくは変わらないのです。変わるのは顧客数、つまり浸透率です。ですからリテンション（維持）の視点でも新規獲得は必要になってくるわけです。

　さらに言えば、そもそも**「離反を防止できる市場とできない市場」**というものがあります。よく「顧客を育成する、ロイヤルティを醸成する」などと言いますが、例えばカテゴリーによってロイヤルティの意味や測定指標も変わってきます（Sharp, 2007; Romaniuk et al., 2021）。厳密には

ディリクレ（Dirichlet）のSという統計モデルのパラメーター*で決まるのですが（Sharp, Wright, & Goodhardt, 2002）、要するに、**どのようなカテゴリーでもマーケターの思うようにロイヤルティを変化させ、顧客を維持できるわけではない**のです。維持できないのであれば、コストが高かろうが安かろうが獲得し続けるしかありません。詳しくは第2章7節で解説します。

*あるいはPolarization Index（φ）

離反に見える行動の大半が、実は本当の離反ではない

　多くのマーケターは、離反を"ゼロイチ"で考えがちです。「リピートされた→良かった！」「リピートされなかった→離反を防止しなければ！」、そういう捉え方です。しかし消費者側のブランド選択はそうした二元論で動いていません。**確率論**です。消費者はそれぞれが「よく選ぶブランドのレパートリー」を持っています（Romaniuk & Sharp, 2022; Sharp et al., 2012）。購買時にはそこから確率的にサンプリングが行われ、1つのブランドが選ばれるわけです（Bennet et al., 2010; Stocchi, 2014）。このような買われ方がメインとなるカテゴリーを特に「**レパートリー市場**」と呼びます（Sharp, Wright, & Goodhardt, 2002）。

　このとき、選ばれなかったブランドの担当者から見れば離反が起きたように見えるかもしれませんが、**レパートリー市場ではそれが「普通の買い方、当たり前の購買行動」**なのです。逆に言うと、自社ブランドが消費者のレパートリーに入っている限りは、次に選ばれる可能性もあるわけです。1回1回の「選ばれた／選ばれなかった」はただの抽選結果であり、離反ではありません。**本当の離反はレパートリーに入らなくなること、抽選すらされなくなること**です。従ってブランドスイッチは起

こるものとして、多くの消費者に想起されやすい状態を維持すること、記憶をアップデートし続けることが結局は離反防止にもなるわけです。

　こうしたいくつかの規則性によって、マーケティングで食い止められる離反というのは実質的に限られてきます。ですから、むしろ現在のシェアだとどれくらいの離反が起こるのが"正常"なのかを把握して、いかに過剰投資することなくその離反レベルを維持するかが重要になってくるのです（Romaniuk & Sharp, 2022）。例えばやみくもに離反防止策を打つのではなく、同程度のシェアの競合と比べて、どの顧客層、どんなオケージョンで離反が多い（獲得が少ない）のかを特定し、そこに適切な予算を割り当てるという視点で考えてみましょう。

1-3

「新規獲得vs.離反防止」の
落としどころ

　一方、**ブランドを成長させるためには顧客基盤の拡大が必須**です。売上を構成する「顧客数」と「購買頻度」の関係は、図表1-1のような**負の二項分布**で表されることが知られています（Sharp, 2010）。ほとんどの市場はこのグラフのように、ノンユーザーやライトユーザーの数が極端に多く、何回も買うヘビーユーザーになるほど少なくなっていくという構造をしています。そしてブランドが成長するときは、年に1、2回しか買わないライトユーザーを多く取り込みながら成長します。このことはソースの異なる複数の研究からも明らかで、ブランドの成長ポテンシャルの大半は未顧客にあり（Binet & Field, 2018）、特に小さなブランドでは今後の伸びしろの8〜9割がノンユーザーへの浸透にあると報告されています（Trinh et al., 2023）。またRiebe et al., (2014) は、事業が成長するときも衰退するときも、シェアの変化に対して獲得は離反の約2倍の説明力があり、収益性指標の変化に対しても同程度に説明力が高いことを報告しています。

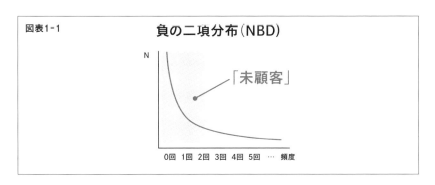

図表1-1 　負の二項分布（NBD）

N

「未顧客」

0回 1回 2回 3回 4回 5回 … 頻度

こういう話をすると、「いや、それはオフラインがメインの消費財などに限った話で、実際はカテゴリーによって違う」「オンラインがメインのビジネスやサブスクなどは、既存顧客のロイヤルティが成長のカギだ」などと言われる方がいます。その人の周りではそうなのかもしれませんが、業界横断的なデータを見る限りそんな傾向は確認できません。1998年から2016年までの20年近くにわたり、500件以上のマーケティング施策とその成果を記録した大規模データベース（IPA Databank）に基づくBinet and Field（2018）らの研究を見ると、およそどのようなカテゴリーでも、どのような成長フェーズでも、低価格帯でも高価格帯でも、小規模ブランドでも大規模ブランドでも、イノベーション性が高い商品でも低い商品でも、オンラインでもオフラインでも、大きなビジネスインパクトは浸透率の増加を通して得られるものであり、既存顧客のロイヤルティ向上から得られるものではないことが確認できます。実際、著者らも**"成長のメインドライバーは常に浸透率である"**と結論づけています（Binet & Field, 2018）。

　エビデンスとして、Binet and Field（2018）らのデータを一部紹介します（図表1-2、図表1-3）。確かにカテゴリーによる強弱はありますが、データが利用可能な全てのカテゴリー*において、**成長に対するインパクトは「新規獲得>ロイヤルティ向上」**です。オンライン、オフラインを問わず獲得のほうが重要で、特に消費財や金融サービス、小売りといったオフラインメインのカテゴリーやサブスク型のビジネスの場合は、むしろ獲得だけに注力したほうが成長しやすいようです。

*耐久財、金融、金融以外のサービス財に関しては、ロイヤルティのみの施策は報告できるほどのデータがないようです。実はすごい効果があるのに20年間誰もやっていない可能性もゼロではありませんが、筆者は、効果がないから誰もやらないだけと解釈するほうが自然な気がします。

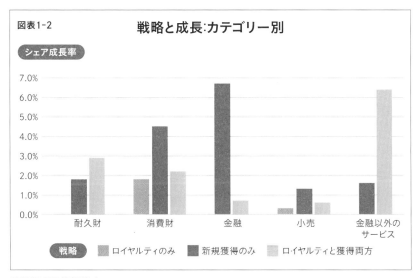

図表1-2 戦略と成長:カテゴリー別

出所:以下を基に筆者が作成
Binet, L., & Field, P. (2018). *Effectiveness in context: A manual for brand building.* Institute of Practitioners in Advertising.

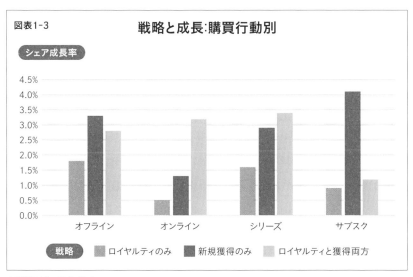

図表1-3 戦略と成長:購買行動別

出所:以下を基に筆者が作成
Binet, L., & Field, P. (2018). *Effectiveness in context: A manual for brand building.* Institute of Practitioners in Advertising.

このデータでもう1点着目したいのが、**新規顧客と既存顧客を「両方ケアしたときのインパクト」**です。特に耐久財、金融以外のサービス、オンライン購買、シリーズ型の購買行動（定期購入ではなく都度購入）の場合、新規顧客と既存顧客の「両方」にアプローチしたときに最も大きな成果が得られています。

「両方、別々に」の視点

　実はこの「両方大事」という観点は、ただの正論以上の意味があります。そもそも、新規獲得や浸透率が重要だとしている研究者らの中で、「だから既存顧客を無視していい、離反を増やしても構わない」などと言っている研究者は、筆者が知る限り1人もいません。実際、既存顧客はパフォーマンスマーケティング（施策が成果を上げた場合にのみ費用が発生する行動喚起的なマーケティング手法）で働きかけやすく、プロモーションなどへの反応も高いので、短期のソースオブビジネスとしては優秀です。さらに、ブランドの規模がある程度大きくなった後は、マージンを高めるための既存顧客へのアプローチ（i.e., 価格差別やプレミアミゼーション）の効果が高まることもデータで分かっています（Binet & Field, 2018）。

　本章の冒頭で、「**新規と既存、どちらが大事か**」という問いは事業成長を考える上で適切ではないという話をしましたが、短期で分かりやすい成果（e.g., 四半期売上）を出しやすいのは既存顧客なので、マーケターやプランナーなど実務者側の実感値としては、既存顧客が成長の中心にいるように見えるわけです。しかし、個人の経験や実感を超えた時系列・規模のデータで確認すると、既存顧客中心の成長には限界があり、持続的な成長を遂げているブランドのメインドライバーは浸透率やブランド構築であることもまた事実なのです。ですから結局、**新規も既存も「両方、別々に」対応する必要がある**わけです。

　このように、「一見対立しているように思える考え方でも、実はその両方が大切ということはよくある」「本質はその使い分けや組み合わせにあるのだ」という視点は、海外のマーケターの間で、"**Bothism**"（Mark Ritson）や "**Long & Short**"（Binet & Field）などと呼ばれており、本書を通して最も重要なメタエビデンスの1つになります。

浸透率とロイヤルティの
成長貢献はシェアによって異なる

　往々にして、マーケターは「**これさえしておけば大丈夫**」「**この見方をしておけば失敗しない**」という唯一の答えを求めがちです。「新規獲得と離反防止のどちらが大事なのか」という疑問も、そのような唯一解があるはずという期待からくるのかもしれません。残念ながら、それは**誤った二分法**です。

　新規獲得と離反防止、浸透率とロイヤルティ、ブランド構築と購買喚起――マーケティングには対立する概念が多くあるため、白黒つけたくなる気持ちも分かります。しかし、そうした視点やアプローチはいわば「道具」です。道具にアプリオリな優劣はありません。あるのはゴールに対して適切な道具を選んだかどうか、つまり、**あなたの「状況判断と道具の選択」に正解と不正解がある**だけです。従って、「AとBのどちらが大事なのか」という質問は本質的に正しくありません。正しくは、「**どういうときにはAで、どういうときにはBなのか**」です。

　例えば、**市場シェアによって成長の源泉が異なる**ことはご存じでしょうか。つまりブランドの規模によって、浸透率とロイヤルティが成長に及ぼす相対的な影響は変わってくるのです（田中, 2017）。図表1-4を見てください。

図表1-4	シェア 0-5%	シェア 6-10%	シェア 11-30%	シェア 30%以上	全体
シェアにより、成長の源泉は異なる					
購入頻度による成長	8%	23%	32%	46%	25%
浸透率による成長	92%	77%	68%	54%	75%

Sylvester et al., 1994, as cited in 田中(2017)

出所:以下を基に筆者が作成
田中洋(2017)『ブランド戦略論 Integrated Brand Strategy: Theory, Practice, & Cases』有斐閣.

　まずシェアが小さなうちは、浸透率の影響が大きいことが分かります。特にシェア5%までの小さな成長ブランドの場合、成長の92%は浸透率の上昇からきています。しかしシェアが増えるにつれ、ロイヤルティ（購入頻度）の影響が大きくなっていきます。実際、シェアが30%以上ある成長ブランドでは、増加分の半分近く（46%）が購入頻度の上昇からきています。とはいえ全体的に見れば、やはり浸透率のほうが影響は大きいようです。同様の傾向は、Baldinger et al., (2002) やBinet and Field (2018) などでも報告されています。つまり、**大きなブランドになるほど既存顧客のロイヤルティやマージン成長**（WTPやLTVの向上など）**が相対的に重要になっていきますが、小さなうちは顧客基盤の拡大によるボリューム成長が何より重要**だということです。

　注意していただきたいのは、「**大きな会社がロイヤルティ向上に取り組んでいる**」からといって、「**小さな会社が同じことをすれば大きくなれる**」**わけではない**ということです。時折、有名なブランドや急成長したブランドが、ファンマーケティングやロイヤルティ施策で成果を出したというニュース記事を見て、「ほらみろ、やっぱりロイヤルティやファン育成が大事なんじゃないか、ウチみたいな小さなブランドでもぜひまねすべきだ」と勇み立つ人がいますが、これは道具の選択を誤ってい

る可能性があります。

　**大きなブランドというのは、ロイヤルティを高めることで大きくなっ
たのではなく、大きいからロイヤルティが高い**のです（Romaniuk et al.,
2021）。要するにダブルジョパディの法則です。大企業が既存顧客向け
の施策に力を入れるのは、先に見たように、その成長段階まで来ると、
浸透率の伸びが緩やかになる一方でロイヤルティの寄与が相対的に大き
くなるからです。ロイヤルティ施策は既存顧客から行動を引き出すわけ
ですから、顧客基盤が大きくなるほどその効果が大きくなるわけです。
しかし、小さなブランドではそうはいきません。まずは獲得に重点を置
いて顧客基盤を広げるのが先です。

　このように、マーケティングに一律な正解を求めるのではなく、エビ
デンスに基づいて、自社が置かれた環境や成長段階に適した戦略を設計
することが大切です。道具とは状況や目的に合わせて使い分けるもので
す。道具（理論や手法）の正しい使い方を本書で学び、ゴールや状況に合
わせて使い分けることができる"職人"を目指しましょう。

成功事例の失敗事例：
事例やフレームワークに
再現性はあるのか？

　世の中には成功事例があふれています。「あのブランドは〇〇でうまくいった」「あのトップマーケターは××が重要だと言っている」、こうした話は事欠きません。特に実在のマーケターが主役の物語は身近に感じやすく、納得感もあります。有名な経営者や大企業の事例はビジネスメディアやSNSなどを通してすぐに広まり、「あの大企業もやってるなら安心だ」「あのマーケターがつくったフレームワークには成功の秘訣が凝縮されているはずだ」「あの大先生が膨大な研究の末にたどり着いた素晴らしい理論」と、"前へ倣え"が始まるわけです。

　このように、実務ではエビデンスより事例のほうが重宝されることが多いかと思いますが、データの世界で長く仕事をしてきた人間からすると、少々違和感を覚えます。というのも、事例はそれほど簡単に一般化できる（他社が成功したなら、ウチも成功する可能性が高い）話ではないからです。「風が吹けば桶屋がもうかる」ということわざがありますが、事例とは、言ってしまえば**「桶屋がもうかったときに風が吹いていたこともあるらしい」**という1つのサンプルにすぎません。「風が吹けば（原因）→桶屋がもうかる（結果）」と言うにはかなり強いエビデンスが必要になります。しかし成功事例は、その企業（市場、顧客、トレンド、etc.）に最適化され過ぎている可能性があります。

データ分析の世界に**過剰適合**（over-fitting）という現象があります。例えば、1つのデータセットがあり、そのデータを使って予測モデルを組んでいるとします。予測率を向上させようとモデルの改善を行っていった結果、「そのデータセットに限れば的中率99％だが、他のデータでは全く使い物にならない予測モデル」にたどり着いてしまうことがあります。これは、外れ値や異常値など、そのデータ固有の特徴まで正確にトレースしてしまうことに起因するのですが、これと同じことが成功事例にも起こります。

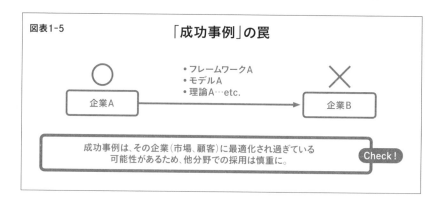

図表1-5

「成功事例」の罠

企業A

・フレームワークA
・モデルA
・理論A…etc.

企業B

成功事例は、その企業（市場、顧客）に最適化され過ぎている
可能性があるため、他分野での採用は慎重に。

Check！

　例えば、熟練のマーケターが経験や理論に基づいて考えた、あるフレームワークがあるとしましょう。そうしたフレームワークは、おのずとそのブランドが置かれた市場環境やカテゴリーの購買プロセス、顧客層などに最適化され過ぎていて、他のマーケットでは柔軟な応用が利かないものになっていることがあります。手法や事例を取り入れるだけでは物事がうまくいかないのは、そのためです。IT系のスタートアップでうまくいった方法を、老舗の消費財ブランドがまねしたら全く使えなかった。逆に一般消費財でうまくいったフレームワークをイノベーション領域に流用したら大きく外れたなど、「**成功事例の失敗事例**」は枚挙に暇がありません。

　行動科学の専門家であるEmre SoyerとRobin M. Hogarthは、そのような「よくできたストーリー」に惑わされないようにと警鐘を鳴らしています（Soyer & Hogarth, 2020）。多くの成功事例は反事実との比較がない後づけのストーリーです。そうしたストーリーでは意思決定時の不確実性が過小に扱われ、成果ばかりが強調されることがあります。つまり、表に出てこない失敗事例においても、実は同じような状況で同じような取り組みをしていた可能性もありますし、成果に寄与した第三の要因が別にあった可能性も常につきまとうわけです。

　有名なフレームワークを取り入れてみたが全く役に立たなかった、特に変わったことをしなかった企業のほうが成長したという話は数え切れないほどあります。実際、「某外資系消費財メーカー出身のマーケターの言う通りにしたけど売上は減る一方だ、何とかしてくれ」と助けを求められたことも、1度や2度ではありません。

　誤解のないように断っておきますが、**事例やフレームワークが全て悪い、一切使わないほうがいい、などと言っているわけではありません**。本書でも事例はたくさん出てきますし、フレームワークも紹介しています。事例だけで判断するのではなく、さまざまなファクトと突き合わせて考えましょう、という話です。例えば、書籍やネットの記事、セミナーなどを通してみなさんが見聞きするコンテンツは、基本的に成功事例です。そうした"表に出てくるケース"には、生存者バイアスがある可能性を常に頭の片隅に置いておきましょう。バイアスに陥らないためには**反事実と比較してみる**ことです。成功事例を見たら、それをやらなかった場合、もしくはそれをやって失敗したようなケースも探して文脈やプロセスを比較してみましょう。

第 2 章

ロイヤルティの
エビデンス

実際のパレートシェアは 50〜60%程度

　近年のマーケティングは、いわゆる「**顧客ロイヤルティ**」を中心に考えられることが多いと思います。しかし、そもそもロイヤルティとは何か、増やしたり育てたりできるものなのか、リピート率やウォレットシェアといったKPIとどのような関係があるのか、誰のロイヤルティが高めやすいのか（あるいは高めにくいのか）、カテゴリーによってどのような違いがあるのか、といった基本的なファクトについてはあまり理解されていません。そのせいか、**前提部分で大きく間違ったロイヤルティ戦略**をよく目にします。第2章では、そのあたりのエビデンスを中心に、消費者行動とロイヤルティの本質に迫っていきたいと思います。

　先日、とあるマーケティング系のメディアで、次のような記事を見ました。「ファンの声に耳を傾け関係性を深めることで、ブランドとファンが一体となって熱量を高め合い、その好循環がリピートや推奨につながっていく、詰まるところ愛なんだ」──。果たしてこのような世界観にエビデンスはあるのでしょうか。それともただのポエムなのでしょうか。

　みなさんはブランドの「**ファン**」というと、どのような消費者像を思い浮かべますか。ブランドが大好きで、リピート率が高く、周りにも勧めてくれる、一般的にはそのような消費者像をイメージすることが多いのではないでしょうか。そして、そのようなファンを増やしていきたいと考えるわけです。他にもいくつかよくあるイメージを挙げてみます。

〈ファンのイメージ〉

- 売上の80%を支えてくれる
- 簡単に他のブランドに離反しない
- リピート率を高めやすい
- クロスセルやアップセルが効きやすい
- ブランドに熱狂している
- マーケティング次第で維持・育成することができる

しかし、もしこのような消費者はほとんど実在せず、維持したり育てたりすることも現実的ではないとしたらどうでしょうか。ずいぶん戦略が変わってくるのではないでしょうか。"消費者"と"消費者像"は別物です。実際、消費者行動に関するファクトを調べていくほど、**マーケターが「ファン」に期待するイメージ**と、現実の「**ヘビーユーザー／ロイヤルユーザー」の振る舞い**には相当な乖離があるように感じます。

そもそも「ロイヤルティ」って何？

まずは先のリストの一番上、「**パレートの法則**」から始めていきましょう。ファンマーケティング推進派やヘビーユーザー重視派の根拠としてよく引き合いに出されるのが、「**上位20%の優良顧客が売上全体の80%を占める**」というパレートの法則です。日本だと2：8（にっぱち）の法則といわれることもありますね。しかし、上位20%が売上の80%を占めるというのは実は言い過ぎです。年単位で見ると、**実際のパレートシェアは50〜60%程度**であることが分かっています（Sharp et al., 2019）。

こうした指標を見るときは、**指標のロジック**（何を何で測ろうとしているのか）**と消費者行動の実態**（そこに消費者行動のどのような側面が関わってくるのか）

に目を向けてみましょう。例えば上位20％とそれ以外に差がつくのは、多く買う人（あるいは単価が高い人）とそうでない人がいるから、つまり需要や消費、利用習慣が人それぞれだからです。そう考えると、商品やサービスの利用にもそれぞれ平均的なインターバルがあり、カテゴリーや時間という要素を無視して、一概に「上位20％が売上の○％を占める」という捉え方をしてもあまり意味がないのではないか、と気がつきます。

　実際、パレートシェアはデータを集計する期間によって変動します。全員が1回しか買わないような短期間で集計すれば小さく出ますし（i.e., 20％）、長期になるほど大きくなっていきます。図表2-1は、パレートシェアに関する近年の主要な実証研究を整理したものです。大まかな傾向として、1年スパンだと50～60％、5年や6年といった長いスパンになると60～70％となり、オリジナルのパレートシェアに近づいていくことが読み取れます。要するに、**上位20％が売上全体の80％近くを生み出すというのは、相当長いスパンで捉えたときの話**だということです。

図表2-1

TOP20%の貢献	期間	カテゴリー	ソース
39%	1四半期	CPG	Sharp (2010)
50%	1年	CPG	Sharp (2010)
53%	1年	CPG	Romaniuk and Sharp (2022)
60%	1年	生鮮食品	Anesbury et al. (2020)
67%	2年	Non-CPG	McCarthy and Winer (2019)
60%	5年	CPG	Dawes et al. (2022)
73%	6年	CPG	Kim et al. (2017)

　とはいえ売上の半分以上を占めるわけですから、現在の売上に対する

上位20%の貢献は過小評価できません。「だから既存顧客が重要なんだ」「ヘビーユーザーを育てていくべきだ」という声が聞こえてきそうですが、ちょっと待ってください。確かにパレートシェアの数値だけ見て判断するならおっしゃる通りです。しかし、その事実を実務に生かすには、さらに次のような問いを重ねる必要があるのではないでしょうか。

- ヘビーユーザーは、どれだけの間 "ヘビー" でいてくれるのか？
- ヘビーユーザーはどこから来るのか、狙って育てたり維持したりできるのか？
- ヘビーユーザーは自社のファンやリピーターになりやすいのか？
- ヘビーユーザーはアップセル、クロスセルしやすいのか？
- これからの売上成長に必要なのは誰か、今後の伸びしろが大きいのはどの層か？

ヘビーとライトの真実:
「平均への回帰」と
「ウルトラライト層」に注意

　まず問題になるのが、**上位20％のヘビーユーザーが、どれだけの間"ヘビー"でいてくれるのか**ということです。パレートの法則は、「上位20％の優良顧客を大事にして、もっと使ってもらおう」「そういう人をもっと増やそう」という帰結になることが多いわけですが、それは「同じ人がヘビーでい続けてくれる」という前提があって初めて成り立つ話です。いくら売上の半分以上をたたき出すとしても、維持したり育てたりできないのであれば企業にできることはなくなりますし、同じ人だと思ってリレーション強化に投資していたら全然違う人だった、では話にならないわけです。

ヘビーユーザーは、どれだけの間
"ヘビー"でいてくれるのか？

　いくつかの研究によると、ブランド単位で見た場合、ヘビーユーザーの安定性（ある年の上位20％のうち翌年も上位20％に入る割合）は**50％程度**といわれています（Baldinger & Rubinson, 1996; Romaniuk & Sharp, 2022; Romaniuk & Wight, 2015）。つまり、**1年で約半分が入れ替わる**ということです。もちろんカテゴリーによる違いもあります。例えば小売店（百貨店）では、店舗全体で見るとヘビーユーザーの安定性は高めになりますが（69％）、部門単位で見ると低く（45％）なるようです（Tanusondjaja et al., 2023）*。

*ただし部門ごとのばらつきは大きい（平均45％、標準偏差±18.4）ため、顧客重視でいくのか未顧客重視でいくのかは部門ごとの判断になるようです。

「1年で半分もヘビーじゃなくなるの？」「ナーチャリングやリテンションが足りなかったのでは？」と思われるかもしれませんが、ひと言でヘビーユーザーといってもいろいろな人がいるわけです。あなたの商品やサービスをよく購入してくれる「ブランドのヘビーユーザー」もいれば、さまざまなブランドを買い回ることでカテゴリー需要を満たす「カテゴリーのヘビーユーザー」もいます。いわゆるブランドのファンというと前者をイメージされる方が多いと思いますが、割と見落とされがちなのは、ブランドのヘビーユーザーの中には**「データ上はヘビーユーザーに見えても実際はライトユーザー」という人が相当交ざっている**という事実です。例えばReinartz & Kumar（2002）では、直近の購買量や利用額などで顧客をスコアリングし、ポテンシャルが高いと判定されたセグメントに投資を重ねた結果、マイナスに転じた通販会社の事例が解説されています。

　なぜこういうことが起こるのかというと、**現在のヘビーユーザーがヘビーのままでいてくれる、ロイヤル顧客が来年もロイヤルでいてくれる、と勝手に決めつけて戦略を立てるから**です。「去年たくさん買ってくれたから、今年もたくさん買ってくれるに違いない」と思ってコストをかけたが、徐々に陰りが見え始めた。それでもプラットフォーム上のスコアは高いので、ポテンシャルが高いアクティブな顧客だと評価され、リテンションしたり購買喚起したりするための費用が増えていく。そうした過大評価を疑うことなく投資を続けた結果、収支が合わなくなっていくわけです。現在でもD2Cなどの文脈で時々似たような話を聞きますね。

平均への回帰

よく勘違いされていますが、多くの場合、ブランドのヘビーユーザーというのは個人の"普遍的な特徴"を表しているわけではなく、個人の"状態"を表しているにすぎません（カテゴリーのヘビーユーザーはまた別です。次節で説明します）。シングルソースデータを注意深く分析すると、**同じ人でも、時期によってヘビーユーザーになったりライトユーザー（あるいはノンユーザー）に戻ったりという"波のようなもの"があること**に気がつきます。もちろん購買量や購買頻度、利用金額が比較的長期にわたって安定している人もいるにはいますが、大半の消費者には、たまたま多く買うときと少ないときがあるわけです（Romaniuk&Sharp, 2022）。

従って、期間を区切って集計すれば、購買頻度や利用額が上振れする人が一定数出てきます。しかし、それは**確率的に起こる現象**であり、熱狂やロイヤルティといった心理的な変化によるものとは限りません。

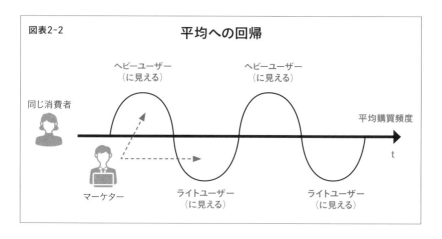

図表2-2　平均への回帰

これは「**平均への回帰**」と呼ばれる現象で、マーケティングだけでなくあらゆるデータで起こります。短期的には偏って見える傾向でも、長期のデータで見れば分布の平均に近くなっていく現象のことです。例え

ば、会社や自宅の近くにできた新しいレストランに入ってみたら意外と
おいしく、「いい店見つけたかも！」とよくランチに利用した。しかし
気づいたらいつの間にか行かなくなっていた、のような経験はないでし
ょうか。この場合、最初は物珍しさから「あそこの店行ってみるか」「同
僚にも教えてあげよう」といった想起が高いだけで、別にその店に愛着
があるとか、その店でなければいけない理由があるわけではないでしょ
う。つまり、**その時期だけ切り取ったデータで見れば確かにヘビーユー
ザーに見えるのですが、中身はライトユーザー**です。ですから時間が経
過すれば、本来の購買頻度（ほとんど行かなくなった、他に良い店を見つけた、
etc.）に戻るわけです。

　これと同じことがヘビーユーザーの判別でも起こります（Schmittlein
et al., 1987）。ヘビーユーザーは購買頻度が多い、利用額が高そうと思わ
れていることが多いですが、「**ヘビーユーザーだから購買頻度が高い（利
用額が高い）**」のではなく、「**集計期間中に購買頻度が高かった（利用額が
高かった）人をヘビーユーザーとしてカウントしているだけ**」というこ
とも十分あり得るわけです。つまり、これも因果の向きが逆だというこ
とです。

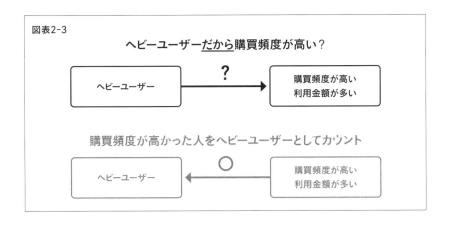

図表2-3

ヘビーユーザー<u>だから</u>購買頻度が高い？

ヘビーユーザー　→　**?**　→　購買頻度が高い　利用金額が多い

購買頻度が高かった人をヘビーユーザーとしてカウント

ヘビーユーザー　←　○　←　購買頻度が高い　利用金額が多い

平均への回帰は、消費者のブランド選択が確率的に決まることに起因する現象なので、企業側の介入（広告、カスタマーエクスペリエンス、商品力、ブランド、etc.）とは関係なく起こります。施策の良しあしに関係なく発生し、完全に防ぐこともできません。とはいえ、回帰はヘビー⇄ライト双方向に作用しますから、来年になれば新しいヘビーユーザーが出てきて、各年のパレートシェアは50%近傍に落ち着きます。

ここで重要なのは「**では、その新しいヘビーユーザーはどこから来るのか**」ということです。それは現在のライトユーザーやノンユーザーから来るわけです。そもそも、パレートシェア以外の売上はライトユーザーによるものです。

パレートシェア以外の売上を支える
「ウルトラライトユーザー」の存在

ライトユーザーに由来する売上の実態を解き明かすためには、Dawes et al.（2022）の報告が役立ちます。著者らは、5年間にわたって1万以上の世帯を追跡したデータで消費財200ブランドの行動ロイヤルティを分析しており、サンプル数、ブランド数、時系列、いずれの面においても信頼性の高いエビデンスを提示しています。筆者が特に興味を引かれたのは、次の2点です。

- 購入回数が5年間で5回以下の人が顧客の8割、売上の4割を占める
- ある年の売上の内、前年に買わなかった未顧客による売上貢献は40%弱

つまりヘビーユーザー以外に目を向けると、ならして**1年に1回以下しか購入しない"ウルトラ"ライトユーザーが顧客の大半、かつ売上の半分近くを占めている**わけです。さらに、各年の売上の40%近くはそ

うしたウルトラライトユーザー、あるいはノンユーザーを獲得すること
で得られているのです。同様の傾向は他の再現研究でも確認されており、
特に**小さなブランドでは、顧客基盤に占めるウルトラライトユーザーの
割合および売上貢献が大きくなる**ようです（Graham & Kennedy, 2022）。
やはり小さなブランドほどリーチを広げ、浸透率を増やすことが急務に
なりそうです。また、**プライベートブランドより、ナショナルブランド
（メーカー）のほうがウルトラライト層の貢献は大きい**ようです（Hossain
et al., 2023）。つまり、どちらも浸透率が大事なのは変わりませんが、あ
えて強弱をつけるとすればプライベートブランドはリピート促進など行
動ロイヤルティの強化が、ナショナルブランドはとにかく浸透率が大事
ということです。

　こうした事実から、「ヘビーやロイヤルをどう維持するか、育てるか」
だけでなく、「どうしたら未顧客に1回買ってもらえるか」「1回しか買
っていないライトユーザーにもう1回買ってもらえるか」を考えること
の重要性が改めてうかがえます。つまり、ここでも第1章で説明した「**両
方、別々に**」**の視点が大切**だということです。上記のようなウルトラ
ライトな顧客に対しては、カテゴリー需要が発生したときに自社ブランド
が想起されやすい状態にしておきたいですし、平均への回帰によって購
買頻度が高まるタイミングでは、パフォーマンスマーケティングなどで
刈り取りの効率を高めていく、その両方をやることで、ビジネスインパ
クトが大きくなるわけです。

リピートの本質：
「ヘビーユーザーのロイヤルティを
高める」という矛盾

　平均への回帰がある一方で、「ブランドが好きでリピートし続けてくれる、**本当のファン**もいるはず」と思われた方もいるかもしれません。もちろんいます。いますが、「カテゴリーの購買頻度が高く、かつ1つのブランドをずっとリピートしてくれる」のような"かつ条件"を満たす顧客は現実には極めて少なく、**全体の1%にも満たない**という報告もあります（Romaniuk & Sharp, 2022）。筆者も消費財から耐久財、サービス財とさまざまなブランドのシングルソースデータを見てきましたが、同じ印象です。なぜそんなに少ないのかというと、これもあまり知られていませんが、「**カテゴリーのヘビーユーザーで、かつブランドのロイヤルティも高い」というのは実は矛盾している**からです。

　みなさん、ロイヤルユーザーとヘビーユーザーをどのように使い分けていますか。同じような意味合いで使われている方も多いかもしれませんが、1つ覚えていただきたいことがあります。それは、「**同じブランドをリピートする（ロイヤル）」という行動**と、「**そのブランドが属するカテゴリーの利用頻度が高い（ヘビー）」という行動は、元来、相反する**行動だということです。ここを混同して、「ヘビーユーザーのロイヤルティを高めてリピートを増やそう」といった目標を掲げるマーケターもいますが、これは「炭水化物を多くとって痩せよう」と言っているようなもので、そもそもゴールに対する手段として矛盾しているのです。

本当に「ロイヤル」なのは誰か？

　なぜそうなるのでしょうか。これを理解するには、まずカテゴリーの
ヘビーユーザーとブランドのヘビーユーザーを区別する必要があります。
みなさんが普段業務で「ロイヤル顧客、ロイヤルユーザー」と呼称する
のは、ブランドのヘビーユーザーのことだと思います。一方、カテゴリ
ーのヘビーユーザーは当該カテゴリーの需要が多い消費者です。つまり
実態として、長期間にわたってそのカテゴリーの利用額や消費量が多い
人たちです。

　カテゴリーのヘビーユーザーを独占できればそれに越したことはあり
ません。しかし、残念ながら彼ら、彼女らは1つのブランドのロイヤル
ユーザーにはなりにくい傾向があります。行動的なロイヤルティを測定
する代表的な指標の1つにSCR（Share of Category Requirements：顧客の
特定期間におけるブランド購入数／カテゴリー購入数）があります。日本だと
ウォレットシェア（財布内シェア）と呼ばれることもありますが、**ヘビー
ユーザーのウォレットシェアはかなり低い**ことが知られています。

　図表2-4は、オランダで28の消費財カテゴリーを調査し、カテゴリ
ーの購買頻度（ヘビー、ミドル、ライト）とブランドの規模（大規模、中規模、
小規模）で分けたときにSCR、つまり行動ロイヤルティにどのような差
があるのかを分析したDawes（2020）のデータです。

図表2-4

カテゴリー購買頻度とブランドの規模で分けたとき、行動ロイヤルティにどのような差があるのか？

SCR(%)	ライトユーザー	ミドルユーザー	ヘビーユーザー	平均
小規模ブランド	70.8	35.4	19.5	42[a]
中規模ブランド	74.8	38.7	25.5	46[a]
大規模ブランド	78.8	47.3	34.9	54[a]
平均	75[b]	40[b]	27[b]	

[a] p<.05. [b] p<.05.

出所：以下を基に筆者が作成
　Dawes, J. (2020). The natural monopoly effect in brand purchasing: Do big brands really appeal to lighter category buyers?. *Australasian Marketing Journal, 28*(2), 90-99.

　各行を見ると、ブランドの規模にかかわらず、ライト→ミドル→ヘビーの順にSCRが明らかに低くなっていることが分かります。カテゴリーヘビーユーザーのSCRは、カテゴリーライトユーザーの半分もありません。これは、**カテゴリーのライトユーザーほど同じブランドを利用することが多く、カテゴリーのヘビーユーザーになるほどいろいろなブランドを利用してカテゴリーニーズを満たしている**ことを表しています。

　同様の規則性は消費財全般で確認されており、カテゴリーの購買頻度が高いほど選ぶブランドのレパートリーも増えていくことが報告されています（Banelis et al., 2013）。つまり、カテゴリーのヘビーユーザーはそもそも1つのブランドのロイヤル顧客にはなりにくく、逆に同じブランドをリピートするロイヤル顧客にはカテゴリーのライトユーザーが多いということです。お手持ちのデータがあれば、試しにブランドに100％ロイヤルな顧客を集計してみてください。筆者も何回か計算したことがありますが、ほとんどがカテゴリーのライトユーザーになると思います。

　なぜそうなるかというと、**ライトユーザーが基本的には「無関心層」**

だからです。ライトユーザーはカテゴリーに対する知識が少なく、商品やサービスの違いについても詳しくない（知りたいという動機もない）ので、いつもと違うものを買って失敗したくない、それなら大きな有名ブランドのほうがいい、となるわけです。必然的に選ぶブランドのレパートリーも限られてくるので、同じブランドをリピートすることが多くなります。ただし、そこには熱狂や愛情といったいわゆる態度的なロイヤルティは介在していません。「**そのブランドが好きだからリピートする**」のではなく、「**よく知らないし特に興味もないから同じブランドで"済ませる"**」のです。一方、カテゴリーのヘビーユーザーは価格感度が高く、品質に詳しく、コストパフォーマンスにも厳しい人たちです（Danaher & Brodie, 2000; Kim & Rossi, 1994; Helsen & Schmittlein, 1994; Woodside & Ozcan, 2009）。ですからレパートリーも多いですし、頻繁にスイッチすることでカテゴリーに求めるさまざまなニーズを満たしているわけです。

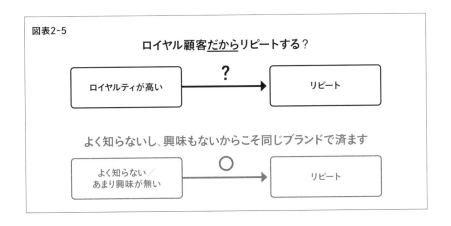

図表2-5
ロイヤル顧客<u>だから</u>リピートする？

ヘビーユーザーが多いことは、本当に「小さなブランドの強み」なのか？

　大きなブランドほどライトユーザーを多く獲得し、小さなブランドほどヘビーユーザーの割合が増えやすいという現象は、「**自然独占の法則**」として知られています（Dawes, 2020; Sharp, 2010）。こうした現象に対して、「小さなブランドはヘビーユーザーが多いのが強みだ」「ロイヤルティを高めやすい」というようなことを言う人がいますが、少し解釈が飛躍しています。

　小さなブランドでヘビーユーザーの割合が高くなるのは、単にライトユーザーのレパートリーの中に小さなブランドが入っていないからです。小さなブランド"だから"ヘビーユーザーが魅力を感じて引きつけられるわけではありません。ヘビーユーザーとライトユーザーでは、そもそも利用するブランドのレパートリーの数が違います（Banelis et al., 2013; Romaniuk & Sharp, 2022）。ヘビーユーザーはレパートリーが多いので小さなブランドも含まれる確率が高く、ライトユーザーはレパートリーが少ないため小さなブランドが含まれる確率は低い。その分布を所与の時点で集計して比べれば、相対的に小さなブランドのほうがヘビーユーザー比率は高くなるというだけの話です。もちろん小規模でも魅力的なブランドはたくさんありますが、それは**小さいからではなく、提供している顧客価値が高いから**です。

　平均的に言えば、**ロイヤルティを高めやすいのは大きなブランド**です。図表2-4を再確認すると、どの顧客層においてもブランドの規模が小さくなるにつれてSCRは低くなる傾向にあり（i.e., ダブルジョパディの法則）、「**小さなブランド×ヘビーユーザー」は最もロイヤルティが低い組み合わせ**（19.5%）であることが確認できます。ブランドの規模が小さくなるほど、ただえさえリピートしにくいヘビーユーザーが、さらにリピートしなくなるということです。それに加えて、第1章2節で説明したリテンションダブルジョパディの影響により、小さなブランドほど離反率は高くなります（Sharp, 2010）。

　要するに、**ヘビーユーザーが多いことは小さなブランドにとって強みでもなんでもなく、成長するには顧客基盤の変化が求められる**わけです。特に新商品では、「購入頻度は高いが絶対数もリピートも少ないヘビーユーザー」を多く含む顧客基盤になりやすいのですが、それを成功の兆しと勘違いしないようにしましょう（Tanusondjaja et al., 2016）。成功、失敗にかかわらず、どんな新商品もだいたい最初はそうなります。成長するためには、そこからいかに「購入頻度は低いが絶対数もリピートも多いライトユーザー」を多く含む顧客基盤に変化させていくか、のほうが重要なのです。

　しかし、ここで1つ疑問が湧いてくるかもしれません。大きなブランドはライトユーザーを多く含むのに、なぜヘビーユーザー比率が高い小さなブランドより購入頻度が高くなるのでしょうか。実際、現象としてそうなることは何度も確認されていますし（i.e., ダブルジョパディ）、数学的には$w = w_0/(1-b)$つまり購入頻度が浸透率の関数だからで説明が済むのですが（Ehrenberg et al., 1990）、なぜそうなるのかについては解説が必要かもしれません。

　この問いに関してDawes（2020）は、大きなブランドではライトユー

ザーのSCRだけでなくヘビーユーザーのSCRも高いからだと説明しています。確かに、自然独占の法則により小さなブランドはヘビーユーザーが多くなりますが、それは"カテゴリー"のヘビーユーザーが多いということです。カテゴリーのヘビーユーザーは、ブランド単位で見ればSCRが低く、小さなブランドではさらに低くなります。

　それに対して大きなブランドはカテゴリーのライトユーザーが多くなりますが、カテゴリーのライトユーザーはブランド単位でみればSCRが高く、大きなブランドではさらに高くなります。そして、ヘビー／ミドル／ライトいずれの顧客層においても、大きなブランドのSCRのほうが小さなブランドのSCRより高くなります。これが平均購入頻度のベースを押し上げるわけです。平たく言うと、**大きなブランドはみんなのカテゴリー需要を満たすため、みんなのロイヤルティが高くなりやすい**ということです。

ロイヤルティの死角：
あなたの言う「ニッチ戦略」は
本当に戦略ですか？

　こういう話をすると、よく「いやウチはニッチ戦略だから大丈夫」「他社と差別化することで独自のポジショニングを確立している」と言う人がいます。本当にそうでしょうか。ニッチ、差別化、ポジショニングといった言葉を並べると、「何やら戦略的なことをしている感じ」がしてきます。しかし、それは本当に"戦略"なのでしょうか。売上が減っている、新規が増えない、こうした現実から目を背けるために、**マーケターにとって都合のいい解釈を「ニッチ戦略」と呼んでいるにすぎない**のではないでしょうか。こうした勘違いが起こりやすい環境・思考をいくつか挙げてみます。

〈"ニッチ戦略ごっこ"に陥りやすい思考・視点〉

- かつてはスケールを目指していた時期もあったが、今はブランドの良さを分かってくれる特定の顧客層に特化している。
- 顧客構成や売上比率は競合とそんなに変わらない。
- 競合は新規獲得してシェアを伸ばしているが、自社は既存顧客をメインに選択と集中を行っている。
- 未顧客の認知や想起はあまり測っていない。測っていても活用できていない。
- 既存顧客の満足度や購入意向、推奨意向などは基本的に高い。特に

何もしなくても増えていることがあるが、きっとそれはブランド力があるからだろう。

- 売上のベースラインは下がり気味だが、それはニッチ戦略だから仕方ない。ここからアップセルやクロスセル、プレミアムラインなどを強化していけばよい。
- 何をするにも既存顧客の声を聞き、ヘビーユーザーの不満を解消することが先決だ。

ニッチはゴールか、手段か

まず、「**最初からニッチを目指していた**」のと「**最初はスケールを目指していたが、いつの間にかニッチになってしまった**」のでは、全く話が違います。前者なら特に言うことはありません。問題は後者です。明らかに失敗しているにもかかわらず、最初からニッチのスタンスであったかのように振る舞う人が結構います。「ウチはニッチで成長を目指している」「既存のコアファンもついていて、強固なポジショニングを確立している」「だから大丈夫」と都合よく解釈するわけです。

立場もあるでしょうから、そういう解釈をしたくなる気持ちも分かります。ただ、それだと恐らくもう1回失敗します。なぜかというと、**ニッチだから既存顧客のロイヤルティだけで成長できるというエビデンスはない**からです。一度、シェア上位のブランドの顧客基盤や売上構成を調べて、自社と比較してみるとよいでしょう。「トップブランドも売上の大半が既存顧客からだ」というなら、既存顧客重視でよいと思います。そういうカテゴリーなのでしょう。

とはいえ、筆者もいろいろなデータを見てきましたが、短期でオリジナルのパレートの法則が成り立っているブランドはあまり見たことがありません。あるとすればサービス財のごく一部、記憶に新しいところだ

とオンラインゲーム、スマホアプリ、百貨店の外商くらいです。ただ、それらにしても新規が入ってこないオンラインゲームはすぐ過疎化しますし、百貨店全体で見れば外商だけで経営を維持できているところは少ないので、新規獲得が要らないということではありません。

　一方、「トップブランドや成長ブランドは顧客基盤を広げているのに、自社は既存顧客がメインになっている」という場合、それは「そうなってしまった」ということです。というのも、**競合するブランド間の顧客構成はほとんど同じになる**ことが知られています（Sharp, 2010; Uncles et al., 2012; Anesbury et al., 2017）。また、カテゴリーが同じであればパレートシェアも同程度になります（Sharp, 2010）。従って、市場がある程度安定している場合、あなたのブランドだけ異なる顧客構成で成長したり、特定セグメントのロイヤルティだけで成長したりということはまずありません。**最初はニッチでスタートしても、成長するときは未顧客やライトユーザーを多く獲得しながら成長します**（Dowling & Uncles, 1997）。つまり、結局は他の企業と同じようなパスをたどるということです*。「ニッチ戦略」と言っていれば、何か別の道筋が勝手に開くわけではないのです。

＊そのカテゴリーにおける正常な成長の仕方をするという意味であり、別に悪いことではありません。

顧客のロイヤルティは高いのに
つぶれる企業の"裏側"

　このテーマについては1つ反面教師的な研究があります（Fisher & Kordupleski, 2019）。かつて米ゼネラル・モーターズ（GM）傘下にオールズモビルという自動車メーカーがありました。1897年創業で、2004年に幕を閉じるまで世界で最も古い自動車ブランドの1つでした。当時の顧客アンケートでは「また買いたい」「薦めたい」という顧客も多く、

ロイヤルティの高い顧客の割合は増え続けていたそうです。ところが売上は減少する一方です。なぜだか分かりますか。新規顧客（この場合は若い層）を獲得できず、高いロイヤルティを持った顧客（中高年層）しか残らなかったからです。「ロイヤル顧客数÷総顧客数」の分母が減ったことでロイヤル顧客の割合は増えた。けれども新規が入ってこないので衰退していった、ということです。その結果、親会社のGMの判断により107年の幕を閉じることになります。

　似たような構造で失敗するブランドは非常によくあります。みなさんも思い当たる企業の1つや2つはあるのではないでしょうか。第1章で説明した通り、大半のブランドが成長するときは図表2-6の左側のような**負の二項分布**に従って成長します（Sharp, 2010）。つまり、年に1、2回しか買わないライトユーザーを多く取り込みながら成長するということです。従って、図表2-6の右側のように購買頻度の高いファンやヘビーユーザーだけ増やして成長したくても、「そういう成長の仕方はしない、そういう増え方にはならない」わけです*。

*筆者は、このことを人体の構造に例えて、「市場も人間の関節と同じで、曲がる方向にしか曲がらない」と言っています。

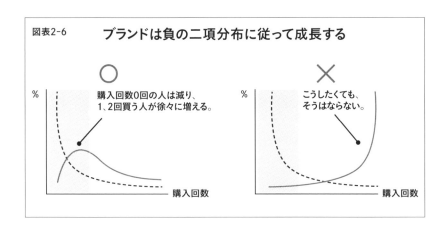

図表2-6　**ブランドは負の二項分布に従って成長する**

○　購入回数0回の人は減り、1、2回買う人が徐々に増える。

%　　購入回数

×　こうしたくても、そうはならない。

%　　購入回数

　しかし、それができると信じて疑わないマーケターや、それができると公言するコンサルタントは後を絶ちません。では、その妄信の先に何が待ち受けているのでしょうか。ヘビーユーザーの増加を願うあまり既存顧客にばかりかまけていると、当然のことながら浸透率が伸びずライトユーザーが減っていきます。そして本章を通して見てきた通り、ヘビーユーザーは自社のファンになりやすいわけでもリテンションしやすいわけでもないので、顧客基盤は縮小していきます。その結果、コアファンだけが残るわけです。では、その減少分をコアファンのアップセルやクロスセルで相殺できないかと考えるわけですが、いくらファンでも消費量や利用額には上限があるので、このやり方ではいずれ顧客の減少分を補いきれなくなり、売上のトップラインは下がっていきます。

ロイヤルティの死角

　ところがそんな状態でも、推奨意向や購入意向などのロイヤルティ系の指標は高く出ます。特に推奨意向はミスリーディングで、ブランド成長と逆の動きをします。詳しくは第3章で解説しますが、計算ロジック的に、ライトユーザーが減ってコアファンの密度が高まるほどスコアが高くなり、逆に無関心な未顧客を新規獲得するほどスコアが低くなるからです。そのため**倒産寸前だとしても、スコアが高く出ることもある**わけです。実際、先のオールズモビルのケースでも、最後まで残った顧客は非常にロイヤルティが高かったそうです（Fisher & Kordupleski, 2019）。

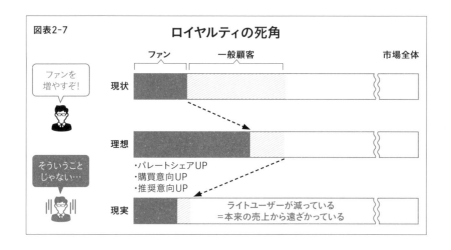

図表2-7　ロイヤルティの死角

ファン　一般顧客　市場全体

ファンを
増やすぞ！

現状

そういうこと
じゃない…

理想
・パレートシェアUP
・購買意向UP
・推奨意向UP

現実
ライトユーザーが減っている
＝本来の売上から遠ざかっている

　バイロン・シャープ教授の言葉を借りるなら、**高いロイヤルティは事業成長の兆しではなく、単に市場拡大や新規獲得に失敗し続けた結果かもしれない**、ということです（Sharp, 2007）。買ってくれる人だけとしか向き合ってこなければ、既存顧客が売上の大半を占める構造になるのは「当たり前」です。パレートシェアは高くなるかもしれませんが、売上の絶対額で見れば、非購買層やライトユーザー層へ拡大を図った場合より小さくなるのです。それでも「これがニッチ戦略だ、根強いファンが支えてくれている強いブランドだ」と言えるでしょうか。本当は、「**コアファンくらいしか買わないようなブランドになってしまった**」という話なのかもしれません。

　家族経営や個人事業であれば「損益分岐点ギリギリでオペレートできればそれでいい」という方もいるでしょう。しかし、投資家から預かった資本で事業を行っている企業は、常にファクトと照らし合わせて、こうしたことを自問自答する責任があると思います。ニッチ戦略に関しては、第4章6節：「ニッチな市場」と「ただの空白」の見分け方も併せてご覧ください。

2-6

ロイヤルティの限界：「変数と定数」「原因と結果」の取り違えに注意

　さて、ここまでロイヤルティと消費者行動に関するさまざまなエビデンスを見てきました。ここで改めて認識を新たにしていただきたいのは、ファンやヘビーユーザー、ロイヤル顧客というのは「**あくまで企業の都合でつけたラベル**」だということです。ですから、そうした"額面"にこだわり過ぎると消費者行動やロイヤルティの本質を見失います。例えばデータプラットフォームなどでは、一定期間内に平均より多く買った顧客や利用額が多かった人を「Aランク」や「優良顧客」としてカウントすることがあります。そして、いったんそうしたラベルがつくと、我々は彼ら・彼女らに、「ロイヤル顧客らしい言動、ヘビーユーザーらしい行動」を期待してしまいます。「購買実績があるのだから、マーケ次第でもっと買ってくれるはず」と考えてしまうのです。

〈マーケターが陥りやすい確証バイアス〉

- これまで買ってくれたのだから、これからも買ってくれる"確率"が高い
- ブランドに対するロイヤルティが高いに"違いない"
- 購買実績があるのだから、クロスセルが"効くはず"
- ターゲティングやメッセージを最適化すれば、アップセルは"起こせる"

定数と変数の取り違え

　しかし、ロイヤルティには上限があります（Romaniuk et al., 2021）。そもそも購入頻度や利用額というのは、マーケティング次第でころころ変わる**"変数"**ではありません。「特定カテゴリーの商品をある期間で消費する量」というのは、人によってほぼ決まっています（e.g., 歯磨き粉は2カ月に1個、シャンプーは3カ月に1本など）。家族構成や生活習慣、給料などが**"定数"**だからです。確かにいくらかは介入する余地もありますが（第4章、第5章で説明します）、特別なジョブでもない限り、基本的にはいくらマーケティングしても消費上限を超えて購買されることはありません。いくらシャンプーブランドの熱狂的なファンでも、広告を見るほど風呂に入る回数が増えたりする人はまずいないわけです。

　Trinh et al.（2023）は、約1万2000世帯の購買データを基に、ヘビーユーザー、ライトユーザー、ノンユーザーそれぞれのカテゴリー購買数量とブランド購買数量の差がどの程度あるのかを調べました。常にカテゴリー購買数量＞ブランド購買数量となりますから、この差を「ブランドが購買数量を増やせる伸びしろ（ポテンシャル）」と考えると、**伸びしろのおよそ90%はノンユーザーとライトユーザーにあり、ヘビーユーザーの伸びしろはとても小さい**ことが報告されています（全体の10%程度）。特に**小さいブランドの場合は、伸びしろの約80%がノンユーザーに集中している**ようです。やはりヘビーユーザーはすでに消費上限近くまで買っているので、そこからさらにアップセルできたとしてもインパクトは微々たるものだということです。

　これで、第2章1節で提起した「問い」に対するファクトが出そろいました。現在の売上水準を維持するためにはヘビーユーザーが重要な役割を果たしていることは間違いありませんが、そこから成長することを

考えるなら、**絶対数、リピートしやすさ、今後の伸びしろ、いずれの観点から見ても主な成長の源泉は既存顧客ではなく未顧客**なのです。

図表2-8
ヘビーユーザーとライトユーザーに関する重要なファクト

	論点	ファクト
顧客維持	・どれだけの間ヘビーでいてくれる？ ・ヘビーユーザーは固定化できる？	・ヘビーユーザーのリテンション率は5割程度（平均への回帰） ・離反だと思っている行動の大半が、消費者にとっては「普通の行動」
絶対数	・ファン像にあてあまる人は多い？ ・育てたり維持したりはできそう？	・数%程度。カテゴリーによっては狙って育てることも現実的ではない ・長いスパンで見ると年1回以下しか買わない人が8割、売上の4割を占める
リピート	・ヘビーユーザーはリピートしやすい？ ・ロイヤルティを高めやすいのは誰？	・ヘビーユーザーは同じブランドのリピーターにはなりにくい ・「小さなブランド×ヘビーユーザー」は最もロイヤルティが低い ・SCR（ウォレットシェア）が最も高いのはライトユーザー
伸びしろ	・ヘビーユーザーはアップセルしやすい？ ・今後の売上成長に必要なのは誰？	・ロイヤルティには上限がある。購買量や利用額は定数 ・伸びしろの大部分がノンユーザーやライトユーザーにある

出所:以下を参考にした
Romaniuk, J., & Wight, S. (2015). The stability and sales contribution of heavy-buying households. *Journal of Consumer Behaviour*, *14*(1), 13-20.
Romaniuk, J., & Gaillard, E. (2007). The relationship between unique brand associations, brand usage and brand performance: Analysis across eight categories. *Journal of Marketing Management 23*(3-4), 267-284.
Dawes, J., Graham, C., Trinh, G., & Sharp, B. (2022). The unbearable lightness of buying. *Journal of Marketing Management*, *38*(7-8), 683-708
Dawes, J. (2020). The natural monopoly effect in brand purchasing: Do big brands really appeal to lighter category buyers?. *Australasian Marketing Journal*, *28*(2), 90-99.
Trinh, G. T., Dawes, J., & Sharp, B. (2023). Where is the brand growth potential? An examination of buyer groups. *Marketing Letters*, 1-12. https://doi.org/10.1007/s11002-023-09682-7

　ちなみに、浸透率の伸びが鈍くなった大きなブランドが、マージン戦略（プレミアム価格、WTPやLTVの向上、価格感度を下げるなど）の一環として、

既存顧客のプレファレンスに特化した商品を開発する、行動ロイヤルティが高い商品属性で水平的に差別化する、というのは"あり"です。このあたりについては第4章、第5章で解説します。実際、大きなブランドの場合はヘビーユーザーの伸びしろも若干ながら増えるようです（Trinh et al., 2023）。

原因と結果の取り違え

　一方、消費者のブランド選択は確率的なものです（Bass, 1974）。そして確率は偏ります。たまたまいつもより多く買ったり、同じブランドを連続で買ったり、逆に全く買わない時期が続いたりするわけです。しかし、**マーケターはそうした確率的な揺らぎに「理由」を見いだしてしまいがち**です。データの中に自分が見たいパターンを「見つけてしまう」。そうあってほしい因果関係を「つくり出してしまう」。これは一種の**確証バイアス**です。

　例えば、コイントスで5回連続表が出たとしても、次に表が出る確率は2分の1です。しかし、そのようなまれな現象を目の当たりにすると、そこに何か偏りを生み出している原因があるのではないか、と思いたくなるのが人の性分です。ヘビーユーザーだからたくさん買ってくれる、ロイヤルティがあるから同じブランドをリピートしてくれる、と日和見的に意味をつけ足して、「これからも買ってくれる確率が高いはず」というストーリーをつくり出してしまうわけです。

　ところがこれは確率をはき違えています。態度的なロイヤルティがなくともそういうことは十分起こりますし、そうした偏りを理解するための確率分布は100年以上前に定義されています。実際ここまで見てきたように、**ヘビーユーザーは「ずっとヘビーでいてくれる人」でもなければ、「さらにヘビーになりやすい人」でも「自社のリピーターになりや**

すい人」でもありません。要するに、確率的な上振れに理由をつけて、「ヘビーユーザー」「ロイヤル顧客」「離反者」などと分類するからミスリードが起こるのです（Sharp et al., 2012）。

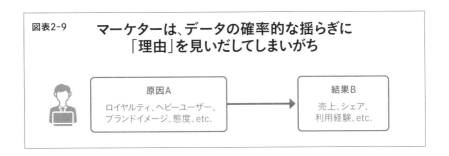

図表2-9　**マーケターは、データの確率的な揺らぎに「理由」を見いだしてしまいがち**

原因A
ロイヤルティ、ヘビーユーザー、ブランドイメージ、態度、etc.

結果B
売上、シェア、利用経験、etc.

　多くのマーケティング施策は、「ある原因Aがある結果Bを生み出す」という因果関係があるとき、原因Aに働きかけることで結果Bを起こしやすくするというロジックになっています。しかし、結果Bが確率的に独立な事象であったり、因果の向きを取り違えたりしている場合、いくらAに予算をつぎ込んでもBは起きません。例えば、ヘビーユーザーとライトユーザーの入れ替わりは平均への回帰により起こる、個々のマーケティング活動とは独立した事象です（第2章2節）。だから施策で止めきれないのです。ブランドイメージや購入意向は、過去の利用経験を反映する指標です。ですから将来の変化の先行指標にはならないのです（第3章3節、第7章1節）。

　同様に、原因と結果の間に双方向の影響があったり、考慮していない第三の変数の影響があったりすると分析に問題が起こります。データ分析では割と最初のほうに習うことですが、データユーザーであるマーケターも解釈の際には注意が必要です。特に、購買行動の本質を考えず、デジタルツールやプラットフォームが出力する指標に頼り過ぎると、このようなバイアスに気づきません。いずれにしても、**何かアイデアや仮**

説を思いついたら、一度立ち止まり、因果の向きが逆ではないのか、他に原因があるのではないのかと疑ってみる癖をつけましょう。筆者の経験では、聞こえがよく納得感の高いストーリーほど、"創作ポエム"の可能性大です。

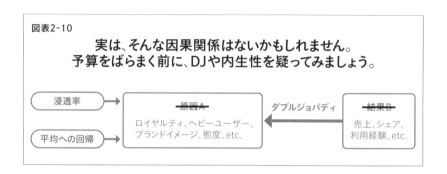

図表2-10

実は、そんな因果関係はないかもしれません。
予算をばらまく前に、DJや内生性を疑ってみましょう。

第一部　**WHO以前の問題**　消費者行動の規則性

2-7

カテゴリーにより
「育てられるロイヤルティ」と
「育てられないロイヤルティ」がある

サブスクリプション市場とレパートリー市場

　現在、多くの企業がロイヤルティの向上や顧客の育成に力を入れていると思いますが、カテゴリーによって「育てられるロイヤルティ」と「育てられないロイヤルティ」があることはご存じでしょうか。

　まず、市場は大きく**レパートリー市場**と**サブスクリプション市場**との2種類に分けられます（Sharp, Wright, & Goodhardt, 2002）。例えば、ある市場にXとYという2つのブランドがあり、AさんとBさんという2人の消費者がいるとします。データを見ると、AさんはブランドXを選ぶこともブランドYを選ぶこともあり、同様にBさんもブランドXを選ぶこともブランドYを選ぶこともあるようです。この場合、AさんとBさんのプレファレンスは割と似ているのかもしれません。このような市場を、プレファレンスの異質性が低い「**レパートリー市場**」と呼びます。
　一方、Aさんは常にブランドXを選び、Bさんは常にブランドYを選んでいるという場合、Aさんがそのカテゴリーの商品やサービスに求めることはBさんと違っており、だからこそ同じカテゴリーでも別のブランドが選ばれるのかもしれません。つまりAさんとBさんのプレファレンスはだいぶ異なるのではないか、ということです。このような市場を、プレファレンスの異質性が高い「**サブスクリプション市場**」と呼びます。

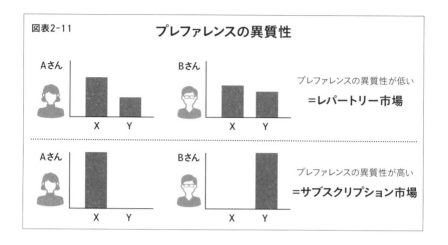

図表2-11　プレファレンスの異質性

Aさん　Bさん
　　X　Y　　X　Y
プレファレンスの異質性が低い
=レパートリー市場

Aさん　Bさん
　　X　Y　　X　Y
プレファレンスの異質性が高い
=サブスクリプション市場

　レパートリー市場とサブスクリプション市場では「ロイヤルティ」の意味も違ってきます。レパートリー市場では、毎回の購買が独立しており、消費者はその場その時の購買文脈に応じて、さまざまなブランドを利用することでカテゴリーニーズを満たしています。従って、チェックすべき主なロイヤルティ指標は、**購入頻度、SCR、ブランドに100%ロイヤルな顧客の比率**などです（Romaniuk et al., 2021）。逆に、レパートリー市場でリテンションや離反率だけ見ていてもあまり意味がありません。なぜなら複数のブランドを利用することが「普通」であり、スイッチして「当たり前」だからです。

　それに対してサブスクリプション市場では、1つのブランドが「顧客がそのカテゴリーに求めること」の大半を満たすため、継続的に利用することが前提の購買行動になります。従って、チェックすべき主なロイヤルティ指標は**リテンション、離反率、継続期間**などです（Romaniuk et al., 2021）。逆に、サブスクリプション市場で購入頻度やSCRをロイヤルティ指標にしてもあまり意味がありません。なぜなら1つのブランドにロイヤルなのが「普通」であり、SCRなどから得られる示唆が

特にないからです。実際、サブスクリプション市場では、ブランドに100％ロイヤルな顧客の比率やSCRが80％を超えることも珍しくありません。

〈何をもってロイヤルティを測るか〉

- レパートリー市場：購入頻度、SCR、100％ロイヤル顧客の比率
- サブスクリプション市場：リテンション率、離反率、生存期間

このように、**何をもって「ロイヤルティが高い低い」と判断するのかは、カテゴリーや、そのカテゴリーにおける購買行動の規則性によって変わってくる**わけです。そうした規則性に逆らったマーケティングをしても大した効果は得られません。例えば、顧客の育成や囲い込みなどはサブスクリプション市場の特性の上に成立するのであって、それをレパートリー市場に持ち込んで「効果が低い」「離反率が高い」と嘆いても詮ないことです。どんなブランドでも顧客を"育成"できるわけではないのです。

これは、別にあなたが消費者のインサイトを見落としているとか、ベネフィットが弱いといった話ではありません。ブランドのポジショニングや満足度、差別化などの企業側の努力とも関係ありません。**単に「そのカテゴリーではそういう買われ方はしない」というだけのこと**です。プレファレンスの異質性はマーケティングで変えられる変数ではなく、カテゴリー固有の定数です。従って、まず自社の商品がどちらの市場に属するのかを把握し、それぞれの市場の規則性に即したマーケティングを行うことが求められます。

ディリクレのS

　自社がどちらの市場に当てはまるのかを調べるには、簡便的な方法と厳密に調べる方法の2つがあります。簡便的には、自社や競合のSCRやブランドに100%ロイヤルな顧客の割合（Solely Royal Buyers）を計算して高低を見ます（Sharp, 2007; Sharp & Wright, 1999）。

〈簡便的な市場の判別条件〉

- SCRやSolely Loyal Buyersが低ければ、レパートリー市場
  ▶ i.e., SCR < 50%、Solely Loyal Buyers <20%

- SCRやSolely Loyal Buyersが高ければ、サブスクリプション市場
  ▶ i.e., SCR > 50%、Solely Loyal Buyers >70%

　厳密に調べる場合は、NBDディリクレという統計モデルを使う必要があります。モデルの母数の1つに「**ディリクレのS**」というパラメーターがあるのですが、その値の高低で異質性が高いカテゴリーなのか、低いカテゴリーなのかを判定します*。平たく言うと、Sはカテゴリーユーザーが購入したブランドの数、つまり「そのカテゴリーにおける平均的なレパートリーのサイズ」に近い概念と言えます（Bound, 2009）。レパートリーが多い（Sが大きい）カテゴリーでは1つのブランドへのロイヤル化は難しく、レパートリーが少ない（Sが小さい）カテゴリーではロイヤル化しやすいという話です。目安としては、Sが0.2未満であればサブスクリプション市場、0.6より大きければレパートリー市場に分類されます（Graham, et al., 2012; Sharp, 2007; Sharp, Wright, & Goodhardt, 2002）。

*Sを標準化したPolarization Index：$\phi = 1/(1+S)$を使うこともあります。

〈DirichletのSによる市場の判別条件〉

- Sが大きい（S>0.6）：レパートリー市場
  異質性が低い、レパートリーが多い、スイッチしやすい、固定化しにくい

- Sが小さい（S<0.2）：サブスクリプション市場
  異質性が高い、レパートリーが少ない、スイッチしにくい、固定化しやすい

　なお、NBDディリクレの解説および Sの導出は本書の範疇（はんちゅう）を超えるので、詳しく学びたい方はEhrenberg（2000b）のAppendix Cをご覧ください。

　数値だけだと分かりにくいと思いますので、いくつか例を考えてみたいと思います。まず、**ほとんどの消費財はレパートリー市場に分類されます**。78の消費財カテゴリーで6年分のデータを分析した研究によると、ほとんどのカテゴリーでSが1を超え、基準値の0.6を下回ったのはわずか4%であったと報告されています（Sharp, 2007）。ただ、基準値を下回ったカテゴリーは近年の浸透率が低く、顧客の高年齢化が進んでいたようです。つまり、カテゴリーの停滞や衰退が原因で新規が入ってこない、小売店で扱っているブランドが少ないことなどが原因で顧客層が限定されているだけであって、特段「ロイヤル化しやすい消費財」というカテゴリーがあるわけではなさそうです。

　一方、銀行や保険、電気やガス、携帯電話のように「**1つのブランドに決めたら、それを使い続けることが多いカテゴリー**」は**サブスクリプション市場**に該当します。また、厳密にゼロサムではなくとも、**一度使い始めたら心理的・物理的にスイッチしにくいカテゴリー**もサブ

スクリプション市場に類別されることがあります。Sharp, Wright, & Goodhardt（2002）は、サブスクリプション市場を大きく次の3タイプに分類しています。

(1) Free choice：基本的に1つのブランドを使い続けることが多いが、レパートリー市場のように複数のブランドが利用されることもある。銀行やクレカ、病院や美容室など。

(2) Renewal：1つのブランドに決めたら他のブランドは使われないが、定期的に契約の見直しや更新が行われる。住宅保険やインフラ、ネット回線など。

(3) Tenure：顧客が契約を打ち切る、あるいは契約期間が終わるまで購入が続く。BtoBなど。

このように、レパートリー市場とサブスクリプション市場にはさまざまな違いがあるわけですが、**実はマーケティング的にやるべきことは案外共通しています。** すなわちレパートリー市場でもサブスクリプション市場でも、リーチの広さとメンタルアベイラビリティ（思いつきやすさ）、フィジカルアベイラビリティ（買い求めやすさ）の形成が最も重要で、過度なリテンションはあまり意味がありません。どういうことか詳しく見ていきましょう。

レパートリー市場のマーケティング

レパートリー市場では、消費者は頻繁にブランドスイッチを繰り返します。ですから必然的に1つのブランドへのロイヤルティは高まりにくい構造になっています。そのため、消費者のブランド選択を「1（リピ

ート）か0（離反）か」という二元論で考えてもあまり意味がありません。顧客の離反はよく「**穴の空いたバケツ**（"Leaky Bucket"）」に例えられます（Ehrenberg, 2000a）。この話を、「企業は常に顧客を失っているため、まずは穴を塞ぐ（離反を防ぐ）必要がある」と解釈している人がいますが、**その解釈は必ずしも正しくありません。**

　レパートリー市場では、その名の通りいくつかのレパートリーの中から確率的にブランドが選ばれます。つまり、リピートされなかったとしても想起集合には入っている、購買頻度が低いだけで潜在顧客ではあるということです。離反したように見えて、翌年あるいは翌々年に戻ってくるようなケースもたくさんありますし（Trinh et al., 2022）、事実、多くの消費財では顧客の大半が1年に1回かそれ以下の購入頻度しかない"ウルトラ"ライトユーザーです（Dawes et al., 2022）。ですから**穴を塞ぐ塞がないではなく、一定の規則**（リテンションダブルジョパディ）**に従って漏れていくのが自然**なのです。それに対して、説得したりリテンションしたりしても止められませんし、またその必要もありません（Ehrenberg, 2000a）。

　こうした**一時的な離反**（平均への回帰）と、**本当の離反**（想起集合に入らない）を混同しないようにしましょう。必要なのは後者のケア、つまり想起すらされなくなることを防ぐことです。そのためには「離反は起こるものだ」と認めた上で、顧客にも未顧客にも離反客にもリーチし、多くの人のレパートリーの中に入り続けること、レパートリー内でのセイリエンスを高め、需要が発生したときにブランドが想起される確率を増やすこと、つまりメンタルアベイラビリティが何より重要です（Sharp, 2010）。ちなみに英国のIPAによると、消費財カテゴリーにおける最適なマーケティング予算配分は、**長期的なブランド構築に60%、短期的な購買喚起に40%**とされています（Binet & Field, 2018）。

サブスクリプション市場のマーケティング

　一般的にサブスクリプション市場では、ダブルジョパディなどの法則が成立しにくくなります（Sharp, Wright, & Goodhardt, 2002）。極端な話、S=0ならダブルジョパディは起こりようがありません。つまり、サブスクリプション市場ではリテンションや顧客育成を行う余地があると言えます。**ただし、それが成長につながる打ち手かどうかは慎重に検討する必要があります。**

　確かにある程度のデータ蓄積があり、かつパーソナライゼーションができる場合は、LTVの高い顧客の特徴量を見つけ出し、類似の特徴を持った一般顧客を優良顧客に育成する、あるいは企業にとって価値の高い機能（e.g., 有料会員の利用が多い）を見つけ出してその機能を強化するといった、いわゆるカスタマーセントリシティ（Fader, 2012）的な介入ができる場合もあります*。しかし、過度なリテンションやパフォーマンスマーケティングには注意が必要です。Binet and Field（2018）では、**サブスクリプション型の購買行動の場合、新規獲得に注力したときに最もシェアが拡大する（e.g., 4%/年以上）ことが報告されています。**逆にロイヤルティ形成だけに注力するとシェア成長率は最も低くなる（e.g., 1%/年未満）ようです。

*顧客中心主義のことではありません。カスタマーセントリシティについては、第5章コラム「ボリューム戦略とマージン戦略：負の二項分布に対する『もう1つの解釈』」も併せてご覧ください。

「既存顧客メインのビジネスなのにどうして？」と思われるかもしれませんが、これはサブスクリプション市場では考慮集合が小さく、いったん獲得してしまえば、その後の行動ロイヤルティもある程度確保できる可能性が高いという側面があるからです。例えば、ローンや保険では考慮集合が極めて小さく（たいてい1ブランド）、情報収集や比較検討なども実はあまり行われないことが知られています（Dawes et al., 2009）。つ

まり、**サブスクリプション市場ではそもそもベースのLTVが高いので、それをさらに伸ばすより、広くリーチして新規獲得したほうが成長への寄与は大きい**わけです。

　また別のサブスクリプション市場の研究では、メンタルアベイラビリティと離反防止は比較的リニアな関係にあり、セイリエンスを1ポイント高めると離反は0.25ポイント減るという報告もあります（Romaniuk & Sharp, 2003a）。結局、サブスクリプション市場でも**新規契約時や契約更新時はレパートリー市場に近いブランド選択になる**わけなので、離反防止の観点から見ても、新規・既存含めた市場全員にリーチして常に記憶をアップデートし、想起形成しておくことが効果的だということです。イギリスのIPAによると、サブスクリプション型の市場における最適な予算配分は、**長期的なブランド構築に74%、短期的な購買喚起に26%**とされています（Binet & Field, 2018）。

ポリガマスロイヤルティ:「普通の人の感覚」で捉えるリピート購買

　顧客調査ではよく「エクストリームユーザー*を観察しろ」などといいますが、筆者は、「**何でもない1日の行動**」を想像し、「**普通の人の感覚**」を大きく外さない力も同様に大切だと思います。本章を通して見てきたように、よくも悪くもマーケターの感覚は一般消費者とずれがちです。ともすれば、自社にとって都合の良い消費者像や購買行動を頭の中で"創造"してしまい、それが事業成長にマイナスとなる善意の意思決定を招くこともあります。**ファクトやエビデンスは、そうした「少し先走り気味なマーケターの想像力」を軌道修正し、普通の人の感覚、つまり"現実ベース"でマーケティングを考えるための道標となります。**

*極端に購買量や購買頻度が高いカテゴリーのヘビーユーザーや、想定外の使い方をしているような少数派のユーザー

　例えば大半の消費者は、普段の生活の中でブランドのことを考えたりはしません。ブランドとつながっていたいとも考えないですし、もっと知りたい、競合との違いを理解したいとも思いません。なぜなら人生には他に考えるべきこと、やるべきことが山ほどあるからです。それが普通の人です。ここでは本章のまとめとして、「そんな普通の人のロイヤルティとはどういうものなのか」、改めて考えてみたいと思います。

普通の人のリピート感覚：
ポリガマスロイヤルティ

　消費者は、経験を通して習慣的によく選ぶブランドの「想起集合」や「いつもの選択肢」を持っています。例えば缶コーヒーや洗剤のブランド選択を考えてみてください。別にブランドの熱狂的なファンというわけではないし、特に理由を意識しているわけではないけれど、選ぶブランドは大体いくつか決まっている、お決まりのパターンがある、そんな感じではないでしょうか。

　行動主義的な観点からは、このような**実際の行動に表れる特定のブランドを選びやすい傾向こそがロイヤルティ**であると考えます（Uncles et al., 2003）。そして、カテゴリーが成熟し、シェアがあまり動かないような市場、大きな境界線がない市場では、**消費者のロイヤルティは習慣的にいくつかのブランドに分割される**ことが知られています（Dowling & Uncles, 1997; Sharp, Wright, & Goodhardt, 2002）。

　1つのブランドに100％忠実であり続けるわけでもなく、かといって完全ランダムに選んでいるわけでもない、いくつかのブランドに分かれた行動ロイヤルティ——これを「**ポリガマスロイヤルティ**（polygamous loyalty）」と言います（Dowling & Uncles, 1997; Ehrenberg et al., 2004; Sharp et al., 2012）。あるいは「スプリットロイヤルティ」ということもあります。これは長い期間を経て形成される習慣に近いものですから、比較的安定しています（Ehrenberg et al., 2004）。つまり、**いくつかのブランドに分散してはいますが、消費者は基本的にロイヤル**なのです。

　そうしたポリガマスロイヤルティを左右するのが、メンタルアベイラビリティとフィジカルアベイラビリティです（Sharp et al., 2012）。例えば、広告や口コミなどが偶発的なナッジ（そっと後押しする）として作用

することで、いつものレパートリーに新しいブランドが短期間加わることがあります。しかし、そうした新しいブランドが恒久的にレパートリーに残るわけではありません。何もしなければすぐに失われます。そうならないためには、常に消費者の記憶構造をアップデートして想起集合に入り続けること、手に入りやすいことが重要になるわけです（Sharp, 2010）。

　最後に、ここまで明示的には区別しませんでしたが、ロイヤルティにも**態度的なロイヤルティ**（i.e., 気持ちの問題）と**行動的なロイヤルティ**（i.e., 実際の行動に表れる）があります。ポリガマスロイヤルティは行動的なロイヤルティに立脚しており、「ブランドに愛情を持っている」とか「熱狂している」といった態度的なロイヤルティとは別の考え方です。**ゼロ次の仮定**（zero-order assumption）といって、ブランド選択は購買機会ごとに独立しており、消費者は自分のレパートリーから毎回確率的にサンプリングしているだけであると考えます。つまり毎回がトライアルのようなもので、ブランドに対する態度的な"コミットメント"を前提としません（Ehrenberg et al., 2004）。

　米ノースウエスタン大学のフィリップ・コトラー教授や米カリフォルニア大学名誉教授のデービッド・アーカー氏のマーケティングに長年慣れ親しんだ方は、「そんなことはあり得ない、態度的なロイヤルティは行動的なロイヤルティの大前提だ」と思うかもしれません。実際、日本で行われているマーケティングの多くが「態度が行動につながる、原因と結果の関係になっている」という**態度変容モデル**を前提としています。しかし、現実（データ）は驚くほどこの考え方を支持しません。逆にゼロ次の仮定を前提としたNBDディリクレモデルは、多くの国、市場、カテゴリーにおいて、驚くほど正確にブランドのパフォーマンスを予測（記述）します。

　果たして態度は行動につながるのか。どちらが原因でどちらが結果な
のか。次章ではそのあたりのエビデンスを調べていきたいと思います。

第 **3** 章

態度変容・行動変容の
エビデンス

態度変容モデルと
決定論的なマーケティング

　発想を根本的に変えて、新しい視点で物事を考えることをコペルニクス的転回と呼んだりしますが、**エビデンスベーストマーケティング**（Evidence-based Marketing）の面白さはまさにそこにあると思います。原因と結果が逆だったり、あると信じていた因果関係がなかったり、施策と成果が単調増加ではなかったり、別の変数があったりと、今まで当たり前だと思ってきた消費者行動やマーケティングの見方がガラッと変わる、そこに「**エビデンスベースでマーケティングを知り直すこと**」の醍醐味があります。

　従来のマーケティングの根底には、「**態度や認識の変化が行動の変化につながる**」という**態度変容モデルの考え方**があります。「購買には理由があるはずだ、それなら理由をつくればいい」といった考え方です。どうしたらもっとブランドを好きになってもらえるのか、もっと興味を持ち、検討してもらえるのかといった具合に、「**態度→行動**」というパスを強化しようとするわけです。例えば次のステートメントを見てください。

〈態度変容を軸にしたマーケティングの切り口〉

- ブランドを好きになってもらい、買ってもらおう
- 機能や性能に納得してもらい、選んでもらおう

- 競合との違いに気づいてもらい、興味を持ってもらおう
- ロイヤルティを高める施策を打って、顧客を囲い込もう
- ブランドイメージを高めて、トライアルを増やしていこう
- ペインを取り除いて不満点を改善すれば、リピートが増えるだろう
- 推奨意向を高め、口コミを増やし、ファンも新規も増やしていこう

　いずれも「**ブランドに対する態度や評価が購買行動につながる。だから態度や評価を向上させよう**」というロジックになっています。本書では、こうした考え方を**決定論的なマーケティング**と呼びます。1950〜60年代ごろの米国のマーケティングリサーチは認知心理学に大きな影響を受けており、態度が行動につながるという考え方も、この頃からマーケティングに取り入れられるようになったそうです（Romaniuk, 2023）。日本のマーケティングの基礎は、大半が欧米から輸入されたものですから、みなさんにもなじみが深い考え方かと思います。STP（セグメンテーション／ターゲティング／ポジショニング）、顧客ロイヤルティ、ブランドイメージ、顧客満足度などはその代表例と言えるでしょう。

　決定論的なマーケティングでは、上記のステートメントのように、態度と行動を「原因→結果」という1対1の関係に単純化して捉えることが多いため、**直感的にも理解しやすく万人受けしやすい**という側面があります。同僚やチーム内での共通認識にしやすい、上司や役員に説明しやすい、フレームワークや概念図として表現しやすいといった「使い勝手の良さ」があるわけです。

　実際、態度変容を前提とした理論やフレームワークはこれまで数多く提唱されてきました。AIDA（Attention：注意→Interest：興味→Desire：

欲求→Action：行動）のような購買プロセスもそうですし、現在でも新しい行動モデルが次々と出てきます。また、満足度、購入意向、推奨意向、ブランドイメージといった昔からよく使われるKPIも、態度変容の考え方に立脚しています。ブランドに対するイメージや購入意向を、将来の購買行動やリピートにつながる"先行的な態度"として評価しているわけです。

「態度→行動」なのか
「行動→態度」なのか？

　このように、マーケターは何かにつけて、態度が行動を決める（**態度→行動**）というベクトルで戦略や施策を考えがちですが、少しご自身のビジネスから離れた文脈で想像してみてください。普通、「何かを経験して、その後、その経験に対する意見なり態度なりが形成される」のが自然ではないでしょうか。「使ったことはないけど、すごく好き」「行ったことはないけど、すごく嫌い」ということは、皆無とは言いませんが、あまり多くないように思います。つまり、**態度が行動を決める（態度→行動）というベクトルだけでなく、行動が態度を決める（行動→態度）というベクトルも考慮する必要がある**のではないでしょうか。

　事実、態度が行動を決めるのだという決定論的な単純化に対して、**マーケティングサイエンス**の研究者は昔から批判を続けてきました。古くはマーケティングサイエンスの第一人者である故フランク・バス教授が、「マーケティング理論の大半は経済学や行動科学から借用したもので,そうした理論のほとんどが決定論的な因果関係を過度に強調している、現実に即していない」と警鐘を鳴らしました（Bass, 1974）。その一例として**ハワード・シェスモデル**（有名な消費者行動モデル）の再現研究を挙げ、実購買を従属変数に置いたときの決定係数が0.088しかなかった*ことを報告しています（Farley & Ring, 1970, as cited in Bass, 1974）。

*実購買をあまり説明できなかったということ。

　また、バイロン・シャープ教授は、「消費者の態度を変えることが自

分の仕事だというマーケターの思い込みにより、**本来のゴールである行動変容が置き去りになることがある**」と指摘しています（Sharp, 2017）。マーケターには、ブランドのさまざまな課題を「消費者の評価や認識を変えれば解決する問題」にすり替えてしまう、決定論的な思考の癖があるのかもしれません。つまり、「態度を変えれば行動も変わるはずだ」と信じ込んでいるのです。こうした傾向は、**マーケティングにおける態度の問題**（"Marketing's attitude problem"）と呼ばれ、ブランドや消費者行動の研究の中でたびたび指摘されています（e.g., Foxall, 2002; Sharp, 2017）。態度形成が売上アップやシェア拡大につながると思って予算をかけたが、本当に成長に貢献するメカニズムは別にあった、では話にならないからです。

マーケティングサイエンスと確率論的なマーケティング

　決定論的な見方が染みついてしまうと、「こうすればこうなる」「こういう状況では、こうしなければいけない」といった前提に縛られ、「そうではないかもしれない」「別のアプローチがあるかもしれない」と考える機会が少なくなります。マーケティングサイエンスでは、消費者行動を捉えるために**確率論的**な考え方を取り入れることがよくあります。消費者行動を確率的に捉えるというのは、消費者が完全ランダムにモノを選んだり、ブランドスイッチしたりしているという意味ではありません。**一見ランダムに見えて、実は一定の規則性に従っている**（"as-if-random"）という意味です。つまり、自社マーケットにおける消費者行動の確率モデルさえ分かれば、ブランド選択の規則性も理解できる、それに基づいて根拠のある戦略や施策を開発していこうと考えるわけです。このような立場を、決定論的なマーケティングに対して**確率論的なマーケティング**と呼びます。

　ところがこうした確率論的な考え方は、従来のマーケティング理論や
フレームワークに慣れ親しんだマーケターにはあまり"うけ"がよくあ
りません。ブランド選択は確率的に起こる事象である——「だとすれば、
今までやってきたことは何だったのか？」「マーケティングにできるこ
とはないということ？」となってしまうからです。実際はそんなこと
はなく、**確率論的に扱うからこそ、変えられることと変えられないこと
との境界線がクリアになり、予算の使い方や期待できる成果が明確にな
る**のです。

　しかし、残念ながら確率論的なアプローチについては「何から始めて
実務にどう落とし込むのか」があまり理解されていません。そのせいか、
事業成長のファクトに逆行しているような取り組みもよく目にします。
具体的なアプローチについては第二部・第三部で詳しくお伝えしますが、
その前に、態度と行動の関係について正しく理解し、**マーケティングが
態度形成に偏ってしまうバイアス**を解いておきたいと思います。

　ちなみにこういう話をすると、スタンフォード大学のジェニファー・
アーカー教授のブランドパーソナリティー研究（Aaker, 1997）や、ダー
トマス大学のケビン・レーン・ケラー教授のCBBE（Customer-Based
Brand Equity, Keller, 2003）などを引き合いに出して、「いやいや、態度
が重要なのはマーケティングの常識。多くの調査や研究で明らかになっ
ている」と言う方がいます。果たしてそうでしょうか。

　態度と行動を同時に測定したクロスセクションのデータを使い、「態
度が行動を決めるのだ」という仮説ありきで相関ベースのモデリングを
行えば、その仮説を通すのはたいして難しくありません。筆者もやろう
と思えば、いくらでもそれらしい分析結果を出すことはできます。しか
し、だからといって、それが直ちに現実世界の因果関係を表していると
いう帰結にはなりません。**重要なのは、「こうなるんじゃないかな」「そ
うだったらいいな」という分析者の希望的観測ではなく、「実際はどう**

なのか」というファクトです。

　というわけで、ここからは購入意向と推奨意向という2つの代表的な態度指標に関する事実を確認しながら、**態度→行動なのか、行動→態度なのか**を考えていきたいと思います。

購入意向の落とし穴: 「聞きたいこと」と 「聞いていること」が違う問題

　みなさんが「購入意向」を測定するのはどのようなときでしょうか。例えば、コンセプトテストや満足度調査の中で調べることがあるでしょう。もしくは売上予測のために調査するかもしれません。いずれにしても、将来の購買量やブランド選択の変化を推し量るために現在の購入意向を聞く、という使い方をすることが多いかと思います。

　しかし、態度や意向から将来の行動を予測しようとするタイプの分析はあまりうまくいかないことがあります（Wright & Klÿn, 1998）。なぜかというと、**態度や意向は「将来の変化」ではなく「過去の傾向」を表しているにすぎない**からです。つまり購入意向が先ではなく、購買行動が先なのです（Sharp, 2017）。これが本当だとしたら、上記のような購入意向の使い方はミスリーディングになってしまいます。一体、どういうことなのでしょうか。

　購入意向はアンケートなどで「とても買いたいと思う」～「全く買いたいと思わない」のような尺度で測定されることが多いかと思います。その根拠になっている理論としては、**合理的行為モデル**（熟慮行動理論）（Fishbein & Ajzen, 1975）や**計画行動理論**（Ajzen, 1991）が挙げられるでしょう*。前者は、人の行為は意図の結果であり、意図は「行為への態度（望ましいか）」と「主観的規範（そうすべきか）」の2変数によって説明されるというモデル、後者は、その2変数に加えて知覚行動制御（行動しやすいか）

が影響すると考えるモデルです（田中, 2008）。自分がそうしたいと思うか、社会的にそうすべきか、容易に行動に移すことができるかといった変数が意図を形成し、その意図が行動に影響を与えると考えるわけです。

＊「Theory of Reasoned Action」「Theory of Planned Behavior」の訳出については田中（2008）に従った。

　一方、日常におけるブランド選択は、「生活の中でカテゴリー需要が生まれる→その文脈に結びついたブランドが想起される」という順番になることも多いでしょう。いわゆる**カテゴリーエントリーポイント**（CEP）の考え方です（Romaniuk & Sharp, 2022; Romaniuk, 2023）。「喉が渇いた→よし、ポカリスエットでも飲むか」とは思っても、「ポカリスエットでも飲むか→よし、喉が渇いてきた」ということはあまりないと思います。また、特に消費財などでは「そろそろ洗剤がなくなりそうだから買っておくか」とは思っても、「どこどこのブランドを買おう」と計画してからスーパーに行く人は少ないでしょう。このように、ジョブやニーズ、ゴールがあってこそブランドが想起されるというのが日常の自然な機序です。

　しかし、購入意向を調べるインタビューやアンケートの回答時は、ジョブやカテゴリー需要が発生している状態ではありません。つまり、実際の購買文脈に置かれているわけではないので、状況に合致したベネフィットを想起したり、特定のブランドを選ぶ手がかりが自然にあったりする状態ではないということです＊。そうした状態で「どのブランドを買いたいと思うか」と聞かれれば、**回答のよりどころ（理由）になるのは過去の利用経験くらい**のものです（Sharp, 2017）。つまり、将来のブランド選択に思いをはせて回答しているのではなく、過去の経験を思い出しているだけです。

　実際、購入意向のような態度に関する変数は過去の購買に強く影響されるため、シェアの大きなブランド（これまでの購買人数が多い）では**常に**

高くなり、シェアの小さなブランド（購買人数が少ない）では**常に低く**出る傾向があります（Barwise & Ehrenberg, 1985; Bird & Ehrenberg, 1966; Dall'Olmo Riley et al., 1997; Romaniuk & Sharp, 2000）。

*もし、意図的に特定ブランドを選ばせるような調査設計をしていたらその時点でアウトです。

　このことは、**シェアが異なる競合同士の態度指標は単純に比較できない**ことを表しています（Sharp, 2017）。よく市場調査やコンサルティング会社のリポートで、ブランドイメージや満足度、購入意向、推奨意向などの比較グラフを見ますが、比較する前にブランドサイズや過去の利用経験などを与件にして、**ダブルジョパディの影響を取り除いてから比較する**必要があります。

購入意向は「将来の変化」を表す
先行指標ではない

　筆者の経験則になりますが、購入意向と実購買の相関をサンプル全体で計算すると、相関係数は0.2〜0.4程度になることが多い印象です。しかし、セグメントを絞り込んだり、時系列を短くしたりすると0.6を超えることもあります。実際、Morwitz et al.（2007）は、購入意向と購買行動の関係に言及した研究40報のメタ的なレビューを行い、相関係数の平均は0.49であったと報告しています*。こうした数値だけ見ると、「さんざん批判してきた割には、それなりの相関があるじゃないか」と思われるかもしれませんが、**マーケティングでは「測定したいこと」と「実際にその指標が測定していること」が異なっている場合がある**ので注意が必要です。

*ただし、マイナスの相関（-0.13）から極端に高い相関（0.99）まで、ばらつきは大きいようです。

　先に述べた通り、購入意向が高いということは「これまでよく買われ

てきた」ということです。そして購買は習慣的です。従って、過去に買われたブランドは、将来も繰り返し選ばれる可能性がある程度高いと言えます。その意味で、購入意向と将来の売上の間に中程度の相関が得られることもあります。しかしそれは「**過去の習慣によるベースライン**」を表しているのであり、現在のマーケティング活動による「**ベースラインからのリフトアップ**」を表しているわけではありません。過去の購買傾向が知りたくて購入意向を聞いている、というマーケターはあまりいないでしょう。それなら売上推移を見れば事足りるからです。

　別の言い方をすれば、購入意向というのは、過去の購買習慣や利用経験によって内生化された"従属変数（**結果**）"であり、将来の行動変化を予測する"独立変数（**原因**）"ではないのです。実際にBird and Ehrenberg（1966）は、20以上のカテゴリーで大小さまざまなブランドを調査し、購入意向を示す人の割合は、現在ブランドを利用している人の割合からシンプルな関数*を用いて割り出せることを示しています。**にもかかわらず、購入意向を「将来のブランド選択の変化」を表す指標かのように扱うから、食い違いが起こる**わけです。こうしたファクトを知らないと指標の意味を勘違いし、誤った意思決定につながりかねません。

* I=K√U±3、I:ブランドに購入意向を示す人の割合、U:現在そのブランドを利用している人の割合、K:母数。

「買わない」と言って買う人 VS.
「買う」と言って本当に買う人

「購入意向」や「推奨意向」のような指標と一緒にデータが提示されると、我々はその言葉通りの意味にデータを解釈します。しかし、指標の"ラベル"と、実際にその指標が測定している"内容"が異なることは少なくありません。例えば、購入意向がある人と購入意向がない人、どちら

　第一部　**WHO以前の問題**　消費者行動の規則性

からの売上が大きいと思いますか。つまり「**買わない**」と言って買う人と「**買う**」と言って**本当に買う人**、どちらからの売上が大きいでしょうか。額面通りに受け取れば、購入意向がある後者からの売上のほうが大きそうな気がしますね。しかし、**購買する人の大半が事前の意向を示さない**こともあるのです（Wright & MacRae, 2007）。

　米国である年の国勢調査のフォローアップ調査を行ったところ、新車を買う意向があると回答した世帯の実際の購買率は40％、購入意向がないと回答した世帯の購買率は7％だったそうです（Theil & Kosobud, 1968, as cited in Sharp, 2017）。この割合自体は特におかしな所はないでしょう。まあそんなものかという数字です。しかし、実際の売上は購入意向がない世帯からのほうが大きかったのです。なぜこのようなことが起こるのか分かりますか。ほとんどの世帯が購入意向のないグループだったからです。

　購入意向は過去の購買傾向を表すものであり、必ずしも将来の購買行動を担保しません。しかし、人は事前の意向がなくても買うときは買います。そうなると後は絶対数の問題です。負の二項分布が示す通り、市場の大部分は未顧客（この場合は購入意向がない層）が占めています。つまり、いくら少数の購入意向が高かろうと、**市場の大半を占める未顧客層が少し変化するほうがビジネスインパクトは大きい**わけです。ここから、未顧客のメンタルアベイラビリティを事前に高め、意向が生まれたときに自社ブランドが想起されるようにしておくことの重要性がうかがえます。上記は自動車の例ですが、消費財やサービス財で考えてみると、より直感的につかめるのではないでしょうか。

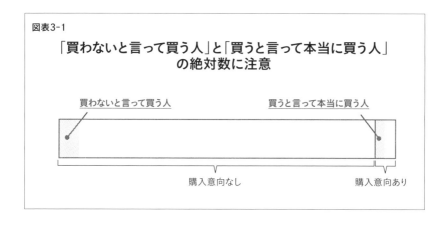

図表3-1

「買わないと言って買う人」と「買うと言って本当に買う人」
の絶対数に注意

買わないと言って買う人　　　　　　　　　　　買うと言って本当に買う人

購入意向なし　　　　　　　　　　　　　　　購入意向あり

結局、購入意向でうまく行動を予測できないのは、実際の購買の大部分を占めることになる「回答時点で購入意向がない」「分からない・どちらとも言えない」未顧客の購買確率の変化をうまく取り扱えない（意向が購買につながるまでの時系列の分散説明力が低い）からです。この問題に対しては、「**ジャスタースケール**」という尺度が提案されています（Juster, 1966）。購入意向ではなく購買確率を直接聴取するタイプの指標で、購入意向がない・どちらとも言えない未顧客をひとくくりに「購入意向なし（買う可能性はゼロ）」と固定するのではなく、疑似的な確率として扱うスケールです。自己申告の態度ではあるものの、購入意向より信頼区間が狭いといわれています（Wright & MacRae, 2007）。

なぜ成長ブランドより
衰退ブランドのほうが購入意向は高いのか？

次に、「**成長している新しいブランド**」と「**衰退しているレガシーブランド**」、市場シェアが同じだとすれば、購入意向が高いのはどちらだと思いますか。これも常識的に考えれば、成長している新しいブランドのほうが購入意向は高そうですね。しかし、**購入意向が高いのは衰退**

しているレガシーブランドであることも多いのです（Bird & Ehrenberg, 1966）。

〈**態度は過去を表すもので、将来を予測するものではない**〉

- 衰退気味の古いブランド：態度スコアは高いのに収益が減る
- 成長中の新しいブランド：態度スコアは低いのに収益が増える

ここにも、"購入意向は過去の行動に強く影響を受ける"という特性が関係してきます（Sharp, 2017）。レガシーなブランドは過去に購買したことがある人が多く、逆に新しいブランドは世に出てから時間がたっていないので、購買経験のある人はまだ少ない状態です。購入意向にはその差が反映されるため、衰退しているレガシーブランドのほうが高く出るという直感に反する結果になるわけです。また、成長ブランドでは未顧客層のメンタルアベイラビリティが徐々に増えているわけですが、**過去の購買行動に大きく左右される態度指標には、こうした成長の兆しが適切に反映されません**。ですから、未顧客の認知や想起を調べることも重要になってきます。具体的な方法については第三部で解説していきます。

購入意向と購買行動の相関が
高くなる「条件」とは？

もし、どうしても購入意向を利用したい（さまざまな事情で利用しなければならない）というのであれば、次のような点に留意しましょう。まずRomaniuk（2023）は、購入意向は「いつもとは違う行動の予測」ではなく、

「いつもの購買行動の予測」に使ったほうがよいと述べています。また、Morwitz et al.（2007）は、**購入意向と実購買の相関が高くなる条件**を比較検証し、次のようなケースを挙げています。

1：新商品より既存商品
2：非耐久財より耐久財
3：カテゴリーレベルではなくブランドレベルでの購入意向を尋ねた場合
4：売上ではなくトライアル率と相関させた場合
5：回答から購買までのインターバルが短い（i.e., 1カ月以内のような）場合
6：モナディック（単独評価）よりコンペア（相対評価）

　つまり、**高関与の耐久財で直近のトライアル率を予測するような場合にはある程度使えるかもしれませんが、一般消費財で新商品の中長期の売上予測をするような場合には向いていない**ということです。また、Wright and MacRae（2007）は、サンプルサイズを大きく取り、複数のデータセットで検証したほうがよいと提言しています。1つのデータセットしか用いないと誤差が大きくなるからです。

　最後に、購入意向を測定することが全く無意味というわけでもありません。例えばブランドの健康診断として、既存顧客のロイヤルティを測ることには向いているでしょう。また、計画購買をする人がどれくらいいるのかの目安にもなります。しかし、ここまで見てきたように、**既存顧客の態度指標だけ測っていても"成長の踊り場"からは抜け出せません**。要は、指標の本来の特性や意味を理解した上で、ゴールに合わせて使い分けるべきだということです。

推奨意向の落とし穴:
態度は行動の結果であり、
将来の変化を表す変数ではない

　次に、**推奨意向**に関するエビデンスを見ながら、ブランドへの態度が、将来の業績にどの程度影響するものなのかについて確かめていきたいと思います。推奨意向はビジネスの現場では普通に受け入れられていますが、アカデミアでは非常に批判の多い指標です。他の態度指標は主にマーケティング関連部署での使用にとどまりますが、推奨意向は経営陣にも広く浸透しており、それがさらに話をややこしくしています。

　推奨意向の代表的な指標としては米ベイン・アンド・カンパニーが開発した「**ネット・プロモーター・スコア（NPS®*）**」が挙げられます。この指標が広く知られるきっかけとなったのは、2003年にハーバード・ビジネス・レビュー誌で発表された「The One Number You Need to Grow」(Reichheld, 2003)という論文だと思います。しかしこの論文は、後にアカデミアから厳しい批評を浴びることになります。

　例えば、従来の満足度のような指標より推奨意向のほうが優れているといえるのかという論点について、Keiningham et al.（2007a）は、必ずしも満足度より優れているとは言えないと報告しています。また、本当に1つの指標で企業の成長力が分かるのかという論点については、Keiningham et al.（2007b）により、推奨意向のみを用いたモデルより多変量モデルのほうが常に説明力が高いことが示されています。同研究では、「推奨意向に対する近視眼的なフォーカスは、誤った戦略や資

* ネット・プロモーター・スコア、NPSは、ベイン・アンド・カンパニー、フレッド・ライクヘルド、NICE Systems, Inc.の登録商標です。

源配分につながる可能性がある」とも指摘されています（Keiningham et al., 2007b）。やはり、1つの態度指標で購買行動や将来の成長を測ろうという考え方自体、無理があるのかもしれません。

将来の業績の予測指標としては弱い推奨意向

実際のところ、**企業の業績に対する予測力**はどうなのでしょうか。経営者としてはここが一番気になりますね。この点については、売上、粗利、キャッシュフロー、TSR（株主総利回り）といった財務指標に対する予測力を、満足度と推奨意向で比較した研究がいくつかあります。例えばMorgan and Rego（2006）では、満足度はさまざまな業績指標との関連が認められる一方で、**推奨意向と将来の業績の間には有意な関連が見つからなかった**と報告されています。またvan Doorn, et al.（2013）は、現在の業績に対しては推奨意向も他の態度指標も同程度の説明力があるものの、**将来の成長やキャッシュフローに対してはいずれの説明力も弱い**と述べています。

いずれにしても、**将来の業績の予測指標として推奨意向が特に優れているとは言えなそう**です。では、この指標のどこに問題があるのでしょうか。バイロン・シャープ教授は、時系列に注意してハーバード・ビジネス・レビューの原文を読んでみるとよい、と促しています（Sharp, 2008）。NPS® がどのようにして生まれたのか、原文（Reichheld, 2003）を確かめてみると、おおよそ次のような流れが確認できます。

〈NPS® が生まれた背景（Reichheld, 2003）〉

1：2001年第1四半期に推奨データの収集を開始
2：その後、四半期ごとに回答データを蓄積
3：NPS®を計算し、企業の収益成長率に対してプロット
4：1999年から2002年までの過去3年間の成長率とNPS®に強い
　相関を発見

　お分かりでしょうか。成長する"前"ではなく、成長した"後"のスコアを測っています。この結果からは推奨意向が先行原因、事業成長がその結果だとは積極的に言えません。ここから分かるのは、「成長した企業は推奨意向も高い」ということだけです。ですが、例えば「成長した企業の株価が高い」のは当たり前ですね。それをもって「どうやら株価を高めると企業は成長するようだ」「だからまずは株価を高めましょう」と言われたらどうしますか。「**いや、それは順序が逆**……」と困惑してしまいますね。

個人レベルではどうか？

　次に、別の角度から検討してみましょう。例えば集計データではなく個人レベルではどうなのでしょうか。つまり、個人の時系列的な変化を見た場合、推奨意向が高い人は利用金額も高いのか、将来の購買行動につながっていくのかという視点です。これに関しては、時系列データを用いて、過去、現在、将来の購買行動と推奨意向のつながりを調査した研究があり、次のような傾向が見て取れます（Mecredy et al., 2018）。

• 推奨者は、その年の利用金額は高い。

- 推奨意向は過去と現在の利用額とはプラスの相関を示すが、将来の利用額とはマイナスの相関を示す*。
- 定数項の効果が最も大きい。つまり、推奨者層が単体で将来の利用額の増加をもたらすというより、顧客基盤全体から均等にもたらされる部分のほうが大きい（i.e., 全員が少しずつ多く買う）。

　こうした傾向の解釈として、**ある年に多く買った人はその利用経験に基づいて高い推奨意向を示すが**（行動→態度）、**購買行動は平均へ回帰するため翌年以降の購買量や利用金額は減っていく**（態度≠行動）**という機序が背後にある**のかもしれません（第2章2節参照）。最近はLTVを考える際に推奨意向を併せて見ることがありますが、このように、**現在の推奨意向が高いからといって必ずしもLTVも高いとは限らない**ので注意が必要でしょう。つまり推奨意向の高さを優良顧客の特徴量と思い込み、コストを集中投下して育成したが、平均への回帰により売上は伴わなかった、ということにもなりかねません。推奨意向に基づいた近視眼的な戦略は誤った予算配分につながる恐れがある、というKeiningham et al.（2007b）の指摘が脳裏によぎりますね。

*少数サンプルのためいずれも5％水準で非有意。しかし、例えばMorgan and Rego（2006）では5％水準で売上成長とマイナス相関、粗利率とは1％水準でマイナス相関。

じゃあ、推奨意向って全く意味ないの？

　このように批判的な声が多いですが、最近のNPS®の研究では、適応場面と使い方次第では予測に役立てることができそうだという報告もあります（Baehre et al., 2022）。同研究を読んで、筆者が特に重要だと感じたのは次の3点です。

- **スコアの"絶対値"ではなく、スコアの"変化"に着目すること**

- 既存顧客のスコアだけではなく、未顧客を含めた全員のスコアを使うこと
- 1四半期程度の短期の予測にとどめること

　まず将来の売上成長を考える場合、NPS®の**変化**に着目することがポイントになりそうです。つまり、いかに高いスコアを維持するかというより、むしろNPS®を継続的に改善し続ける取り組みが重要だということです。次に、元来NPS®は既存顧客に絞って計算することが多かったと思いますが、最近は未顧客を含め、全ての潜在顧客で計算するというスタンスの企業も増えています。実はそのアプローチのほうが正解かもしれません。というのもBaehre et al.（2022）では、**全ての潜在顧客のスコアを使った場合のみ、信頼できる予測となった**と報告されています。既存顧客の口コミはポジティブに偏る傾向があるので（East et al., 2011）、既存顧客のみに基づくスコアは、今後の成長を左右する非購買層の変化を適切に反映していない可能性があるわけです。**これはNPS®に限った話ではなく、認知や想起といった他の指標にも見られる傾向で、成長との関連を知るには未顧客層の変化を調べることがポイント**になってきます（e.g., Romaniuk, 2023）。

　Baehre et al.（2022）によると、NPS®による予測は1四半期程度の短期であれば有効のようです。ただし、これはNPS®固有の特性というより、態度指標を予測に使うときの一般的な注意事項かもしれません（e.g., Williams & Naumann, 2011）。というのは、他の態度指標と同じく推奨意向も過去〜現在の利用経験の結果と捉えると、直近のスコアが伸びているということは、「利用経験のある人が現在進行形で増えている＝浸透率が増えている」わけなので、その後に続く売上も少なくとも短期的には伸びるだろうという話です。さすがに推奨意向だけ見て意思決定している企業はあまり多くないとは思いますが、他の態度変容指標と同様に、

あくまでブランドヘルス（健康診断）の一側面を表している、という認識にとどめておくのがよいのではないでしょうか。

推奨意向もビジネスの「道具の1つ」であり、道具は使いようである

　最後に筆者の所感になりますが、推奨意向をうまく活用している企業は、副産物として現場レベルのデータ意識が高まっているように思います。店舗やチームごとの評価に用いる、既存顧客に対するパフォーマンスマーケティングと併用するといった使い方はよい気がします。予測指標としての精度うんぬんより、それまで一部の社員しか持ち得なかった「顧客からのフィードバックサイクル」が増えることで、チーム全体の顧客意識が高まる他、店舗やオペレーションごとにスコアを出すことで、改善点や優先順位が見えてくることも確かにあるからです。

　推奨意向を起点にそうした機運がすでに高まっているのなら、そのままでよいのかもしれません。筆者のクライアントでも、使い方に留意しつつうまくつき合っている企業はたくさんあります。結局のところ、指標や理論はビジネスで成果を生み出すための"道具"です。ですから、エビデンスに基づいた建設的な批判を通して道具の特性と限界を理解すること、その上で目的に応じた使い分けをすることが大切なのだと思います。

「買わない理由」を解消すべきか、「買う理由」を提案すべきか？

　筆者はセミナーやワークショップで、「**買わない人に買ってもらうにはどうしたらよいと思いますか？**」という質問をよくするのですが、大半の回答は次のどちらかに分かれます。

- 「**買わない理由**（ペインポイントや不満点）」を見つけて解消する
- 買わない理由ではなく、「**買うべき理由**」を提案する

　結論から言うと、実はそのどちらでもありません。買わない人に買ってもらう、特に最初の1回を買ってもらえるかどうかは、**理由の問題ではなく想起の問題**です。つまり、思いつくかどうかです。多くの方が、その当たり前の事実を飛び越して、「買わない理由」や「買うべき理由」といった "ロジック" に走りがちです。マーケターらしいといえばそうなのですが、こうした思考はいわゆる経済合理性、あるいはカーネマン教授が言うところのシステム2（分析的な、遅い思考）が前提になっています（カーネマン, 2014）。つまり、利用可能なあらゆる情報を慎重に吟味し、自分にとって最も効用の高いモノを合理的に選ぶ、ホモ・エコノミカス的な消費者像です。

「想起」すらしないのに、「理由」があるわけがない

買わない人に「買わない理由」を聞くとどうなると思いますか。これ

は、未顧客にインタビューをしたことがある方なら分かると思いますが、半分くらいの人は「特にない、考えたこともない」という反応になります。まあ、当然ですね。しかし残りの半分は「買わない理由」を話してくれます。では、その買わない理由をつぶせば買ってもらえるのでしょうか。

　インタビューなどで買わない理由を話してくれる未顧客がいるのは、単に公の場で人に何か聞かれて、理論的に自分の考えを説明できないのは大人として気まずいからです。正確に言えば、実際の購買ではシステム１（直感的な、速い思考）で判断していても、インタビューなどではシステム２での受け答えになるからです*。従って、なぜ買わないのか、どうしたら買いたくなるのかなどと聞いて、購買時の障害や改善点などを挙げてくれたとしても、それを解消すれば買ってもらえるとは限りません。**むしろ、本当はペインなんてないのかもしれません。**

*ただし、いわゆる二重過程理論はエビデンスを欠くという主張もあります（e.g., Melnikoff & Bargh, 2018）。

　未顧客にも、一度も購入経験がない**未購入層**と、過去に購入経験はあるものの、何らかのネガティブ要因があって買わなくなった**否定層**がいます。買わない理由を解消して買うのは後者です。前者は、「ブランドAはこうだから買う、それに対してブランドBはこうだから買わない」という理由があるほどブランドに関心がありません。事実、**「理由があって買わない」という未顧客はBtoCでもBtoBでも10%程度、あるいはそれ以下です**（Nenycz-Thiel & Romaniuk, 2011; Romaniuk et al., 2021）。プライベートブランドの場合はもう少し増えますが、それでも20%くらいです。

　世の中には何かにつけ、「顧客は課題や不満を抱えている」「それを解決するのがマーケティングだ」といった類の理屈を持ち出して"課題解決"しようとする人がいますが、**未顧客の大半は無関心層です。無関**

心とは、「何か理由や課題があって関心がない」のではありません。「思いつきもしない」のです。実際、ブランドに対するポジティブな反応が最も少ないのは未顧客ですが、ネガティブな反応が少ないのも未顧客です（Winchester & Romaniuk, 2008）。なぜ買わないのかと聞けばそれらしい理由を答えてはくれますが、実際はそれで買わないという話ではなく、**単に購買時にブランドを想起しないだけです。想起すらしないのに理由があるわけがない**のです。それを真に受けて購買時の障害を取り除く施策を打っても意味がありません。

「買うべき理由」で動くのは
既存顧客やカテゴリーのヘビーユーザー

　一方で、「**買わない理由**」ではなく、むしろ「**買うべき理由**」を提案すべきだと言う人もいます。プロダクトの優位性や差別化ポイントなどを説得するタイプの広告、ディスカウント、「今ならポイント〇倍」のようなプロモーションなどがこれに該当します。ただし、そうした「**買うべき理由**」で購買行動が起こるのは、**すでにブランドを想起できる既存顧客やカテゴリーのヘビーユーザー**だけです。ブランドを想起しない、カテゴリーに興味のない**未顧客に対しては、説明や説得はあまり有効な手段にはなりません**。第三部で詳しく解説しますが、例えば、購買プロセスが理解や納得のような「考えるフェーズ」から始まる人は、FMCGだと3割弱です（Pauwels et al., 2020; Valenti et al., 2023）。

　マーケティングに限らず、無関心な人に「理由」を聞いてもらい、「納得」してもらい、その上で「行動」してもらうことはそもそも困難です。そのカテゴリーに詳しいマーケターやヘビーユーザーにとってはニュースになるような新しい機能や差別化でも、非購買層にとっては興味のない話だからです。従って、**合理的な説得による行動変容は大変難しいの**

145

です。無関心な人に行動してもらいたいのであれば、人を変えて買って
もらおうとするのではなく、人は変わらないという前提で、すでにその
人の生活の中で確立されている行動や習慣にブランドのほうから歩み寄
り、同質化するという発想の転換が必要です。これについては第7章で
詳しく解説していきます。

3-5

「態度→売上」の説明力は、
実際どの程度あるのか？

　ここまで、購入意向と推奨意向という2つの代表的な態度指標を例として、態度と行動の関係を考えてきました。いずれのKPIについても、**態度は過去の購買習慣や利用経験の結果であり（行動→態度）、将来の変化を表す先行指標ではない**という主旨の研究が多く見られました。次にKGI（重要目標達成指標）レベルのデータで確認していきたいと思います。

　実際、**ブランドへの態度は、売上に対してどの程度の影響力があるのでしょうか**。これから行うマーケティング施策で変えられる余地はどの程度あるものなのでしょうか。いくつか実証研究を確認していきましょう。まずSrinivasan et al.（2010）は、消費財カテゴリーの62ブランドを対象として、売上に対する態度、行動ロイヤルティ、マーケティングミックスの影響を分析しています。図表3-2に著者らの最終モデルの一部を示します。自社ブランドへの態度による売上の分散説明率は、**8%程度**であることが読み取れます。競合ブランドへの態度を加えても約16%です。

　実際は、態度が調整変数となって売上に貢献する経路や、関与度の高低による場合分けもあるようなので（Bruce et al., 2012; Formisano et al., 2020; Pauwels & van Ewijk, 2020）、この数値だけを見て態度変容を軽視することはできませんが、やはりマーケターとしては「**では、残りの90%近くはどこから来るのか？**」が気になるところです。

147

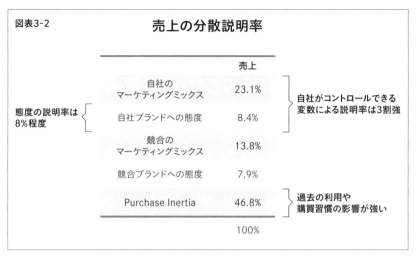

図表3-2　売上の分散説明率

	売上	
態度の説明率は8%程度 { 自社のマーケティングミックス	23.1%	} 自社がコントロールできる変数による説明率は3割強
自社ブランドへの態度	8.4%	
競合のマーケティングミックス	13.8%	
競合ブランドへの態度	7.9%	
Purchase Inertia	46.8%	} 過去の利用や購買習慣の影響が強い
	100%	

出所:以下を基に筆者が作成
Srinivasan, S., Vanhuele, M., & Pauwels, K. (2010). Mind-set metrics in market response models: An integrative approach. *Journal of Marketing Research, 47*(4), 672-684.

　図表3-2の内訳を見ると、過去の利用経験や購買習慣（"Purchase Inertia"）が分散の半分近く（46.8%）を占めていることが分かります。これは、ブランドに対する**態度とは別のところで**、**過去の行動が現在の行動を大きく左右する**ことを示しています。つまり消費者は、ブランドに対する態度的なロイヤルティがなくても、習慣的に過去の選択を繰り返す傾向が強い、**行動ロイヤルティの影響が大きい***ということです（Ehrenberg et al., 2004; Jones, 1990a）。残りの変数を見ると、次に影響力が高いのは自社のマーケティングミックス（23.1%）、競合のマーケティングミックス（13.8%）、競合ブランドへの態度（7.9%）と続きます。

＊Srinivasan et al.（2010）によると、Purchase Inertiaは行動ロイヤルティとほぼ同義とされています。

態度変容の重要性は
カテゴリーによって変わる

　売上に対する態度変容の影響は、価格帯やカテゴリーによって異なるのでしょうか。大まかな傾向として、高価格帯のブランドは低価格帯のブランドに比べて態度による説明率が大きく、低価格帯のブランドは高価格帯のブランドに比べて現在のマーケティングミックスによる説明率が大きい傾向が報告されています（Srinivasan et al., 2010）。要は、**高いブランドになるほど消費者の関与度が高まるので、態度形成の重要性も増え、安価なブランドほど現在行っているマーケティングのスケール次第になる**と考えられます。次にカテゴリーによる違いに関してですが、図表3-3を見てください。

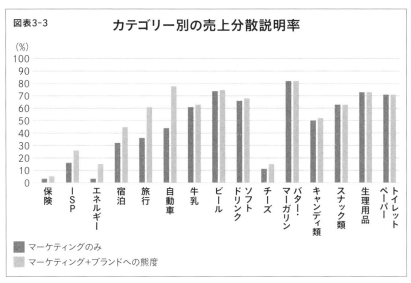

出所:以下を基に筆者が作成
　Pauwels, K., & van Ewijk, B. (2013). Do online behavior tracking or attitude survey metrics drive brand sales? An integrative model of attitudes and actions on the consumer boulevard. *Marketing Science Institute Working Paper Series, 13*(118), 1-49.

このグラフはPauwels and van Ewijk (2013) のデータを基に、消費財、耐久財、サービス財を含むさまざまなカテゴリーにおいて、「売上分散の何パーセントがマーケティングミックスの変数で説明されるか（左の棒グラフ）」「そこに態度データを加えると、説明割合がどれだけ増えるか（右の棒グラフ）」を表したものです。つまり、2つの棒グラフの差分が態度による説明率の増加分を表しています。実務的には次のような解釈になります。

- 左の棒グラフが長いカテゴリーではマーケティング次第で売上が左右されやすい
- 左の棒グラフより右の棒グラフが長いカテゴリーほど、態度形成の重要度が高い
- どちらの棒グラフも短いカテゴリーでは、売上は過去の利用経験や購買習慣に左右されやすい

　まず、**消費財カテゴリーではいずれも現行のマーケティングに依拠するところが大きく、態度の寄与は極めて少ない**ことが分かります。ただし消費財でもカテゴリーによって強弱があるようです。バター・マーガリン類、ビール、ソフトドリンク、生理用品、トイレットペーパーなどは**マーケティング次第なカテゴリー**と言える一方で、チーズはほぼ**利用習慣で決まるカテゴリー**と言えるでしょう。

　一方、**宿泊や旅行といったサービス業、自動車のような耐久財では、態度形成の重要度が比較的高い**ことが見て取れます。別の研究（Hanssens et al., 2014）でも、高関与のカテゴリーになるほど態度の影響力は強く、低関与のカテゴリーほど弱くなるといわれていますから、再現性のある傾向と言えそうです。逆に、**保険、インターネットプロバイダー、インフラのようなサブスクリプション市場では、過去の利用経験で大半が決**

まるようです。こうしたカテゴリーではベースの行動ロイヤルティが高く、一度メンタルアベイラビリティが形成されてしまえばそのまま継続される確率が高いので、こちらも一貫性のある結果と言えるでしょう（第2章7節参照）。

　このように、態度形成の売上に対する影響力はカテゴリーごとに異なります。消費財では寄与が控えめですが、価格帯が高く関与度の高い耐久財やサービス財になるほど重要度が増すようです。つまり「行動→態度」だけではなく、「態度→行動」というパスが重要になる場合もあるわけです。むしろ、**態度と行動の間には双方向因果を想定したほうがいい**と考える研究者もいます（Bruce et al., 2012; Formisano et al., 2020; Pauwels & van Ewijk, 2020; Srinivasan et al., 2010; Valenti et al., 2023）。

　ただ、それらの研究を見ても、**「態度→行動」の効果はマーケターが期待するほど大きくはなく、「行動→態度」は無視できるほど軽微ではない**ように思えます。というか、現実的には非購買層に強い態度を持ってもらうことはまずできませんし、そもそもブランドが成長するために強い態度形成は必要ですらありません。このあたりのエビデンスは第三部で改めて説明したいと思います。

行動文脈の解像度を
高めることが重要

さて、ここまでKPIレベル（購入意向、推奨意向）、KGIレベル（カテゴリー別の売上）で態度変容モデルの実際を見てきたわけですが、今度はさらに広義の社会科学領域や消費者行動研究でのエビデンスに目を向けてみましょう。より一般的に態度と行動の関係はどのようなものなのかという理解を深め、どうしたら一貫性が高まるのか、どのようにマーケティングに生かすことができるのかという見通しを立てるためです。

ただ、この分野はある意味"沼"で、とんでもない量の研究が存在します。当然、筆者も全てを把握しているわけではありませんので、先行研究のメタ的なレビューを中心に見ていきたいと思います。まず古典的なところでは、Wicker（1969）が、

- 態度と行動の相関が0.3を超えることは少なく、ゼロに近いケースも多い
- 態度データが行動データの10%以上を説明することはまれである

と報告しています。こうした結果を受け、著者は「**態度と行動は無関係か、関係があっても極めて弱い可能性が高い**」と述べており、後にWright and Klÿn（1998）も同様の見解を示しています。一方、Kraus（1995）はさらに広範なレビュー（88報）を行い、

- 態度と行動の相関は平均0.38、中央値0.33

- 態度は行動の分散の14%程度を説明する

と報告しています。分野や研究者によって、相関係数の解釈に関する"お作法"は違いますから、これらの数値が一概に高い低いとは言えませんが、筆者の個人的な意見としては、やはり**態度と行動の関係はあまり強くない**ように思えます。

どうしたら態度と行動の一貫性が高まるのか？

　一方、当時の研究者たちもそのことには気づいており、どうしたら態度と行動の一貫性が高くなるのかに関する研究も盛んに行われていたようです。1つのマイルストーンとしては、Principle of Compatibilityが挙げられるでしょう（Ajzen & Fishbein, 1977; Ajzen, 2012）。これは、「**いつ、どんな状況で、何（誰）に対する、どのような態度および行動なのか」という対応関係を明確にしましょう**という考え方で、具体的にはTarget：行動の対象、Act：具体的な行動、Context：行動が起こる文脈や環境、Time：行動が起こるタイミングや期間、という4つのレベルで態度と行動の解像度をそろえることが大切だといわれています（Ajzen, 2012; Ajzen & Fishbein, 2005）。頭文字を取って**TACT**と呼ばれたりもします。実際、こうした対応関係を保つことで、態度と行動の相関が0.5以上になることもあるようです（Davidson & Jaccard, 1979; Jaccard et al., 1977; Kraus, 1995）。

　逆に言えば、ざっくりとした態度ではざっくりとした行動しか予測できない、ということです。対象（e.g., ブランド）に対する一般的な態度で、その対象に対する個別具体的な行動（e.g., ブランド選択）を予測しようとすると、態度と行動が乖離していきます。例えば、マーケターなら「いかにブランドイメージを向上させるか」を考えることがあると思

いますが、ブランドに対する一般的なイメージやパーセプションを高めて事業を成長させようとしても難しいわけです（Dall'Olmo Riley et al., 1997; Ehrenberg et al., 2002）。**生活文脈と切り離された所で形成された態度によって行動が決まるのではなく、文脈における態度**（"attitude-in-situation"）**で行動が決まる**のです（Foxall, 2002）。

　筆者も方々で言っていることですが、要するに「文脈」が大切だということです。消費者行動研究の分野でも、同様の考え方は古くから提唱されています。例えばSandell（1968）は、飲料水の評価において、1人で飲む、眠たい午後に飲む、朝に新聞を読みながらなどといった状況を考慮したテストを行っていますし、Belk（1975）は、消費者行動に対する文脈の影響を考える上で、重要となる側面を次のように整理しています。

- **物理的環境**
  　場所、音、匂い、天気、目に見える商品特徴など
- **社会的環境**
  　誰がその場にいるか、その特徴や役割、その間で起こる相互作用
- **時間的な視点**
  　1日の時間帯、季節、それ以外にも当人にとっての主観的な時間を含む（例：最後に購入したのはいつか、給料日まであとどれくらいあるか）
- **タスクの定義**
  　購買の目的や、その文脈で求められる商品条件、役割（例：友人の結婚祝いに小型家電を買うのと、自分用に買うのとでは文脈が異なる）
- **先行状態**
  　状況を特徴づける気分（不安、快感、興奮など）や、状態（所持金、疲労感、病気など）

　お気づきかと思いますが、今でいうところの「**カスタマージャーニー**」やクリステンセン教授ら（2017）の「**ジョブ理論**」のような観点が垣間見られるのが興味深いですね。消費者行動のファクトを追えば、結局は同じような所にたどり着くのでしょう。事実、こうした購買文脈の理解は近年改めて注目を浴びており、ブランド成長との関係も明らかにされてきています。例えば、購買文脈によって想起の手がかりが異なり、想起されるブランドも異なることが分かっていますし（Barden, 2022; Holden & Lutz, 1992; Ratneshwar & Shocker, 1991）、大きなブランドほど多くの文脈で想起され（＝間口が広い）、逆に小さなブランドほど想起される文脈が少ない（＝間口が狭い）ことなどが知られています（Romaniuk, 2023; Romaniuk & Sharp, 2022）。

　こうしたエビデンスに基づいて、**文脈理解をマーケティングに実装するためのアプローチ**も発展しています。Romaniuk and Sharp（2022）は、カテゴリー需要が発生し、購買プロセスが始まるきっかけとなる思考や文脈、すなわちカテゴリーエントリーポイント（CEP）を理解するためのフレームワークを提唱しています（第7章6節）。また芹澤（2022）は、購買文脈における未顧客の合理を分析して、ブランドを文脈ごと再解釈するためのフレームワークを提唱しています（第7章9節）。いずれにしても、購買／利用状況（シーン、タイミング、オケージョン、etc.）や、消費者のゴール（ジョブ、タスク、役割、etc.）を考慮した上で、「**カテゴリーを利用する文脈でブランドがどんな価値になるのか**」を中心に考えることが大切だということです。

マーケティングを「確率視点」に アップデートする

態度変容も行動変容も確率的なものである

　一方で、どれだけ文脈を定義していっても、やはり態度で行動を完全に予測できるわけではありません。**態度も行動も、それ自体に確率的な側面がある**からです。インタビューやアンケートなどで消費者の声を聞くことがあるかもしれませんが、その人が回答時に何かしらの態度や認識を持っていたとしても、そこから行動までの間にはさまざまな外部からの影響があるでしょう。競合の広告を見て想起順位が変わるかもしれません。値上げの影響でプライベートブランドを選ぶかもしれません。いつもの店で在庫が切れているかもしれません。インフルエンサーや友人の意見で違うブランドを試してみるかもしれません。衝動買いだってあります。結局、そうした"現実"が間に挟まることで、**態度と行動は「ばらつく」**わけです。

　しかし、**そうした「ばらつき」にこそ購買行動の真実がある**と考えることもできます。ある時はブランドＡを好きと言い、ある時はブランドＢを好きと言い、いざ実際の購買文脈になったら大した理由もなくブランドＣを選ぶ──実際はそんな消費者が大半です。であれば、そのような**一貫性を欠いた態度やあたかもランダムに見える選択を考慮して初めて、「現実に即したマーケティング」になる**のではないでしょうか。
　このことを表す象徴的な事例がSharp（2017）で紹介されています。例えば、あるアンケートでブランドＡを好きと回答した人が28％だっ

たとしましょう。この数値が、十分にNが大きなランダムサンプルから得られた値だとすれば、同じ条件でもう1回アンケートをとってもブランドAを好きな人は28％前後に落ち着きます。これだけ聞けば、「母集団の28％はブランドAを好きな人なんだから、ランダムサンプリングすればその人たちが母集団に近い割合で出現するのは当たり前」と思われるのではないでしょうか。**これは半分合っていて、半分違います。**

仮に母集団が100万人だとして、その中に「常にブランドAが好きな特定の28万人がいる（残りの72万人は常に好きではない）」わけではありません。こうした態度は確率的に変化します（Sharp, 2017）。例えば、**ブランドに対する態度や認識を2回、同じ人に聞いたときの一貫性は約50％**といわれています（Castleberry et al., 1994; Dall'Olmo Riley et al., 1997; Rungie, Laurent, et al., 2005）。満足度などでもそうなります（Dawes et al., 2020）。つまり、1回目のアンケートで「好き」と言った人の半数が、1回目は「好き」と言わなかったけれども2回目には「好き」と言った人に置き換えられることで、2回目の28％が構成されているわけです。別の言い方をすれば、**ブランドAに好意的な態度を持ち得る潜在層は実際には28％以上いて、表明選好だけが確率的に変化している**ということです。

確率論的なマーケティング

このように、消費者のブランドに対する態度や行動というものは、我々が考えるよりもずっと気まぐれで移り変わりやすいものです。そのような確率的に変化する現実を"踏まえる"ためには、**マーケティングも確率視点にアップデートすることが求められます**。1回1回のアンケートやインタビューは、常に変動している消費者のある時点におけるクロスセクション（断面図）を観測しているにすぎません。そうした断面ばか

り眺めていても、態度が変容する、行動が変化するメカニズムは見えて こないでしょう。むしろ、そうした「**ばらつき**」があるのが現実の消費 者なのだと受け入れて、「**なぜ、そのようなばらつきが生まれるのか**」「**ば らつきにどのような規則性があるのか**」という視点で再スタートしたほ うが生産的です。

　本章の冒頭で述べたように、このような考え方を、**決定論的なマーケ ティング**に対して「**確率論的なマーケティング**」と呼びます。これは今 に始まった考え方ではありません。その歴史は古く、1950年代あたり からアカデミックな研究が始まり、現在に至るまで、さまざまな国やカ テゴリーで再現研究が行われています。特に、Goodhardt et al.（1984） により**NBDディリクレモデル**として定式化されたことが1つのマイル ストーンになり、実務での応用も盛んになりました*。モデルの数学的 な詳細は割愛しますが、NBDディリクレはカテゴリーとブランドの行 動データから、次のようなブランドパフォーマンスを予測（記述）します。

*他にも計量経済モデルやマルコフモデルなどいくつかのアプローチがあります。

- シェアがどれくらいになると、購買頻度がどれくらいになるか
- どの競合と、どの程度の顧客を共有することになるのか
- 消費者はいくつのレパートリーを持つのが普通なのか
- どれくらいリピートされるのか、ウォレットシェアはどの程度見込 めるか
- ブランドに100%ロイヤルなファンはどの程度出てくるか

　モデルの予測精度も高く、食品、酒類、洗剤、シャンプーなどの日用 品だけでなく、市販薬、医療機器、ガソリンスタンド、スポーツウエア、 自動車、パソコン、銀行、クレジットカード、保険、テレビ番組、スポ ーツ観戦、ギャンブルなど、幅広い商品やサービスに当てはまることが

報告されています（Driesener & Rungie, 2022）。また、小売店などのリアルな消費行動だけでなく、オンラインの購買分析にも用いられています。つまり、消費者のブランド選択や事業の成長は、多くのカテゴリーにおいて、態度データではなく行動データで説明されることを示しているわけです。

　とはいえ、難しい統計モデルでデータを分析することだけが確率思考ではありません。本書のように、**そこから導き出された知見や規則性をマーケティングに生かせばよい**のです。ダブルジョパディの法則、購買重複の法則、自然独占の法則など、幅広く応用の利く規則性がNBDディリクレから導き出されています（Sharp, 2010）。実際、筆者のクライアントの多くもここ数年で確率論的なアプローチを取り入れ、大きな成果を出しています。

　続く第二部・第三部では、新商品開発や価格戦略、コミュニケーション開発、メディアプランニング、広告効果測定といった実務別に、確率論的なマーケティングの応用を解説していきます。

「マーケティングにおける
態度の問題」

　第一部の最後に、現在のマーケティングの"主流"である決定論的な
マーケティングの根底にある問題について、筆者の考えを述べておきた
いと思います。

　本章を通して、態度と行動の関係をさまざまな角度から検証してきま
した。こうしたエビデンスの蓄積があるにもかかわらず、実務の現場では、
いまだに「態度→行動」という軸で考えることが当たり前です。いわゆ
る、マーケティングにおける態度の問題（"Marketing's attitude problem"）
です（e.g., Foxall, 2002; Sharp, 2017）。ある意味、因果関係をよく確かめ
もせず、"腹落ち感"のある物語を直感的に肯定してしまう確証バイア
スの一種と言えるかもしれません。

　確率論的なマーケティングがあまり広まらないのも、そこに理由があ
るのではないかと思います（メジャーな教科書やマーケ本で解説されることが
少ないという点も否めませんが）。ブランドの成長をいったん態度や認識の
問題と捉えれば、いくぶん**気が楽**になります。「それなら広告で説得す
ればいい」「差別化ポイントを説明すればいい」「イメージを良くすれ
ばいい」という具合に、**問題に1対1対応する"答え"が存在するから**
です。今まで習ったマーケティング知識も生かせそうですし、やるべき
タスクも具体的になります。しかし、消費者行動を確率事象として認め
てしまうと、「じゃあ、自分たちには何ができるの？」と認知的不協和
に陥ります。確率論の数学的背景の理解に苦手意識がある人も少なくな

いでしょう。つまり、マーケティングにおける態度の問題とは、本質的には「**自分の知識や経験の範囲内に解決方法が存在しない問題は、最初から問題として認めたくない**」という防衛機制の一種なのではないか、とすら思うのです（あくまで筆者の意見です）。

　この態度の問題がもう1つ厄介なのは、**本人だけでなく周りも気づきにくい（気づいても指摘しにくい）**という点にあります。例えば、あなたが担当するブランドのシェアが減っているとしましょう。役員はロイヤルティ向上に力を入れるべきだと言っています。要するに、「現在のお客様を大事にしていれば、いずれシェアもついて戻ってくるはずだ」と思い込んでいるわけです。このときダブルジョパディの法則を知っていれば、ロイヤルティ施策を打ってもシェアは戻ってこないことに気づきます。しかし、上司がロイヤルティを高めるべきだと言っているのに、「それってエビデンスあるんでしたっけ？」などと切り返す部下はまずいないわけです。

　仮にこれが上司ではなく、同僚やチームメンバーだとしても結果は同じです。**"みんなの総意"に逆らうメリットもなければ、今までのやり方を変えるリスクを負いたい会社員もあまりいません。**つまり組織の構造上、いったん決定論的な考え方が浸透すれば、それを疑うメリットや、検証するモチベーションが生まれにくい構図になっているわけです。このようにして、決定論的な考え方が組織内に定着していき、消費者を捉える視点やマーケティングの選択肢が固定されていきます。

　こうした一連の問題に対して、故フランク・バス教授は次のように指摘しています。

　　If there appears to be an inconsistency between a theory and empirical results, two possibilities exist: one can reject the theory or one can reject the data. Thus far, most researchers in consumer behavior seem predisposed to reject the data rather than the theory. ... In this way deterministic theories of individual behavior live on forever, since evidence which is inconsistent with these theories is, by definition, faulty. (Bass, 1974, p.2)

［理論と実証の間に矛盾がありそうな場合、可能性は２つある：理論を棄却するか、データを否定するかである。これまでのところ、消費者行動の研究者の多くは理論ではなくデータを否定するきらいがあるようだ。（省略）こうして決定論的な行動理論がいつまでも語り継がれていく。なぜならそれらの理論に矛盾するエビデンスのほうが、定義上、間違っていることになるのだから。（Bass, 1974, p.2, 筆者訳）］

　この警鐘が鳴らされたのは約半世紀前です。筆者が統括するコレクシアのコンサルティングチームは、メーカーや事業会社を中心にこれまで200社近くの経営・マーケティングに携わってきましたが、今も状況が大きく変わったとは思えません。「自分が慣れ親しんだ理論で説明できることが正しく、そうでないことは受け入れられない」「良かれと思った善意の意思決定がゴールに対して逆効果」――こうしたケースは数えきれないほど見てきました。いくらデータや分析が身近になっても、根底にある「マーケティングにおける態度の問題」を解決しない限り、あるべき事業成長は実現できないのではないでしょうか。

第二部

WHAT
以前の問題

商品・価格の規則性

第二部では「WHAT以前の問題」と題して、商品や価格に関する規則性を解説します。従来のマーケティングでは、WHAT（どのような価値を提供するのか）を考える前提として「差別化」の重要性が説かれてきました。しかし、消費者は本当にブランドの差を認識して選んでいるのでしょうか。また、ひと言で差別化といってもいろいろな場合分けが考えられます。闇雲に競合と違うことをするのではなく、「誰に対するどんな差別化が、事業にどのような成長をもたらすのか」をきちんと理解して、自社ブランドが置かれた状況やゴールに合った差別化を考えることが大切です。

　また、差別化は「価格」と切っても切れない関係にあります。消費者にとっては「何が（商品）いくらで（価格）」というセットで価値になるからです。マーケターにとっても、何が利益成長のドライバーなのか、どうしたら高い値づけが受け入れられるのかなどは大きな関心事ですね。第二部では、価格弾力性に関するエビデンスを基に、販売量と利益のトレードオフを最小化するプライシング技術や、ブランドの成長段階に応じた価格戦略を学んでいきます。

　章の後半では、新商品の成否を分ける要因や、ブランドポートフォリオに関する疑問をエビデンスベースで考察していきます。サブカテゴリー化やプレミアム価格、リニューアル、リポジショニングなど、勘と経験に頼る部分が多かったテーマについてもエビデンス思考で切り込んでいきたいと思います。

第 **4** 章

差別化戦略の
エビデンス

差別化は、どんなマーケティングの教科書でも必ずといっていいほど出てくる古典的なテーマの1つです。WHAT（何を）を考えるときは、まず差別化ポイントから考えるという方も多いのではないでしょうか。しかし、今、海外のマーケターの間では「**ブランドの成長に差別化は本当に必要なのか**」「**差別化と独自性*、どちらが大事か**」という議論がたびたび持ち上がっています。アレンバーグ・バス研究所や外資系市場調査会社のカンターなどを中心として、さまざまな研究者や実務家がそれぞれのデータや経験に基づき侃々諤々の議論を交わしています。LinkedInなどのSNSでもその一端を垣間見ることができます。

*ここで言う独自性とは企業独自の強みやユニークな価値提案といった意味ではなく、DBA（独自のブランド資産）やセイリエンス（目立つかどうか）を指します。それぞれ、第6章11節、第8章2節で解説します。

　恐らく読者の感覚からすると、「え？ そんなこと議論するまでもないでしょ！」「差別化は重要に決まってる！」という反応になるかと思います。しかし、最近では少し様相が変わり、マーケターの"世論"も割れてきているようです。あくまで筆者の主観ですが、ざっくり言うと、次のような対立構造があるように見受けられます。

- **差別化派**：「現在の市場はニーズの多様化が進んでいる。消費者の情報感度も高く、常に自分向けの商品を探しているから、他社との違いをしっかり伝えて納得感を持ってもらわないと選ばれない」

- **セイリエンス派**：「実際にデータをとって調べてみるとそんなエビデンスはない。消費者はそんな細かいことをいちいち考えて買っていない。ささいな意味の違いを頑張って伝えるより、とにかく購買時に目立つこと、思いつくことのほうが大事」

　こうした議論の発端となったのが、アレンバーグ・バス研究所が発見した次のような規則性です。

- **消費者の多くは差別化に気づいておらず、また差別化されているという認識がなくともブランドを選んでいる**（Romaniuk et al., 2007）

- もしマーケターの思惑通りブランドが差別化されており、その差別化が理由となって購買動機が生まれるのなら、競合ブランド間で顧客構成にずいぶん違いが出るはずだが、**競合するブランド間の顧客プロファイルはほとんど同じ**になる（Anesbury et al., 2017; Kennedy & Ehrenberg, 2001; Uncles et al., 2012）

こうしたエビデンスに基づいて、バイロン・シャープ教授は著書『ブランディングの科学』の中で、"マーケターは、意味を感じられる差別化よりも、意味は感じられなくても独自性を求めるべきだ"と述べています（Sharp, 2010/2018, p.160）。従来のマーケティングでは、差別化は成長戦略の要として扱われてきましたから、こうしたエビデンスを素直に受け止められないマーケターも少なくないわけです。

ただ、よく勘違いされていますが、**シャープ教授は「差別化が存在しない」とは言っていません。**ブランドの成功にはさほど大きな役割を果たしていない（Sharp, 2010）、あるいは一般的に考えられているよりも弱く、重要度が低い（Romaniuk et al., 2007）と言っているだけです。むしろ、**差別化は必要条件ではあるが十分条件ではない**とも述べています（Sharp & Dawes, 2001）。これらは具体的に何を示しているのでしょうか。実務においてどのように解釈すればよいのでしょうか。先行研究をひもといていきましょう。

「競争を避けること」と 「競争に勝つこと」は違う

まずは少し遠回りをして、そもそも企業は何のために差別化するのか、なぜ差別化しないといけないのかといったところから押さえていきたいと思います。差別化の理由として、マーケターがよく挙げるのは次のようなポイントです。

- 高い値づけをするため
- 多様化した顧客のニーズに応えるため
- 異なるセグメントに訴求するため
- コモディティー化を防ぎ競争優位性を確立するため
- ブランドの独自性を高め、強いポジショニングを築くため
- 企画書に差別化ポイントを書かないと、そもそも稟議が通らない

さまざまな意見があると思いますが、差別化はもともと経済学的な着眼点です。理論的には差別化することで代替可能性が減り、無作為ではなく選好に応じて売り手と買い手が結びつけられるようになると考えられてきました。

いきなりですが、みなさんが勝負している市場はどのような市場ですか。複数の企業が競争していて、各社が大なり小なり特徴の異なる商品を作り、それをいくらで売るかも基本的には自社で決められるような市場かもしれません。こうした市場における代表的な戦略が差別化です。

例えば、あなたが消費財メーカーのマーケターで、柔軟剤を担当して

いるとします。市場にはいろいろな柔軟剤がひしめき合い、パイを奪い
合っています。ここで、そうした競争から頭一つ抜け出したいと考えた
あなたは、競合に先駆け「防臭効果のある柔軟剤」を開発しました（仮
定の話です）。最初は防臭機能を持った柔軟剤はあなたのブランドだけな
ので、その機能が欲しい消費者はあなたから買うしかありません。です
から図表4-1でいうところの、売上（P×Q）からコスト（C×Q）を差
し引いた面積Aが丸々あなたのものになります。このように、差別化
することで、**短期的には小規模な独占に近い状態になることを期待する**
わけです（Sharp & Dawes, 2001）。

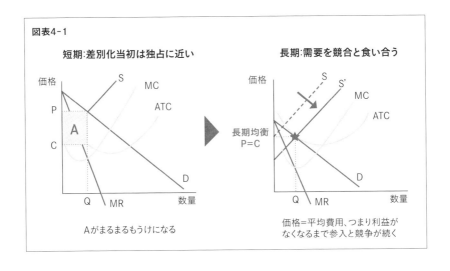

図表4-1

短期:差別化当初は独占に近い

Aがまるまるもうけになる

長期:需要を競合と食い合う

価格＝平均費用、つまり利益が
なくなるまで参入と競争が続く

　それを見た競合はどう思うでしょうか。そんなにもうかるなら自分も
あやかりたいと思い、類似品を開発して参入してくるでしょう。現在で
は、他社の差別化ポイントをコピーすることはさほど難しくありません。
こうして、**だんだん競争的な性質が強まっていきます**。ご存じのように、
今は各社が防臭機能を持った柔軟剤を販売しています。こうなると、も
はやあなたが需要を独り占めすることはできません。競合ブランドもほ

ぼ同じ機能を備えているので代替可能性が高まり、同じ価格で売れる数量は減っていくでしょう。つまり、あなたが短期的に独占していた防臭需要を各社で食い合うことになり、イメージとしては、相対的に需要曲線が内側に押し込まれる格好になります。

　では、他社の参入はどこまで続くのでしょうか。かつてあなたが独占していた利益が魅力で参入してくるのですから、理論上は利益が0になるまで続きます。このとき、あなたはどうしますか。競合を止めることはできませんが、なるべく**販売数量やシェアを維持したい**と考えるかもしれません。そのためには、後で解説するようにリーチの拡大、感情訴求を中心としたブランド構築、カテゴリーエントリーポイントの増加、独自のブランド資産への投資など、メンタルアベイラビリティやフィジカルアベイラビリティを高める打ち手が必要になります（**ボリューム戦略**）。
　あるいは**利益率を高めていきたい**と考えるかもしれません。そのためにはプレミアム化やプレファレンスに応じた価格差別、既存顧客の行動ロイヤルティが高い属性の強化、パフォーマンスマーケティングといった、価格受容性やLTVを高める施策が必要になります（**マージン戦略**）。さらに長期的には、防臭とは別の選好を視野に入れた柔軟剤を開発し、自社の強みを生かしたサブカテゴリーを創って、もう一度当初の疑似的な独占状態に持っていきたいと考えるかもしれません。

　打ち手の使い分けについては後続の章で解説していきますが、いずれにしても、こうした市場環境で成長するためには差別化とは別の手立てが必要になります。つまり差別化は競争の大前提であり、みんなが当たり前に行うこと、いわば"レースの参加料"のようなものです。従って、**差別化だけで成長できるわけではない、必要条件ではあっても十分条件ではない**わけです（章末コラム：「消費者の中で差別化されているのはブランドではなくオケージョン」もご覧ください）。

4-2

差別化すれば
今まで無関心だった人が、
買ってくれるようになるのか？

　「売上＝顧客数×購買頻度×単価」という分解式からも明らかなように、事業が成長するためには**ボリューム面**（浸透率やシェアなど）と**マージン面**（WTPやLTV、価格感度など）の両方をケアすることが必要です。このとき、「だからこそ差別化を進め、今まで買ってくれなかった人にも興味を持ってもらうことが重要だ」といった主張をする人がいますが、**差別化は主にマージンを高めることに長けたアプローチであって、ボリュームを増やすことが得意なアプローチではありません**。例えばカンターの調査では次のように報告されています（Boyd & Stephen, 2022）。

- **ボリュームのドライバー**：想起性42％、意義性38％、差別性20％*
- **マージンのドライバー**：差別性49％、意義性45％、想起性6％

　＊訳出は次の記事を参考にした。https://kantar.jp/solutions/reports/29941

　差別化はマージン面での成長要因としては大きいですが、ボリューム面の成長要因としては控えめなようです。なぜこうなるのでしょうか。差別化することで今まで無関心だった未顧客が興味を持ってくれたり、トライアル意向が増えたりするのではないのでしょうか。まず、ひと通り理論をおさらいしてから、関連するエビデンスを確認していきたいと思います。

水平的差別化と垂直的差別化

　実は、単に差別化と言っても「水平的差別化」と「垂直的差別化」の2つのパターンがあります（Neven & Thisse, 1990）。**水平的差別化とは、人によって好みや評価が分かれるような属性**（水平的属性）**についての差別化です**。マーケティング実務に即して言うと、顧客のプレファレンスに合わせて機能や属性を差別化すること、と言えるでしょう。例えばデザインやカラー、サイズ、味、香りなどは人により好みが分かれるところですね。また、STPのように各セグメントのニーズに合わせてバラエティをそろえること、ヘビーユーザーが求めるような特殊スペックへの対応、特定のオケージョン（機会・文脈）に特化した機能の強化なども、広義には水平的な差別化に含まれるでしょう。

〈水平的差別化〉

- 人によって好みや評価が分かれるような属性の差別化
- 特定の利用オケージョンや顧客セグメントの効用を高める
- 価格帯はほぼ同じだが、競合にはない機能や性能を備える
- 主に既存顧客やヘビーユーザーのWTPを高める
- マーケティングやブランディングによるパーセプション上の差別化

　価格を大きく変えるというよりも、価格帯は同じで競合にはない特徴を備える、という方向性が比較的多いのも水平的差別化の特徴です。例えば柔軟剤を例に考えると、着心地を良くするというのはどの柔軟剤にも備わっている機能ですが、ブランドによって防臭、抗菌、香りづけなどさまざまな水平属性で差別化されていますね。また同じ防臭でも、さらに部屋干し臭、汗臭、カビ臭など、季節やシーンに合わせて水平的な細分化が進んでいます。

　一方、**垂直的差別化とは、そのカテゴリーに共通して求められる基本的な品質**（垂直的属性）**について差別化を行うことです**。例えば自動車で言えば、燃費は常に良いに越したことはありません。車に乗る人なら誰もがうれしいことですね。このように、プレファレンスによらずカテゴリーユーザー全てに好まれる機能や性能を強化したり、訴求したりすることを「垂直的差別化」と言います。垂直的差別化では、基本品質の向上に伴い高価格帯にシフトするケースも多くなります。

〈**垂直的差別化**〉

- カテゴリーユーザー全てに好まれるような品質の差別化
- プレファレンスによらず全ての顧客の効用を高める
- どのブランドも備えている属性だが、品質や価格が異なる
- ブランド非購買者を含め、カテゴリーユーザー全員のWTPを高める
- 技術革新や研究開発などによる性能向上、イノベーションに近い場合もある

　垂直的差別化の例としては、米マイクロソフトの「Windows 95」が挙げられるでしょう。かつてのパソコンはしばしばコマンドで動かす必要がありました。つまり一部の人だけが使える機械で、初心者にはハードルが高かったわけです。そこにWindows 95が登場し、スタートメニューからクリックするだけでアプリケーションが使える、インターネット接続も標準的に備えるなど、画期的なイノベーションを起こします。ユーザビリティーが大幅に高まったことで、「それなら自分にも使えるかも」という人が増え、一気にパソコン利用者の裾野が広がりました。より近年の例を挙げるなら、「携帯電話→スマートフォン」も垂直的差別化の側面があるかもしれません。

ブランドが垂直／水平どちらに差別化されているか、広告がどちらを強調するように設計されているかによって、事業成長への貢献も変わってきます。そのような場合分けに関する実証研究としては、Erdem et al.（2008）が挙げられます。図表4-2を見てください。著者らは、広告がカテゴリーユーザーのWTPの分布をどのように変化させるのかという観点から4つの消費財カテゴリーを調査し、次のようなパターンを報告しています。

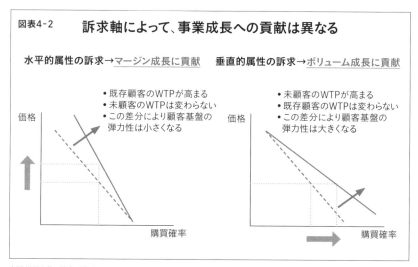

図表4-2　　**訴求軸によって、事業成長への貢献は異なる**

水平的属性の訴求→マージン成長に貢献　　　　**垂直的属性の訴求→ボリューム成長に貢献**

・既存顧客のWTPが高まる
・未顧客のWTPは変わらない
・この差分により顧客基盤の弾力性は小さくなる

・未顧客のWTPが高まる
・既存顧客のWTPは変わらない
・この差分により顧客基盤の弾力性は大きくなる

価格　　　　　　　　　　　　　価格

購買確率　　　　　　　　　　　購買確率

出所:以下を基に筆者が作成
　Erdem, T., Keane, M. P., & Sun, B. (2008). The impact of advertising on consumer price sensitivity in experience goods markets. *Quantitative Marketing and Economics, 6*(2), 139-176.

　まず水平的差別化では、特定の機能や属性、オケージョンなどに特化した訴求が行われるため、そこに価値を感じている既存顧客[*1]のWTPが高まります。逆に、その機能や属性にさほど価値を感じていない未顧客[*2]のWTPはあまり変わりません。この効果の差分によって、曲線が右上にシフトすると同時に傾きは垂直に近づいていきます（Erdem et al., 2008）。その結果、顧客基盤全体の弾力性が小さくなるため、主に

マージン成長に貢献すると考えられます（e.g., 高い値づけがしやすくなる、etc.）。

*1 正確には非限界消費者を指す。

*2 正確には限界消費者を指す。

　次に、垂直的差別化はカテゴリーユーザー全員に訴求するため、ブランドを買っても買わなくてもどちらでも構わないと感じていた未顧客*1のWTPが高まります。逆に、もともとブランドに価格以上の価値を感じてた既存顧客*2のWTPはそこまで変わりません。この差分により曲線は右上にシフトしますが、傾きは水平に近づいていきます（Erdem et al., 2008）。つまり垂直的差別化は、未顧客のWTPを高めカテゴリー内の新規需要を掘り起こすことで**ボリューム成長**に貢献しますが、同時に顧客基盤全体の弾力性は大きくなっていくわけです。

*1 正確には限界消費者を指す。

*2 正確には非限界消費者を指す。

差別化は
既存顧客向けの戦略であり、
新規獲得の手法ではない

　さてここからは、ファクトと照らし合わせて、こうした理論を実践する際の留意事項について解説していきたいと思います。「差別化の理屈はそうだとしても、現実問題どの程度の効果を期待できるのか、どのような限界があるのか」という話です。1つ目は、**差別化は「全く需要がないところに需要を生み出す打ち手」ではなく、「需要があるにもかかわらず機会損失されている消費を呼び起こす打ち手」**だということです。

　基本的に、**商品の差別化や価格変化に反応するのは、すでにブランドに対して興味や関心を持っている既存顧客やカテゴリーユーザー**です。未顧客はブランドに興味が薄いので、何か変化があっても気づきません。例えば、顧客は未顧客に比べて約2倍ブランドの広告を想起しやすいですが（Harrison, 2013; Romaniuk & Wight, 2009）、未顧客の差別化に対する反応は既存顧客の半分以下になります（Romaniuk et al., 2007）。価格プロモーションに反応するのも過去に利用経験のある顧客がほとんどで、新規獲得にはならないと報告されています（Ehrenberg et al., 1994）。

　同様に、プレミアムラインに価値を感じるのはレギュラーラインを知っているからですし、低価格帯のサブカテゴリーやディスカウントに反応するのも、過去の経験や記憶に基づく内的参照価格があるからです。しかし、そんな**既存顧客でさえ「差別化されていると思って買っている人」は10％程度しかいません**から（Romaniuk et al., 2007）、いわんや未

顧客はということです。本書を手に取る読者のみなさんは、仕事柄、自分が買わないカテゴリーにも詳しいかもしれませんが、一般の消費者は普段買わないモノがどれだけ差別化されているかなど知りませんし、知ったところで買う理由にはなりません。

　確かに垂直的な差別化を行えば、これまで機会損失していた限界消費者のWTPが価格を上回り、新しく買う人も出てきます（Erdem et al., 2008）。しかし、それはカテゴリー内の未顧客を一部取り込めるという話であって、無関心層がいきなり集まってくるわけではありません。差別化というのは大なり小なり需要があることが前提になるからです。「この品質ならこれくらい払える、この価格ならこれくらいの機能しかなくても妥協できる」という基準があり、それが需要曲線の位置や傾きとして表れてくるわけです。そうした基準がない人の需要曲線は書けません。カテゴリーに全く興味がない人の需要曲線は、縦軸にほぼひっつく格好になります。つまり、価格がどう変わろうが需要はゼロです。

　また、前節では説明のために水平的差別化と垂直的差別化を同列に記載しましたが、日々の実務でいうところの"差別化"は、「新しいフレーバーが加わった」「消臭に加えて防臭もできる」といった**水平的な差別化が大半で、垂直的な差別化は、現実的にはマーケティングの範囲外にある場合がほとんど**だと思います。
　例えば、燃費が1〜2％良くなった程度では車に乗らない人は気づきません。しかし、もし「燃費が2倍になった」なら、さすがにカテゴリー外の未顧客にとっても大ニュースです。車を買うつもりがなかった人も巻き込んで浸透率が増えるでしょう。しかし、マーケティングでは燃費を2倍にすることはできません。それは差別化というより、むしろカテゴリーの進化に近い話です。技術屋が長年かけて実現できるかできないかというイノベーションやR＆Dの話であって、企画屋の範疇では

ありません。このような垂直的差別化を水平的差別化と同列に扱うのは、リンゴとオレンジを比較するようなものです。そうしたケースを引き合いにして「差別化はボリューム成長に効果がある、顧客数が増える」と一般化するのはミスリーディングでしょう*。

*ただし、いくつかの条件がそろえば差別化がボリュームドライバーになるという報告もあります。例えば、新興市場の小さなブランドなどでは差別化の影響力は相対的に高いようです（Pauwels, 2023）。しかし、やはり成熟市場や大きなブランドでは、差別化より認知や満足度のほうがメインドライバーになるようです。

4-4

「差別化している」と
「差別化されている」の違い、
分かりますか？

　差別化の実践において注意していただきたい2つ目のポイントは、**マーケター側の「差別化している」という意識と、消費者から見たときの「差別化されている」という認識はかなり異なる**ということです。世にあるブランドの多くは、恐らくそれを作った側からしてみると「差別化している」つもりなのでしょう。実際、筆者も差別化ポイントないしはそれに準ずる項目の記載がない企画書は見たことがありません。しかし、エビデンスに目を向けると話が違ってきます。

　前節でも少し触れましたが、差別化されているからという理由でブランドを選ぶ人はほぼいません。消費財から耐久財、サービス財、小売りまでを含む17のカテゴリーを調査した研究では、ブランドが「差別化されている」「ユニークである」と認識している顧客は平均10％程度*であると報告されており（Romaniuk et al., 2007）、8つのカテゴリーを対象とした別の研究でも、特定の連想を1つのブランドだけに結びつけている人はほんの数％しかいないと報告されています（Romaniuk & Gaillard, 2007）。つまり、**ほとんどの人はブランドが「差別化されている」とは思っていない、それにもかかわらず買っている**ということです（Sharp, 2010）。

＊蒸留酒や小売店、スキンケアなどはもう少し比率が高いようです。

こうした研究には、「差別化されていると思うか／ユニークだと思うかという聞き方は単純過ぎて、消費者が感じている差異や、選択時の理由を正確に捉えていない」という批判がなされることもあります。確かにデプスインタビューなどで、「どこに違いを感じるか」「どこが優れていると思うか」と"問い詰めれば"、いくらでも差は出てくるでしょう。しかし、それだけ徹底的にやらなければ差に気づかない、自然に出てこないということは、**普段の感覚で見ればやはり大した差はない**ということです。

　実際、いつものブランドを選ぶ際、脳は「**First-Choice-Brand Effect**」と呼ばれる特徴的なパターンを示すことが知られています（Deppe et al., 2005）。すなわち、感情やエピソード記憶、報酬などに関わる領域の活動が活発になると同時に、短期記憶や論理的判断、計画、理由づけなどに関わる領域の活動が低下するというパターンです（Deppe et al., 2005; Plassmann et al., 2007a; Krampe et al., 2018）。要するに、**メンタルアベイラビリティの高いブランドを買うとき、我々は特に深く考えることなく買っている**のです。

　さらに言えば、仮にマーケターの思惑通りブランドが差別化されており、その差別化が理由となって購買動機が生まれるのなら、**競合ブランド間で顧客構成にずいぶん違いが出るはず**です（Sharp & Dawes, 2001）。つまり、第2章7節で説明したサブスクリプション市場のように、ある人はブランドAを、ある人はブランドBを選び続け、それぞれが特徴的な顧客プロファイルを持つブランドになっていくはずです。STP（セグメンテーション、ターゲティング、ポジショニング）が大切だといわれるのも同じ理屈ですね。しかしデータはそうなりません。いくつもの研究で、**競合するブランド間の顧客プロファイルはほとんど同じになる**という規則性が確認されています（Anesbury et al., 2017; Kennedy & Ehrenberg, 2001; Uncles et al., 2012）。

4-5

DJライン（ダブルジョパディライン）

　では結局、消費者から見た差とはどういうものなのでしょうか。これ
は**DJライン（ダブルジョパディライン）**を引いてみれば分かります。DJラ
インはその名の通り、「浸透率が増えるほどロイヤルティが高くなる」
という**ダブルジョパディの法則を図で表現したもの**です。必要なデータ
も少なく、自社を取り巻く競争環境を把握したり、有望なサブカテゴリ
ーを探したりするのに重宝します。数学的な理論背景も明らかで（Habel
& Rungie, 2005）、応用研究も多く（Dowling & Uncles, 1997; Jarvis &
Goodman, 2005; Meyer-Waarden & Benavent, 2006; Sharp & Sharp, 1997）、
さまざまなカテゴリーで使える頑健なツールです。筆者もコンサルティ
ングに入るときは、最初にDJラインを引いて市場構造を把握すること
から始めます。

　DJラインの引き方としては、横軸に浸透率（もしくはシェア）、縦軸
に平均購入頻度（もしくはSCR*やリピート率など）を取り、自社競合を含
むカテゴリー内のブランドをプロットした散布図を作り、近似曲線を
当てはめます。市場を俯瞰する、サブカテゴリーを見つけるといった
目的で利用する場合は指数曲線で構いませんが、予測や評価に用いる
場合はNBDディリクレモデルを利用するのがよいでしょう（Habel &
Lockshin, 2013）。さらに詳しく学びたい方は、Habel and Rungie（2005）
やHabel and Lockshin（2013）などを参照してください。

*Share of Category Requirements：特定期間におけるブランド購入数／カテゴリー購入数。ウォレッ
トシェア。

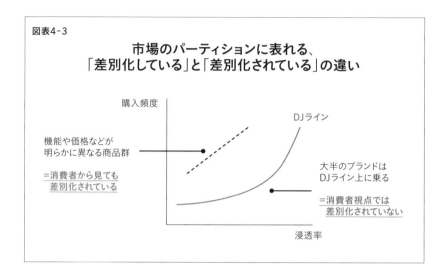

図表4-3

市場のパーティションに表れる、「差別化している」と「差別化されている」の違い

購入頻度

DJライン

機能や価格などが
明らかに異なる商品群

＝消費者から見ても
差別化されている

大半のブランドは
DJライン上に乗る

＝消費者視点では
差別化されていない

浸透率

大半のブランドはDJラインの近辺に集まります。つまり、大半のブランドがダブルジョパディの法則に従って成長するということです。例えば、菓子類の小規模〜中規模ブランドが成長するときは、大まかに4：1、つまり浸透率が4ポイント増えるとロイヤルティ（SCR）が約1ポイント増えるという比率で成長するようです（Allsopp et al., 2004）。

しかし、**消費者視点で差別化されているブランドは、DJラインと明らかに異なる群を形成します**。この状態を「市場に境界線（partition）がある」と言うのですが、こうした境界線ができるのは、**同じカテゴリーであっても機能や価格が大きく異なる**ような場合です（Romaniuk et al., 2007）。例えば筆者が見たことがあるケースでいうと、ダイエット系（無糖・低脂肪）やトクホ、アレルギー対応食品、ビッグサイズ専門のアパレル、ディスカウントストア、販路が特殊なブランド、地域限定品などでは境界線が出現しました。つまり、**消費者が商品やサービス間の差を知覚して買うというのは、機能や価格帯、流通などがこのレベルで物理的に異なる場合だということです。**

DJラインのその他の特徴としては、次のような点が挙げられます。

- 大きなブランドはDJラインより上に位置することがある
- 小さなブランドはDJラインより下に位置することがある
- 実際はライン（直線）ではなく、右肩上がりの曲線を描くことが多い
- サブカテゴリーの商品群は、別のDJラインを形成することがある
- ニッチや気分転換に買われるブランドは、DJラインから外れることがある

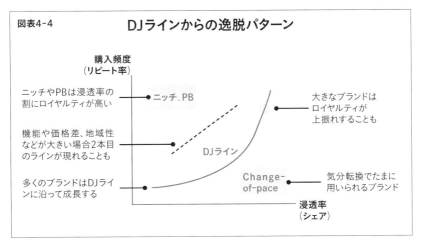

図表4-4　DJラインからの逸脱パターン

出所:以下を基に筆者が作成

Dawes, J. (2022). Factors that influence manufacturer and store brand behavioral loyalty. *Journal of Retailing and Consumer Services, 68,* 103020.

Dowling, G. R., & Uncles, M. (1997). Do customer loyalty programs really work?. *Sloan Management Review, 38*(4), 71-82.

Scriven, J., Bound, J., & Graham, C. (2017). Making sense of common Dirichlet deviations. *Australasian Marketing Journal, 25*(4), 294-308.

　多くのブランドがDJに従って成長するということは、そこから「**外れるとき**」に戦略的な示唆が隠されているかもしれません。まず、**大きなブランドはDJラインより上に、小さなブランドはDJラインより下に配置される**ことがあります（Li et al., 2009）。特に大きなブランドのロイヤルティは、NBDディリクレモデルで予想される推定値より高くなる

場合があることが知られており（Fader & Schmittlein, 1993）、先述の菓子類の研究でも、大きなブランドが成長するときの浸透率：ロイヤルティ比率は4：1ではなく3：1と考えたほうがよいと報告されています（Allsopp et al., 2004）。

　要するに、**実際はライン（直線）ではなく、右肩上がりのカーブ（曲線）になる**ということです（Habel & Lockshin, 2013）。これは、シェアが大きくなると浸透率が伸びにくくなり、相対的にロイヤルティの寄与が大きくなるためです。つまり、シェアが小さいうちはとにかく「浸透率」、シェアが大きくなってからは「浸透率＋ロイヤルティ」が重要だということです。また先に述べた通り、機能や価格が根本的に異なる商品は、DJラインとは別の群を形成することがあります。**市場にそうした境界線がある場合、そのサブカテゴリーには必ずエクステンションを出しましょう。**主力商品とカニバリを起こす可能性が比較的低く、かつ主力商品がカバーできないニーズを拾うことができる、つまり**新規の増分売上をもたらす可能性が高い**ためです。

　最後に、ニッチブランドや、たまに気分転換に買われるようなブランドは、DJラインの外側にくることがあります（Kahn et al., 1988）。これについてはいくつか注意点があるので、改めて次節で解説します。

4-6

「ニッチな市場」と
「ただの空白」の見分け方

　市場のポジションを検討する際、差別化と一緒に議論されることが多いのが「ニッチ」です。現在の大企業も、結局は「かつてのニッチブランド」です。しかし、ニッチのままで大企業になるわけではありません。ニッチでスタートしても、成長するときはDJライン（図表4-4）に沿って成長し、売上やシェアを増やしていきます（Dowling & Uncles, 1997）。つまり、どこかのタイミングで未顧客獲得に舵を切る必要があるわけです。しかし、それ以前の問題として「**あなたがニッチだと思っている市場の空白には、本当に"ニッチな需要"があるのか**」という話があります。

　マーケターがニッチな需要だと思っていても、実は「**気分転換需要**」にすぎない可能性があります。それの何が問題かというと、ニッチ戦略は、「顧客数は少ないかもしれないが、高い行動ロイヤルティ（購入頻度やリピート率）で顧客の少なさを補える」という見込みがあって初めて成立します。しかし**気分転換という特性上、たまに購入することが前提になるため、そもそも購入頻度やSCRが増えにくい**わけです。「購買機会は限られている、かつロイヤルティ成長も見込めない」ではうまくいくはずがないですし、誰も投資しません。そのあたりをしっかり確認した上でのニッチ"戦略"なのですか、という話です。

　このように、たまの気分転換に利用されるようなブランドを「change-of-pace」と言ったりします（Kahn et al., 1988）。このタイプのブランドは、「いつも買うわけではないが買ったことはある」という

人が多いので、データを取ると浸透率が比較的高く出ることもあります。そのため、**一見するとライトユーザーを獲得して市場拡大しているように見えるのですが、その実リピートがついてこない**ので、いつまでたっても売上のベースが伸びません。新商品が成長するときは、発売後の第2四半期あたりから浸透率もリピート率も伸び続け、約1年で既存ブランドに近い水準まで成長すると言われていますが（Hoek et al., 2003; Singh et al., 2012）、「ニッチに見える気分転換ブランド」はそのパターンになりにくいのでしょう。

　筆者の経験でも、小さなブランドがなかなか成長しないときや、新規事業が拡大フェーズでつまずくときは、ニッチと気分転換を取り違え、軸足の置き方で失敗しているということが多々あります。では、どのように考えればよいのでしょうか。

　フォーカスする商品属性の問題かもしれません。Jarvis and Goodman（2005）によると、**どんな商品属性が「気分転換」として求められ、どんな属性が「ニッチ」として求められているのかを明らかにする**ことが大切になりそうです。つまり、気分転換に求められる機能や特徴ではなく、少数でも一定のニーズが継続的にある機能や特徴にコミットしましょうというわけです。そのためには、**属性単位で通常より高い行動ロイヤルティを探していくことがポイント**になります。例えば「価格帯」です。同研究によると、ワインの場合、低価格帯と高価格帯に通常より高い行動ロイヤルティが見つかったそうです。つまり小さなワイナリーはその2つのプライスポイントで商品を展開し、中間価格帯には手を出すべきではない、すでに商品展開しているなら手を引くべきということです。このような「行動ロイヤルティに着目した商品戦略」については、第6章の後半で詳しく見ていきます。

4-7

パーセプションマップ：
イメージを変えても「戦う場所」や
「戦う相手」は変わらない

　ここまで見てきたように、機能や流通、価格のような物理面が大きく異なる場合や、すでに高い行動ロイヤルティが確立されている属性に関しては、差別化を進める意味がありそうです。では、そうした際立った特徴を持たないブランドが、例えば**イメージのような知覚面・心理面で差別化**するというのはどの程度有効なのでしょうか。これも勘違いされていることが多いテーマなので、背景部分を踏まえて詳しく説明します。

　ビジネスでは、よく「戦う場所を変える」「競合と同じ土俵で戦わない」ことが推奨されます。そうした観点から**ポジションマップ**を作ることがあるでしょう。スペックや価格、年齢層、立地、利用形態のような2軸で市場を切り、そこにブランドを配して「ここはレッドオーシャンだから避けたほうがよい」「ここのホワイトスペースにチャンスがありそうだ」といった具合に狙いを検討するわけです。それに対して、ブランドイメージなどをデータとして**パーセプションマップ**なるものを作り、あたかも市場に「イメージで分けられたセグメントのようなもの」が実在するかのように議論を進めることがあります。

　前者のように「物理的な軸」で競争環境を整理するのは構いません。問題は後者です。イメージやパーセプションを軸としてレッドオーシャンやホワイトスペースを定義するのは、あまり意味がない上、ミスリー

ディングです。まず、**パーセプションマップ上で近い位置にいるから競争が激しくなる、離れた位置にあれば競争を避けられるというようなエビデンスはありません**（Romaniuk et al., 2007; Sharp et al., 2003）。どこと競争するかはイメージではなくシェアで決まります。**購買重複の法則**（Duplication of Purchase Law）といって、パーセプションマップ上の距離*やホワイトスペースをあれこれ議論したところで、市場に出れば大きなブランドとはより多くの顧客を、小さなブランドとはより少ない顧客を共有することになります（Ehrenberg et al., 2004; Sharp et al., 2003; Uncles et al., 1995）。

*そもそもマップ上の距離を単純な"近さ"として解釈できない場合もあります。

　戦う場所を変える、戦い方を変える――それはその通りなのですが、**イメージを変えたからといって、そんな簡単に戦う場所や戦う相手が変わるわけではない**のです。確かにマップで近くに配置されたブランドが平均より多くの顧客を共有することもありますが、それはイメージではなく実機能が近いからです（Sharp et al., 2003; Uncles et al., 1995）。イメージ戦略で競合関係が変わったり、ポジショニングで競争を避けられたりするわけではありません。そもそも、浸透率を変えずに特定のイメージだけを高めたり、特定のパーセプションだけ伸ばしたりすることが可能なのか疑わしいという問題もあります。このあたりは、第三部でまた詳しくお話しします。

　ちなみに誤解のないように場合分けをしておくと、パーセプションマップで現在ブランドと結びついていない属性を見つけ出す、あるいはブランドがどのように認識されているのかを俯瞰して広告開発に役立てる、といった使い方はできます（Romaniuk & Sharp, 2003b; Romaniuk et al., 2007）。しかし、イメージやパーセプションの議論に、ブランド選択や競争の話を持ち込むのは適切ではないということです。そもそも、多

くのパーセプションマップは軸の設定や解釈が恣意的なので、「ホワイトスペースがある＝市場ポテンシャルがある」とは言えません。空白があっても、その空白が何を意味しているのか分からなければ価値判断はできませんよね。

差別化に関するエビデンスまとめ

　本章のまとめとして、ここまで見てきたエビデンスを整理しておきます。まず従来のマーケティング理論では、差別化の効果が過大評価されてきた節があります。例えばコトラー教授とケラー教授は、"マーケターは何でも差別化できると考えることから始めなくてはならない"（Kotler & Keller, 2006/2008, p.397）と述べています。できるのかもしれませんが、消費者にそう認識してもらえるか、それが購買につながるかどうかは、エビデンスを見る限り全く別の話のようです。

　しかし、**「差別化は意味がない」「いや、差別化は意味がある」という対立で捉えるのではなく、やはり場合分けが重要になる**かと思います。つまり差別化は、既存顧客やカテゴリーヘビーユーザーのWTPを高め、行動ロイヤルティを維持あるいは強化することで、企業のマージンを高めるための打ち手として機能します。一方で、そういう顧客は少数派であり、差別化したからといって無関心な未顧客が買うようになるわけではないため、そこは別の手立てを講じる必要があります。

　具体的なアプローチについては残りの章で折に触れて解説していきますが、ポイントは**ボリューム成長とマージン成長を異なるゴールとして捉え、それぞれに適したマーケティングで両方別々に対応していく**ことです。第1章4節で解説した「両方別々に」の視点がここでも大切になるわけです。

191

消費者の中で
差別化されているのは
ブランドではなくオケージョン

　結局、差別化とは何なのでしょうか。従来のマーケティング理論では、差別化することで買う理由が生まれ、それを伝えることで競争優位性やポジショニングが確立される、むしろそうしなければ生き残れないとすら言われてきました（Keller, 1993; Trout & Rivkin, 2008）。ですが第4章を通して見てきたように、そうした主張を支持しないエビデンスもたくさん存在します。特にRomaniuk et al.（2007）の「顧客の1割程度しか差別化されているとは思っていない」という報告は、筆者にとっても最初は衝撃でした。

　ただ常識的に考えて、消費者も「ブランドが全て同じだ」とは思っていないでしょう。例えば、名前が違うことは知っている（名前は思い出せないが）、パッケージが違うことは知っている（デザインは区別できないが）、価格が違うことは知っている（どちらが高いかは定かではないが）という感じではないでしょうか。つまり、**各ブランドに何かしらの違いがあるのだろうとは思っていても、「差別化」されている、あるいは「ユニークだ」とは認識されていない**わけです。にもかかわらず、よく選ばれるブランドと選ばれないブランドがあるのはなぜなのでしょうか。

　人によりプレファレンス（選好）は異なります。しかし同じ人でも、置かれた文脈によってプレファレンスは変わります。同様に、それぞれ

の企業が持つリソースは異なります。技術、設備、人材、流通や仕入れ、コスト構造、外部パートナーに至るまで、各企業によってさまざまな強み弱みがあるわけです。その結果として、市場には、文脈やプレファレンスに合わせて選べるだけの豊富な"差異"が生まれることになります（Romaniuk et al., 2007; Sharp & Dawes, 2001）。ということは差別化とは、**企業が持つリソースの異質性と需要の異質性が生み出す自然な反応にすぎない**のかもしれません（Sharp & Dawes, 2001）。

　つまり、他社との差別化が**原因**となってブランド選択を引き起こすのではなく、購買文脈のプレファレンスに合致した商品がその都度選ばれているという**結果**なのではないかということです。これは、購買文脈によって求められる商品属性が異なることを考えると理解しやすいと思います。例えば次の主張を見てください。

- 家族や親せきが集まるときは「ビッグサイズがいい」
- 普段の料理で使う際には、「小分けのパッケージになっていると便利」
- 夏風邪には「喉の痛みを抑える効果が高い薬がいい」
- 仕事中は「手につかず腹持ちするチョコがいい」

　このように、状況が違えば想起の手がかりが異なり、手がかりが異なれば想起集合も異なります（Desai & Hoyer, 2000; Holden & Lutz, 1992; Ratneshwar & Shocker, 1991; Romaniuk & Sharp, 2022）。別の言い方をすると、**消費者の中で最初に知覚されるのはブランドの差異ではなく「文脈の差異」**だということです。そして、その場その時のプレファレンスに合致した特徴を持ったブランドに「気づく」のです。であればマーケティングの果たすべき役割は単純明快です。**「もっと気づきやすく」すればよい**のです。

差別化したから選ばれるのではなく、選好に合った特徴が選ばれているだけ

　俯瞰すると、差別化とブランド選択の関係性はプレファレンス（もっと言うとオケージョン）という第三の変数を介した見せかけの相関と言えるかもしれません。マーケター目線では「差別化することで自社ブランドが選ばれた」と見えるだけで、実際は**利用文脈におけるジョブやゴールに合った"特徴や属性"が選ばれているだけ**ということです。ですから、文脈を規定せずに「このブランドは差別化されていると思いますか？ユニークだと思いますか？」と聞くと、競合するブランド間の知覚差異はほとんどないというデータになり、逆に文脈を与件にすると想起集合が違ってくるわけです。その結果、差別化されているという認識がなくても、よく選ばれるブランドとそうではないブランドが出てくるのではないでしょうか。

　ささいなニュアンスの違いだと思われるかもしれません。しかし筆者は、差別化が成長戦略か否かという議論の本質はここにあると考えます。すなわち「いかに競合と差別化するか」をゴールにした場合、当然競合とは違う特徴を持ったプロダクトやサービスが多く作られることになります。しかし、それは独占的競争に参加するための参加料のようなものです。それらの特徴が"たまたま"購買文脈で求められる特徴に合致すれば買われますが、それは結果論でしかありません。そんな偶然の一致に賭けることを「戦略」とは呼びません。むしろ、その選択を「**狙って作る**」のが戦略です。そのためには、「他社と異なる→だから選ばれる」という向きではなく、「利用文脈のプレファレンスに合う→その文脈で価値として想起される」という向きで考える必要があります。

　極端な話、**差別化されていなくても購買時に想起されれば選ばれますが、**

差別化されていても想起されなければ選ばれません。そして、差別化したからといって直ちに特定の文脈と結びつくわけでもありません。従って差別化が成長の十分条件となるには、購買文脈のプレファレンスに合う商品と価格を提示した上で、その文脈と結びつけるためのコミュニケーションや、その文脈で利用しやすくするための流通が必要になります。結局、バイロン・シャープ教授らが言うように、メンタルアベイラビリティやフィジカルアベイラビリティの話に回帰していくわけです。後続の章では、そのあたりの具体論や具体例について詳しく見ていこうと思います。

第 5 章

価格戦略・
価格プロモーションの
エビデンス

商品の差別化と価格の差別化

　第4章では差別化について考えてきましたが、本来、差別化は「**価格**」と切っても切れない関係にあります。企業内では、商品は開発部が作り、価格はマーケティング部や経営企画室が考えるといったように別部署のタスクになっていることがありますが、消費者にとっては「何が（商品）いくらで（価格）」というセットで価値になります。

　ブランド戦略的にも商品と価格を同時に考える意義は大きく、例えばメーカーであれば「高い値づけをするために差別化する（あるいは、差別化したんだから高く売りたい）」という場面はよくあるでしょう。しかし、実は価格プレミアムだけが差別化の本質ではありません（Sharp & Dawes, 2001）。本質は「**値段をつけられる価値を見つけ出し、価値に見合った値段をつける**」ことにあります。商品と価格を切り離して考えると、この本質を見失います。

　まず、値づけの基本ルールを簡単におさらいしておきましょう。みなさんの会社では通常、どのように商品の価格を決めていますか。筆者の印象ではコストベースの考え方がまだまだ主流だと思います。原価に利益を乗せ、そこに競合の価格や営業の意見などを加味して「大体○円～△円くらいだろう」というめどを立て、原価の変動見通しやリテールとの交渉を踏まえて、既存のラインアップと同じくらいのマージンになるように売価を調整していく、という感じです。

　もちろんそうした決め方が基本なのですが、それだけだと「利益が出るかどうか」は分かっても、それが「利益を最大化する価格設定なのか

どうか」は分かりません。また、消費者のプレファレンスに対して最適な価格設定ができているという根拠もありません（現在の相場がヒューリスティックな根拠になるという見方もできなくはないですが）。要は、価格が高過ぎて買いたい人が買えなかった、もしくは、もっと高くても買ってもらえたのに安く売り過ぎてしまった、といったケースが発生するかもしれないわけです。

　例えば、あなたがアイスクリームを売っていたとしましょう。素材や製法などにこだわった商品で競合との差別化を意識していたため、あなたは最初1個1000円で売っていました。アイスクリームにしては少々強気な価格設定ですね。この場合、欲しいけどアイスクリームに1000円は出せないという人たちには買ってもらえません。「とにかく高く売りたい、そのために差別化するんだ」という考え方だけでは、こうした機会損失が増えていき全体の売上は減ります。それを知ったあなたは、「それはまずい」と思い500円に値下げしました。そうすると、確かにそれまで買えなかった人が買えるようになるのですが、逆にもっと高くても買っていたという人が出てきます。消費者側からするとWTPより安く買えたのでお得なのですが、企業にとってはこれもまた機会の損失になりますね。

　では、どのような視点で考えていけばよいのでしょうか。要するにWTPと実際の価格の間にギャップがあるほど機会損失が大きくなるわけですから、指針としてはWTPに合わせて価格を変え、そのギャップを小さくしてやればよいわけです。そうすることで、顧客基盤全体で見たときのマージンが高まります。つまり、**競合との差ではなく、消費者にとっての価値に値札をつける**のです。

値段がつけられる価値に、価値に応じた値段をつける

　消費者のプレファレンスやWTPに応じて異なる価格で販売すること
を**価格差別**と言います。例えば映画館や遊園地、水族館などでは一般料
金と学生料金がありますね。ホテルや飛行機も曜日やシーズンで値段が
変動します。温泉や観光名所などでは地元の人は割引になることがあり
ます。また最近の据え置き型のゲーム機では、初回限定版パッケージ
（プレミアム版）と通常版が発売され、しばらく期間がたってからサブス
クリプションでの利用が開始されたりします。このように、同じブラン
ドでも顧客層やオケージョンごとに価値が異なる場合、複数のプライス
ポイントや利用方法を設けたほうが機会損失は少なくなります。つまり、
異なるWTPに対する"受け皿"を用意するわけです。

　仮に、消費者一人ひとりのWTPに等しい価格で売ることができれば、
機会損失はなくなります。これを厳密に実現するのは難しいですが、近
い形のビジネスモデルとしては、スマホアプリやオンラインゲームで見
られる「基本無料＋課金」タイプのサービスが挙げられるでしょう。こ
うしたサービスでは、全ての機能や要素を一律に開放してユーザー全員
に対して値上げをすると、その"パッケージ感"に価値を感じないライ
トユーザーから離脱していきます。今後の成長を支えるライトユーザー
を失うだけでなく、WTPの高いヘビーユーザーからマネタイズする機
会も失われます。しかし、基本無料にした上で、支払う金額をユーザー
が自分で決められる仕組みにすることで、間口を広く維持したまま、各
顧客がそれぞれのWTPに応じてサービスを利用できるようになるわけ

です。

　ただ、現実的にはこのような価格差別が可能なカテゴリーは限られています。特にメーカーが直接的な価格差別をやろうとすると、「不当な金もうけだ！」と炎上するのは目に見えています。ではどう考えればよいのでしょうか。

　要するに、「値段がつけられる価値を取り出して、価値に見合った値段をつける」ことが本質なわけですから、**どういう条件なら消費者が「追加で金銭を支払ってもよい」と感じるのかを見極めて、それに対する受け皿（選択肢）を用意すればいい**わけです。それは特定の機能かもしれませんし、特定の購買オケージョンかもしれません。あるいはそれらの組み合わせかもしれません。いずれにしても、**消費者のWTPがどこで変わるのかを見極めることが先決**になります。そのために必要となるのが「**価格弾力性**」の考え方です。まず簡単な例で説明し、その後に関連するエビデンスを解説します。

価格弾力性と価格感度

　最初に、価格と需要の関係を整理しておきましょう。生活必需品のように代わりがきかないモノは、価格が高くなっても需要は大きく減りません。例えばガソリンやトイレットペーパーなどは物価上昇の影響を受けやすく、軒並み高騰することもありますが、買わないわけにはいきません。高いとは思いつつも、その価格で妥協せざるを得ないと思います。このように、価格が変化しても需要があまり変わらない場合、「**価格弾力性が小さい**」と言います。逆に、お菓子やソフトドリンクのような消費財ではどうでしょうか。いつも使っているブランドが急に高くなっても、似たようなブランドは他にいくらでもありますから、そちらを買えばよいだけの話です。ぜいたく品なども価格が高騰すれば買い控えをす

る人が増えるでしょう。このように価格が変わると需要も大きく変わるような場合、「**価格弾力性が大きい**」と言います。

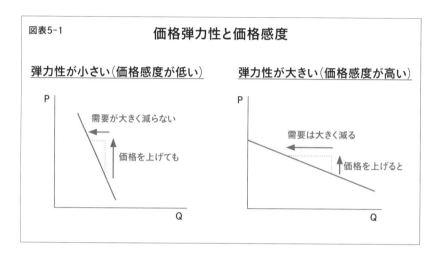

図表5-1　**価格弾力性と価格感度**

弾力性が小さい（価格感度が低い）

需要が大きく減らない

価格を上げても

弾力性が大きい（価格感度が高い）

需要は大きく減る

価格を上げると

　一般的に、価格弾力性は市場や消費者の**価格感度**を測定する指標として広く用いられています（Kaul & Wittink, 1995）。価格の変化率に対する需要の変化率（需要の変化率／価格の変化率）として表され、マーケティングでは「価格が1％変化したときに販売数量が何％変化するのか」を調べる文脈でよく使われます。本書では価格弾力性を ε で表します。例えば $\varepsilon = -3$ であれば、価格を1％上げると販売量は3％減る（あるいはその逆）ということです。マイナス符号*がつくのは、通常、価格の変化と需要の変化が逆向きの関係になるからです（i.e. 価格が上がれば買い手は減る）。弾力性になじみのない方は、本書では次のイメージで覚えてください。

〈**マーケターにとっての価格弾力性の勘所**〉

「**価格弾力性が小さい**」ということは……

　　うれしい面：値上げしても販売量が大きく減りにくい（値上げしやすい）

　　残念な面：値下げしても大して販売量が増えない（販促しにくい）

「価格弾力性が大きい」ということは……
　　うれしい面：少しの値下げで販売量が大きく増える（販促しやすい）
　　残念な面：値上げすると販売量が大きく減る（値上げしにくい）

　実際は、弾力性が一定ではなかったり、値下げと値上げで非対称性があったりするのですが、それらについては本章の後半でまた詳しく解説していきます。

*通常、弾力性は絶対値で見て影響の大小を判断しますが、本書では原文通りに符号を落とさず表記します。

　さて、実際の価格弾力性はどれくらいのものなのでしょうか。価格弾力性に関する研究もたくさんあるのですが、その中でもTellis（1988）とBijmolt et al.（2005）という2報のレビュー論文が有名です。より近年のBijmolt et al.（2005）では、1961年から2004年までの先行研究（81報、1851の弾力性推定値）のメタ分析を行い、**価格弾力性の平均はおよそ $\varepsilon=-2.62$ である**ことを報告しています。つまり、ばらつきはあるものの、価格を10%下げると平均して約25%の販売量の増加を期待できる（ないしはその逆）ということです（Sharp, 2010）。

　ただ、これはあくまで平均値であり、この絶対値から何か実務的な示唆が得られるわけではありません。むしろマーケターにとっての関心事は「**価格弾力性がいつ、どこで変わるのか**」「**マーケティングによってどのような介入ができるのか**」にあるでしょう。それによって、どうすれば販売量を大きく犠牲にせずに価格を上げられるのか、あるいは販売量の増加が期待できない過度な値下げを避けるには何に気をつければよいのか、プレミアム戦略を成功に導くにはどのような打ち手が有効なのか、といった示唆が得られるからです。

市場やプロダクトライフサイクルによる違い

　まず、**価格弾力性はカテゴリーやプロダクトライフサイクルによっても変わるようです**。Hanssens（2015）によると、消費財より耐久財のほうが弾力性は大きく、プロダクトライフサイクルで言えば成熟期や衰退期より、導入期や成長期のほうが弾力性は大きくなるようです。また消費財でも、備蓄の利く消費財より、備蓄の利かない消費財のほうが弾力性は大きくなります。**最も弾力性が大きいのは導入期／成長期の耐久財**のようです（ε =-5.38）。

　つまり、安いモノより高いモノ、慣れ親しんだモノより新しいモノのほうが価格に敏感になるということです。失敗したくないからより慎重になるのかもしれません。イノベーション性の高い新しいカテゴリーの耐久財、例えば便利家電などをイメージしていただくと分かりやすいでしょう。

広告は価格弾力性に
どのような影響を与えるのか？

　次に、広告が価格弾力性にどう影響するかについては、研究者の間でも意見が割れているようです（Mitra & Lynch, 1995）。広告は差別化を促進することでロイヤルティを高めるため、価格弾力性は下がるという考え方もあれば（e.g., Comanor & Wilson, 1979）、代替品に関する知識や情報が増えることで考慮集合のサイズも増えるため、価格弾力性は高まるという考え方もあります（e.g., Nelson, 1970, 1974）。双方に実証研究があり、統一された見解があるとは言えなそうです。

　ただし、広告を見て差別化に気づくことでロイヤルティが高まり、その結果、価格感度が下がるというロジックなのであれば、消費者が差別

化に気づかなければ単に代替品に関する知識が増えるだけで、Nelson（1970, 1974）が言うように価格弾力性は高くなるのではないでしょうか。Romaniuk et al.（2007）によると、差別化されていると思って購入している顧客は10%もいないといわれていますし、ロイヤルティは差別化ではなく浸透率の関数です（Sharp, 2010）。

　従って、一般的に情報提供型の広告は弾力性を高めることが多いが、特定の顧客セグメントのプレファレンスに合致した属性や感情を訴求する広告は、そのセグメントの弾力性を下げる働きもあるという解釈が妥当かもしれません。ただしその場合でも、広告を見ることで直接的に価格感度が上がったり下がったりするのではなく、顧客層によって広告がWTPに及ぼす影響が異なり、その違いによって弾力性が変わるのだと考える研究もあります（e.g., Becker & Murphy, 1993; Erdem et al., 2008）。詳しくは第4章2節をご覧ください。

　一方で、**広告の内容によって価格感度や弾力性への影響が変わる**こともあるようです。例えばKaul and Wittink（1995）では、価格に関する広告は価格感度を高め、価格以外の広告は価格感度を下げると報告されています。しかし、近年の大規模なデータに基づく研究では、**説明や説得では価格感度は下がらず、価格感度を下げる働きがあるのは感情面のブランド構築である**と報告されています（Binet & Field, 2013, 2018）。さらに、「商品がどういう買われ方をするのか」によっても変わるようです。記憶を手がかりに購買の選択肢を想起するようなカテゴリーでは広告は弾力性を高め、逆に店頭の情報を頼りに選択肢を検討するようなカテゴリーでは弾力性を下げるようです（Mitra & Lynch, 1995）。

　このように広告の内容によって効果は異なってくるわけですが、ある広告を見た人の価格感度が高いことが分かったとしても、それだけでは**広告によって価格感度が高まったのか、価格感度が高い人が広告をよ**

く覚えているだけなのかは判断できません（Kaul & Wittink, 1995）。例えば、現在ブランドを利用している顧客は、未顧客に比べて、ブランドからの広告を約2倍思い出しやすいといわれています（Harrison, 2013; Romaniuk & Wight, 2009）。広告の内容だけ調べてもそうした影響の区別はつきません。別の言い方をすると、**「いつ、誰に対して、どんな広告を打つか」という組み合わせ次第で、価格感度が上がることもあれば下がることもあるのではないか**、ということです。そのあたりを詳しく調べていきましょう。

5-3

「顧客-文脈-属性-価格」に筋を通す：何に対して、どんなときに財布のひもが緩むのか？

　同じモノでも人によって価値が変わります。人によってプレファレンスが異なるからです。では、消費者セグメントによって価格感度にどのような違いがあるのでしょうか。例えばカテゴリーのヘビーユーザーとライトユーザーで考えてみましょう。カテゴリーのヘビーユーザーは利用経験が多いため、価格や品質に詳しく、コストパフォーマンスを重視するかもしれません。一方のライトユーザーはたまにしか購買せず利用経験も少ないので、あまり相場観がないかもしれません。こう考えると、ヘビーユーザーのほうが価格感度は高そうです。一方で、ヘビーユーザーはこだわりが強く機能や成分に妥協しない、従って多少値段が高くても買う人が多いのではないかと考えることもできます。その場合、ヘビーユーザーの価格感度は低く、逆にライトユーザーは購買頻度が低いぶん買うときは慎重になり、そのため価格感度は高くなるという考え方もできそうです。

　エビデンスに目を向けると、管見の限り、**ヘビーユーザーのほうが価格感度は高い**とする研究が多い印象ですが（Allenby & Lenk, 1995; Helsen & Schmittlein, 1994; Kalyanaram & Little, 1994; Kim & Rossi, 1994）、逆の報告をしている研究や（Ainslie & Rossi, 1998）、自己申告によるカテゴリーの利用頻度は弾力性と無関係だとする研究もあります（Scriven

& Ehrenberg, 2004)。少なくとも、「ヘビーユーザー向けの商品は高く、ライトユーザー向けの商品は安めにすればいい」といった単純な話ではなさそうです。さらに先行研究を読み進めると、財布のひもが緩いのは「誰か」ではなく、むしろ**「何に対して」「どんなときに」財布のひもが緩むのか**という視点を持ったほうがよいかもしれません。

財布のひもが緩いのは「誰か」ではなく 「何に対して、どんなときに」 財布のひもが緩むのか

　ブランドは複数の属性（機能、価格、パッケージ、サイズ、原材料、etc.）によって構成されているわけですが、他の属性に比べて、**ある特定の属性が高い行動ロイヤルティをもたらす場合**があります（Jarvis & Goodman, 2005）。例えばRungie and Laurent（2012）は、洗剤だとカプセルタイプとペーストタイプのSKUがそうした属性に該当し、**マージンを高めるにはそのような行動ロイヤルティの高い商品属性を軸としたターゲティングが効果的**だろうと述べています。実際、Erdern et al.（2008）では、ケチャップブランドのハインツを例に、既存顧客のプレファレンス（"味の濃さ"）を強化する広告に価格弾力性を下げる働きがあったことが確認されています。このように、ターゲットのプレファレンスを知り、それが自社ブランドのどのような機能、属性にひもづくのかという**「プレファレンス-属性」の組み合わせ**を理解することがまず大切になります。

　一方で、**同じ人でも文脈やオケージョンによって価格感度は変わります**。例えば、晴れた日にはあまり高い傘を買おうとは思いませんが、外出先で雨に降られたら多少高くても買うかもしれません。普段のスーパーでの買い物では価格感度が高い人でも、旅行や観光に出かけたときは価格

感度が低くなるかもしれません。実際、Huang et al.（2017）はワインを研究対象として、消費者にとって重要度の高い利用文脈では（記念日など）、弾力性が有意に小さくなることを報告しています。またWakefield and Inman（2003）は、機能性重視で購買が起こる場合より、楽しさや喜びを求めて購買が起こる場合のほうが価格感度は低いこと、商品を個人で消費する文脈より、誰かと一緒に消費する文脈のほうが価格感度は低いことなどを報告しています。つまり、文脈によって求める機能や体験は異なるため、どんな文脈で何が価値になるのかという「**オケージョン-属性**」**の組み合わせ**で考える視点も大切だということです。

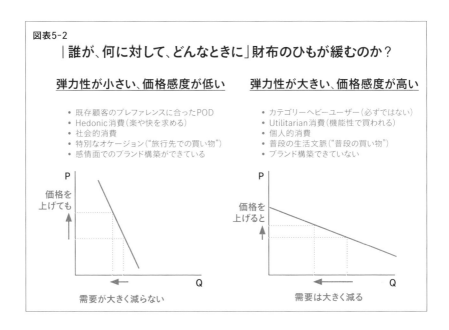

図表5-2

「誰が、何に対して、どんなときに」財布のひもが緩むのか？

弾力性が小さい、価格感度が低い

- 既存顧客のプレファレンスに合ったPOD
- Hedonic消費（楽や快を求める）
- 社会的消費
- 特別なオケージョン（"旅行先での買い物"）
- 感情面でのブランド構築ができている

価格を上げても↑　　P

需要が大きく減らない ← 　　Q

弾力性が大きい、価格感度が高い

- カテゴリーヘビーユーザー（必ずではない）
- Utilitarian消費（機能性で買われる）
- 個人的消費
- 普段の生活文脈（"普段の買い物"）
- ブランド構築できていない

価格を上げると↑　　P

需要は大きく減る ← 　　Q

　こうした視座に立つと、価格戦略においても「**同じ顧客層／1つの需要に見えて、実はプレファレンスや価格感度の異なる複数のオケージョンと向き合っているのではないか**」という、カテゴリーエントリーポイント（CEP）やジョブ理論的な視点が重要であるように思います。実際、

消費者は1つの価格帯に対してロイヤルなわけではなく、購入価格帯の"レパートリー"を持っていることが分かっています（Romaniuk & Dawes, 2005）。そして、オケージョンが異なれば求められる価格帯も異なります（Romaniuk & Sharp, 2022）。従って、**プレファレンスの異質性が大きい市場であればあるほど、価格差別の視点を持たない企業から損をする**わけです。

「顧客−文脈−属性−価格差別」に一本筋を通す

いったん、ここまでのエビデンスをまとめます。まず顧客基盤全体のマージンを高めるには、何でも値上げすればいいというわけではなく、「**値段がつけられる価値に、価値に応じた値段をつける**」という発想が求められます。人によりプレファレンスは異なり、同じ人でも状況によってどの属性（機能や特徴）が重要になるかは変わるからです。具体的には、**ブランドの「ターゲット層」において、いつ、どのようなときに弾力性が低くなるのかという「オケージョン」を知り、その際どのような「商品属性」が価値になるのかという組み合わせにたどり着く**ことが大切です。

そうした組み合わせ、つまり値段がつけられる価値に対しては、適切な価格差別を行いましょう。現在では、あらゆる商材でプレミアム化やサブカテゴリー化が行われていますが、どんな機能がプレミアムになるか、どんな属性を備えたプロダクトやサービスであれば割安感があるのかなども、プレファレンスやオケージョンによって変わってきます。実際、最近のヒット商品は、よくこのような「**顧客−文脈−属性−価格差別**」の型になっていることが見て取れます（第6章8節参照）。

つまり、**文脈によるプレファレンスや価格弾力性の違いを利用したサブカテゴリー化やプレミアミゼーションになっている**ということです。これは、いわゆるマーケティングエクセレントカンパニーにおいては、

昔から重視されてきた型でもあります。いずれにしても、価格弾力性や
価格感度を顧客層やブランド、広告手法ごとに決まっている**定数**と捉え
るのではなく、オケージョンや属性との組み合わせで変化する**変数**とし
て捉えることで、マージン成長のプランニングに生かす道が見えてくる
のです。

値上げと値下げの科学:
小さなブランドと大きなブランドの
価格戦略はどう違う？

　ここまで、価格弾力性の基礎とマーケティングへの基本的な活用方法を学んできました。ここからは「応用編」として、大きなブランドと小さなブランドでの価格戦略の違いや、値上げや値下げに関する実践的なエビデンスを見ていきたいと思います。

弾力性の差を利用してマージンを高める

　売上は販売数量（ボリューム）×価格（マージン）であり、我々はその掛け算を最大化したいわけです。しかし通常、**ボリュームとマージンはトレードオフの関係にあります**。価格が高くなれば買う人の数は少なくなりますし、買う人の数を増やそうとすれば価格を安くしなければいけません。「片方を増やすには、もう片方を犠牲にしなくてはならない」というジレンマが常につきまとうわけです。しかし近年の研究では、そうした**トレードオフは必ずしも対称的ではない**ことが分かってきました。要するに、高い安いには感じ方の違いがあるということです。このテーマに関してはカーネマン教授らの損失回避の心理、いわゆるプロスペクト理論が有名ですね（Kahneman & Tversky, 1979）。

　マーケティング分野でも、消費者が価格の高低をどう感じるのか、そ

れがどう弾力性の違いに表れてくるのか、売上にどのような影響を及ぼすのかなどについての研究は盛んに行われてきました。その結果、価格の感じ方には非対称性があること、価格弾力性の変化にはいくつかの規則性があることなどが分かってきています。

　まずマーケターにとって関心の大きいであろう切り口としては、ロイヤルティやブランドイメージなどと同じく、**価格弾力性もブランドの規模やシェアの影響を大きく受ける**ことが挙げられます。消費財の価格弾力性の平均はおよそ $\varepsilon = -2.6$ 程度と考えられていますが（Bijmolt et al., 2005）、相対的に見ると**小さなブランドほど弾力性が大きく、大きなブランドほど弾力性が小さくなる**ことが知られています（Scriven & Ehrenberg, 2004）。シェアが10%以下の小さなブランドと、シェアが50%以上の大きなブランドでは、弾力性が2倍以上違ってくるようです。

- 小さなブランド（シェア<10%）： $\varepsilon = -4.2$
- 大きなブランド（シェア>50%）： $\varepsilon = -1.9$

　こうした規則性は、差別化戦略をとっている（つもりの）ニッチブランドも例外ではありません。一般的に、差別化されるほど代替可能性が減るため価格弾力性は小さくなると考えられています。しかし第4章で述べたように、消費者から見て「差別化されている」とは、機能や価格、販路などが他とは明らかに異なる場合に限られます。実際、Scriven and Ehrenberg（2004）では、**機能や価格によほど大きな差がない限り、弾力性にはあまり違いが出ない**ことが報告されています。「うちはニッチだから強気の価格設定でOK」といった単純な考え方では危ないということです。

　より実践的なエビデンスとしては、**値上げにしても値下げにしても、主要な競合**（e.g., 最大ブランド）**の価格を通り越す価格変更をした**

場合、**弾力性に大きな変化が起こる**という報告があります（Scriven & Ehrenberg, 2004）。例えば、「前：主要競合より安い値段」→「後：主要競合より高い値段」のような価格変更（あるいはその逆）です。

- 主要競合の価格を通り越す価格変更：ε =-5.6
- 主要競合の価格を通り越さない価格変更：ε =-2.8

　この差分を利用することで、先の「価格を上げると販売数量が減る」というジレンマを軽減する筋が見えてきます。例えば値上げをしてマージンを高めたい場合、競合の価格より高くしてしまうと弾力性が一気に大きくなり、販売数量が大幅に減ります。ですから**主要競合の価格をギリギリ超えないところで止めておくべき**です（Sharp, 2017）。逆に、**値下げをしてボリュームを増やしたい場合は、競合の価格をわずかに下回るところまで下げる**とよいでしょう（Sharp, 2017）。さらに大きく値下げすれば販売数量は増えるかもしれませんが、利益が確保できない恐れがあります。シンプルなルールですが実用性も高いので、覚えておくと価格設定で有利に立てるかもしれません。

価格の感じ方と値段の許容範囲

　第5章3節で、「同じ商品・サービスでも人や文脈によってWTPが違う」という話をしました。つまり、価値の感じ方次第で支払ってもいい金額は変わるわけです。企業が値上げや値下げをしたときの高い（安い）というのもそれと同じで、結局は消費者の感じ方次第です。何を基準として消費者が高い（安い）と感じるのか、どの程度の上げ幅（下げ幅）なら高い（安い）のか、実際の需要曲線にはそうした消費者心理も絡んできます。

　例えば30％の値下げと40％の値下げで、消費者にとっての割安感はどの程度変わるのでしょうか。40％も値下げする必要が本当にあるの

でしょうか。もし30％でも40％でも値下げによる販売数量の増分が変わらなかったとしたら、そのプロモーションはただボトムラインを損ねているだけになります。

　事実、需要曲線上には、**弾力的な領域と非弾力的な領域が混在している**場合があるといわれています（Kalyanaram & Little, 1994; Pauwels et al., 2007）。具体的には、参照価格の近傍に価格が変わっても売上が大きく変化しない非弾力なエリアがあり、そのエリアの内側では価格感度が低く、外側では価格感度が高くなると考えられています（Casado & Ferrer, 2013）。こうした閾値（いきち）のことを**Latitude of Acceptance**（**価格の許容範囲、受容域**）と言い、複数の研究でその存在が確認されています（Casado & Ferrer, 2013; Han et al., 2001; Pauwels et al., 2007）。例えばPauwels et al.（2007）は20の消費財カテゴリーを調査して、76％のブランドにそうしたエリアが存在するようだと報告しています。

大きなブランドと小さなブランドで 価格戦略はどう異なる？

　価格の許容範囲、およびそれを定義する閾値の特徴を調べることで、値上げや値下げに関するいくつかの実務的な示唆が得られます。まず、消費者は何を基準に高い／安いの判断をしているのかについて、Pauwels et al.（2007）によると、過去の購入価格が内的参照価格になっている場合と、購入場面で目に入る価格情報（小売店の棚、競合の価格、etc.）がベンチマークになる場合があるといわれています。消費財ではどちらかというと前者が用いられることが多いようですが、両方参照されるケースが最も多いようです。

　次に、価格の許容範囲が何によって変わるのかですが、1つは顧客の

特性が関係してきます。つまり、**ブランドへのロイヤルティが高い人ほど価格の許容範囲は広くなり、カテゴリーヘビーユーザーほど狭くなります**（Kalyanaram & Little, 1994）。非ロイヤル層では価格の許容範囲がほぼなくなると報告している研究もあります（Boztuğ et al., 2014）。

　また、**大きなブランドほど価格の許容範囲が広くなる**傾向にあるようです（Casado & Ferrer, 2013; Pauwels et al., 2007）。これはダブルジョパディの視点で考えると分かりやすいと思います。大きなブランドほどロイヤルティが高くなり（Sharp, 2010）、ロイヤルティの高い人ほど許容範囲は広くなるのですから（Kalyanaram & Little, 1994）、結果的に大きなブランドほど許容範囲が広くなるわけです。一方、小さなブランドは逆のパターンになります。つまり、**小さなブランドになるほどロイヤルティは低くなるので、価格の許容範囲も狭くなります。**

　大きなブランドは、閾値前後のギャップも大きくなるようです（Casado & Ferrer, 2013）。つまり、大きなブランドほど許容範囲内ではより非弾力的に、許容範囲外ではより弾力的になり、メリハリがついたカーブになるわけです。逆に小さなブランドでは、許容範囲が狭く閾値前後の弾力性もそこまで変わらないため、全体的にメリハリのないカーブになります。こうした傾向は、大きなブランドは全体的に弾力性が小さくなり、小さなブランドは弾力性が大きくなるというScriven and Ehrenberg（2004）の報告と整合的です。

　さて、こうしたエビデンスをまとめると、次のような**値上げ・値下げの指針**が見えてきます。図表5-3を見てください。縦軸が販売量、横軸は参照価格からのギャップを表しています。つまり参照価格を中心に、左側へ行くほど大きな値下げ（消費者にとっては得）、右側へ行くほど大きな値上げ（消費者にとっては損）を意味しています。

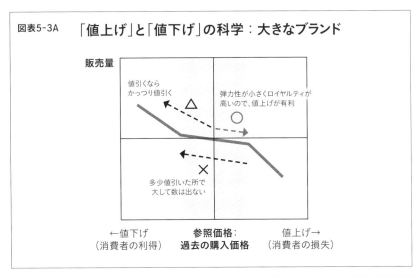

図表5-3A 「値上げ」と「値下げ」の科学：大きなブランド

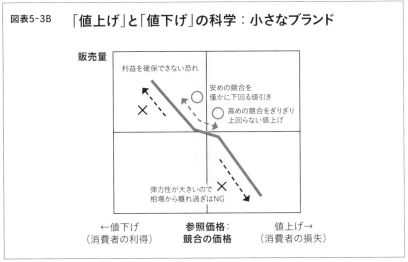

図表5-3B 「値上げ」と「値下げ」の科学：小さなブランド

出所:以下を基に筆者が作成

Casado, E., & Ferrer, J. C. (2013). Consumer price sensitivity in the retail industry: Latitude of acceptance with heterogeneous demand. *European Journal of Operational Research, 220*(2), 418-426.

Pauwels, K. (2021, September 14). How to manage price thresholds: Customers discount your discounts. *Smarter Marketing gets Better Results: Prof. Dr. Koen Pauwels on marketing analytics.*

Pauwels, K., Srinivasan, S., & Franses, P. H. (2007). When do price thresholds matter in retail categories?. *Marketing Science, 26*(1), 83-100.

Scriven, J., & Ehrenberg, A. (2004). Consistent consumer responses to price changes. *Australasian Marketing Journal, 12*(3), 21-39.

Sharp, B. (2017). *Marketing: Theory, evidence, practice.* Melbourne. Oxford University Press.

まず**大きなブランドは全体的に価格弾力性が小さく、価格の許容範囲も広いため、少しずつ値上げすることが基本方針**となります。ただし閾値の上限を超えないように注意しましょう。時間をかけて少しずつ値上げをしていくことがポイントです。メンタルアベイラビリティ（広告）とフィジカルアベイラビリティ（流通）も同時に強化するといっそう効果的です。逆に、値引くなら相当大きく値引かないと販売数量は動きません。ただし、後で説明するように主力商品の価格プロモーションは、<u>全くお勧めできません</u>。

　一方、**小さなブランドは全体的に価格弾力性が大きいので、相場から大きく離れないことが基本方針**になります。また小さなブランドは、競合の価格を参考に高い安いの判断がされることがあるようです（Pauwels, 2021）。このような場合、**競合価格の前後で弾力性が大きく変わるという性質**（Scriven & Ehrenberg, 2004）**を積極的に利用しましょう**。値上げをするなら、価格が高めの大手競合より少し安いくらいまで値上げをすると、販売量をあまり減らさずにマージンを太らせることができます。逆に値下げをするなら、安めの競合を僅かに下回るあたりまで下げると、差分の恩恵でボリュームを大きく増やせそうです。ただし、大幅な値下げは要注意です。後で値上げしたいと思っても同じだけ販売量が割を食うことになりますから、マージンミックスのように、薄利多売でも利益を出せる何かしらの仕組みがない限り、あまりお勧めはできません。

価格受容域の非対称性

　また、**価格の許容範囲は左右非対称になる**ことも知られています。例えばHan et al.（2001）はコーヒーカテゴリーを対象にした研究で、消費者は値下げより値上げにいち早く反応すると報告しています。つまり、参照価格を基準として許容範囲をその前後にプロットしたとき、消費者

にとっての利得側（値下げ）の範囲が長く、損失側（値上げ）の範囲は短くなったということです。「値上げに敏感、値下げに鈍感」なわけです。この場合、**販売数量を伸ばすには相当大きく値下げをする必要があり、逆に少し値上げしただけで販売数量が減ってしまいます**。プロスペクト理論で言う損失回避的な性質が表れてくるわけです。

　しかし、より広範囲のカテゴリーを調べた研究によると、一概にこのパターンが当てはまるわけではないようです。図表5-4を見てください。カテゴリーによっては、利得側の範囲と損失側の範囲の大小が逆転することが報告されています（Casado & Ferrer, 2013）。具体的には、洗剤やフルーツジュースでは先のコーヒーと同様に「利得側＞損失側」となり、トイレットペーパー、ソフトドリンク、肉類では「利得側＜損失側」となることが報告されています。後者の場合、「値上げに鈍感、値下げに敏感」という解釈になります。つまり、**少しの値下げで販売数量が増えやすく、かつある程度値上げしても数量が落ちにくい**わけです。ヨーグルトだけは少し特殊で、どちらのベクトルも許容範囲がかなり広いことが分かります。

図表5-4　　　　　**価格受容域の非対称性**

カテゴリー	利得側の許容範囲（値下げ）	損失側の許容範囲（値上げ）
洗剤A	20%	10%
洗剤B	15%	5%
トイレットペーパーA	15%	30%
トイレットペーパーB	10%	25%
ソフトドリンク	10%	50%
肉類	10%	30%
フルーツジュース	15%	10%
ヨーグルト	45%	50%

出所：以下を基に筆者が作成
Casado, E., & Ferrer, J. C. (2013). Consumer price sensitivity in the retail industry: Latitude of acceptance with heterogeneous demand. *European Journal of Operational Research, 228*(2), 418-426.

図表5-4を見る限り、「こういうカテゴリーはこうなる」と言えるほど明確な傾向はなさそうです。あえて言えば、前者（洗剤やフルーツジュース）は消費者から見たときの差別化の程度が小さく「だいたいどれも同じ」と思われやすいカテゴリーで、後者（トイレットペーパー、ソフトドリンク、肉類）はこれまでの購買習慣の影響が強そうなカテゴリーに見えなくもないですが、やはりブランドごとに分析する必要はあると思います。ただ、そうした分析から得られる実務的なメリットが大きいことも確かです。例えば、フルーツジュースブランドが販売数量を大きく伸ばそうと思ったら、15％以上の値下げが必要なことが分かりますし、10％未満の値上げであれば、販売数量を大きく減らさずに済みそうです。もちろん最終的には他の要因も考慮した上で判断する必要はありますが、価格を検討する際に、大まかでもそうした基準があると心強いでしょう。

5-5

価格プロモーションにできること、できないこと

　本節では**価格プロモーション**に関するエビデンスを確認していきます。ここまで見てきたように、消費者のプレファレンスや弾力性に基づいたプライシングは、ブランドのマージン成長を担う重要なマーケティング意思決定です。しかし、価格プロモーションは少々毛色が異なります。実務では、新商品のトライアルや既存ラインアップのてこ入れなどを目的として、値引きやディスカウントを実施することはよくあるかと思いますが、**実際に何を得て何を失っているのか、いま一度確認しておきましょう。**

　価格プロモーションに関しては、よく「新規が手に取りやすい価格にすることでトライアルを増やそう」「いつも買ってくれない人に商品の良さを知ってもらい、リピートにつなげていこう」という人がいますが、**価格プロモーションに反応するのは主に既存顧客やカテゴリーヘビーユーザーで、新規獲得の効果はあまりない**ことが知られています（Dawes, 2018; Ehrenberg et al., 1994）。確かに売上のトップラインはリフトしますが、問題は、そのリフトのうち**増分売上がどれだけあるのか**ということです。

価格プロモーションで買う人の大半は既存顧客

　まず、プロモーションをしなくても定価で買っていた既存顧客にわざわざ安く売っただけ、という可能性があります。この場合、単純に値引

いた分だけボトムラインを減らしています。次に価格プロモーションは需要の先食いを誘発します。昔からよくいわれることですが、特にカテゴリーヘビーユーザーは「安いときに買ってストックしておこう（高くなったら買わない）」という心理が働きます。さらに、定価で売っている店から値引きしている店へ顧客や販売量を移動させただけ、という可能性もあります。こうした理由から、プロモーションによる新規の増分売上はかなり少ないケースが多いのです。事実、18の消費財カテゴリーを対象とした近年の再現研究では、**プロモーションで買う人の約8割が既存顧客**であることが報告されています（Dawes, 2018）。

　そして、価格プロモーションには**長期的なブランド構築の効果もなく、むしろ価格感度を高めるだけ**といわれています（Binet & Field, 2013; Binet & Carter, 2018）。安売りで買っただけの人が次の購入機会ではいきなり指名買いしてくれるほど、ブランディングは簡単ではありません。「安かったから買った」——それでどんな想起を形成できるのかという話です。よほど中身に自信があるなら話は別かもしれませんが、平均的なブランド、特に人気がなくて売れ残ったような商品をセールで買って何か記憶に残るとしたら、それは「安売りされているブランド」あるいは「セールのときに買うブランド」ということだけです。実際、数千人規模のパネルデータでも、**価格プロモーションで買う前と後のブランド選択行動に有意な差は確認されていません**（Dawes, 2018）。プロモーションで買ったからといって、マーケターが期待するような購買行動の変化につながるわけではないのです（Dawes, 2018; Ehrenberg et al., 1994）。ただし後述するように、小さなブランドの場合は価格プロモーションも生かしどころがあるようです。

なぜ価格プロモーションでは
成長できないのか？

　一時的に価格を変えるだけでは、マージン成長にもボリューム成長にもなりません。なぜでしょうか。先行研究では、購入意向を変えるには最低でも15％程度の値引きが必要と考えられていますが（Gupta & Cooper, 1992）、ある実験によると、15％の価格変化で購買行動が変わるのは全体の5％以下であると報告されています（Scriven & Ehrenberg, 2004）。第3章3節で確認した通り、購入意向は購買行動の先行指標ではないので、**実際にブランド選択が変わるのは一部の顧客だけであり、大部分の消費者はこれまでと同じ選択を続ける**わけです。

　ここで言う"大部分の消費者"とはライトユーザーのことです。ライトユーザーの購入頻度は高くありません。特定のブランドを再購入するまでに1年以上かかることもざらです（Dawes et al., 2022）。また所与の1週間で、何かしらブランドからのプロモーションに接触する潜在顧客は5％程度ともいわれています（Binet & Carter, 2018）。ですから、**短期的な価格プロモーションには気づかないライトユーザーのほうが多い**わけです。さらに言えば、気づいたところでスイッチして失敗するリスクに見合わないと判断されることが多いため、やはり手が伸びにくいのです（Ehrenberg et al., 1994）。

　また前節で確認したように、大きなブランドは価格弾力性が小さいので、多少値下げしても販売数量の増加はさほど期待できません（Scriven & Ehrenberg, 2004）。詳しくは第6章で解説しますが、大きなブランドは売上寄与の高い主力商品の場合も多いので、基本的にあまりディスカウントすべきではありません。逆に、小さなブランドは弾力性が大きいので値下げの効果も大きいと言えます。ただし弾力性は双方向に働くた

め、プロモーション終了後の離反に注意する必要があります。小さなブランドは、**リテンションダブルジョパディ（第1章2節）の影響で離反のインパクトも大きくなる**ので、値下げについてはより慎重に行う必要があります。

価格プロモーションの使いどころ

では、どんな価格プロモーションならやる価値があるのでしょうか。先述の通り、ブランド構築のような長期効果は見込めないため、やるなら短期で一気にボリュームを稼ぐ必要があります。ここで、限界利益率がそれぞれ20%、40%、60%のブランドが、5〜30%の値引きをした場合、元のマージンを維持するために必要な販売量の増分を試算してみました。その結果は、図表5-5のようになります。

図表5-5

		値引き率					
		5%	10%	15%	20%	25%	30%
限界利益率	20%	33.3%	100.0%	300.0%	N/A	N/A	N/A
	40%	14.3%	33.3%	60.0%	100.0%	166.7%	300.0%
	60%	9.1%	20.0%	33.3%	50.0%	71.4%	100.0%

例えば、通常操業時の限界利益率が40%のブランドが15%値引きした場合、マージンを維持するには販売量を60%増やす必要があります。仮に、価格プロモーションに反応するのは既存顧客だけと仮定して、15%の価格変化で購買行動が変わるのは全体の5%以下であるという先の実験結果を援用*すると、既存顧客の5%の動員で販売量を1.6倍以上にできない限り、そのプロモーションは破綻するということになります。もちろんこれはかなり粗い思考実験で、実際には本章で見てきたような

さまざまな要因も絡んでくるわけですが、既存顧客のロイヤルティにも上限があることを忘れてはいけません（第2章参照）。

＊Scriven and Ehrenberg（2004）は、この実験は価格弾力性に影響を及ぼす要因を理解するためのものであり、予測のための利用は想定していないと断っています。

　また当然のことながら、通常時の利益率が低いブランドであれば、プロモーションによる価格減少分を相殺するために必要なボリュームはさらに増えます。例えば、通常の限界利益が20%のブランドであれば、15%の値引きを正当化するために必要なリフトは300%に膨れ上がります。こうなると明らかに5%の動員では無理ですね。値引きの目的が、利益度外視で認知を広げるとかであればまだ分かりますが、それなら値引く代わりに広告に回せばよいだけです。そのほうがまだメンタルアベイラビリティやブランド構築に貢献します。

　価格プロモーションに1つ使いどころがあるとすれば、**極めて小さなブランド**が売上のベースラインを高めるときです。Slotegraaf and Pauwels（2008）は、**シェアが3%以下の小さなブランドでは、価格プロモーションを含むいわゆる短期型のプロモーションが、その後も継続的に売上に貢献する場合もある**ことを報告しています。常にではありませんが、特にエクイティの高いブランドや、商品の数が多いブランドほどインパクトは大きくなるようです。ブランドが小さなうちは、ブランドの価値向上に努めると共に、新商品をどんどん出してプロモーションするのも1つの手なのかもしれません（ただ、他のエビデンスとの整合性が高いとは言えませんが）。

「ファンの声に応える」つもりが
「ヘビーユーザーの無茶を
かなえているだけ」だったとき

　価格設定、特に高めの値づけを検討しているときに、ファンの存在が思い浮かぶ方は結構いるのではないでしょうか。「時には厳しい意見もあるけど、ブランドのことを大好きと言ってくれる」「だからプレミアムラインや新商品にも興味を持ってもらえるんじゃないか」、そのように期待するわけです。しかし、今一度自問していただきたいのですが、それは本当に「ファン」の声でしょうか。ファンの声を聞いて、ファンとコミュニケーションを取っているつもりが、実は単に**カテゴリーヘビーユーザーのわがままにつき合っている**だけかもしれません。

それ、本当に「ファンの声」ですか？

　市場には、ブランドのことを好きだという割には高い金は出したくない、高い品質やサービスを要求するけれど、それに対して追加の支払いはしたくないという人が一定数存在します。こうした「**お気持ちだけのファン**」の要望をかなえていても、企業にとっては損しかありません。**それは恐らくファンではなく、「カテゴリーのヘビーユーザー」**だからです。

　カテゴリーのヘビーユーザーは、価格や品質に詳しく、コストパフォーマンスに厳しい人たちです(Danaher & Brodie, 2000; Woodside & Ozcan, 2009)。価格感度はライトユーザーより高いですが（Allenby & Lenk,

1995; Kim & Rossi, 1994）、WTPの幅はライトユーザーと大して変わりません。ですから少しでも高かったり、他に良い取引条件があったりすれば、何のためらいもなくスイッチします。

詰まるところ、カテゴリーヘビーユーザーの要望は「**良いものをより安く、同じ値段でもっとたくさん**」だということです。確かにUXの向上やCX（顧客体験）の改善などにおいては、カテゴリーのヘビーユーザーを調査することで有用な知見が得られる場合もありますが（村山・芹澤, 2020）、マーケティングのターゲットにする際は要注意です。この類の要望を「ファンの声だから」と思い込んで対応していると、消費者余剰が大きくなり過ぎて企業が損します。

「優れた品質や体験に対して、追加の対価を支払う意思があるかないか」で線引き

では、どこで線引きすればよいのでしょうか。第5章3節で学んだように、既存顧客に対するマーケティングの狙いの1つは「選好と便益がマッチするほど価格感度が低くなる」という性質を利用して、利ざやを増やすことです。筆者はファンマーケティングの専門家ではないですが、ファンに対しても根っこはそれと同じだと思います。つまり、ファンを重視する理由がLTVなのであれば、優れた品質や顧客体験に対して追加の対価を支払ってもいいという意思があるかないか、そこに行動がついてくるかどうかで線を引くべきでしょう。要するに、**追加の投資に対して追加のリターンがあるのかどうか**を調べるわけです（単純なROIではなく"インクリメンタルな" ROI、第9章参照）。

「プレファレンスに合う商品・サービスなら高い価格を支払ってもいい」という関係性に投資する以上（e.g., "ファンとのリレーションを強化"）、我々

はその顧客層の価格感度が低くなっていくことを期待します。ところが、ファンに投資しているつもりで実はヘビーユーザーに投資していただけという場合、需要曲線に変化は起こりません。むしろ、高い品質を安い値段で提供したりするほど価格感度の高いヘビーユーザーが集まりますから、顧客基盤全体の需要曲線は水平に近づき、より弾力的になっていきます。要するに、「**ブランド力**」ではなく「**安さ**」で**買われる**ようになっていくわけです。それでは本末転倒ですね。

人を見る基準は「何を言っているか」ではなく「何をしているか」

「お気持ちファン」はないがしろにしても構わないとまでは言いませんが、それ相応に、なるべくお金をかけずに現状維持する方向性がベストでしょう。なぜなら、第一部で解説した通り、態度は必ずしも行動の先行指標ではないからです。**ブランドのことを大好きと言っているからお金もたくさん使ってくれるはず、ではないのです**。人を判断する基準は「何を言っているか」ではなく「何をしているか」です。

　本書でも繰り返し述べていることですが、行動ロイヤルティが高いのはヘビーユーザーではありません。ライトユーザーです（Dawes, 2020）。しかし、彼ら／彼女らは態度的ロイヤルティが高いからリピートするのではありません。「リピートしよう」と計画してリピートしているわけでもありません。単に思いつくから、そこにあるから買うだけです。マーケター側から見たらリピートしているように見えますが、それは見たいものを見ているだけで、実際は毎回がトライアルのようなものです（i.e., ゼロ次の仮定）。「**お気持ちファン**」に投資できる予算は、そうした「**態度的ロイヤルティはなくても買ってくれるライトユーザー**」への浸透に**投資できる機会費用であることを忘れないようにしましょう**。

ボリューム戦略とマージン戦略：負の二項分布に対する「もう1つの解釈」

　市場の大半は未顧客です。いわゆる**負の二項分布**として知られている事実ですが、同じ負の二項分布でも「分布のどこに着目するか」で戦略の視点が変わってきます。分布の左側に着目すると、購買回数が0回の未顧客に1回買ってもらうこと、現在1回のライトユーザーにもう1回買ってもらうことが重要だというアレンバーグ・バス的な帰結になります。しかし分布の逆側に目を向けると、また別の解釈が浮かんできます。すなわち、**「ブランドにとって顧客の価値は等価ではない」**という見方です（Fader, 2012; Fader et al., 2022）。

カスタマーセントリシティ

　負の二項分布の右側には、極めてLTVの高い顧客が交じっています。平均への回帰でいつもより"たまたま"多く買ったライトユーザーではなく、本当の意味での高価値顧客です。第2章で説明したように、こうした顧客は数が極めて少なく狙って増やすことも難しいですが、購入頻度や利用額がとても大きいので、パーソナライゼーションできる企業にとっては無視できないソースオブビジネスになります。実際、アプリやオンラインゲームのように、こうした層が売上の大部分をたたき出すようなビジネスもあります。つまり、**顧客基盤の中に「WTPが高く弾力性も小さい一握りの高価値顧客」**と**「WTPが低く弾力性も大きいそれ**

以外の一般顧客」がいるという見方もできるわけです。

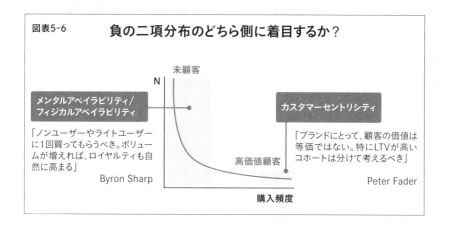

図表5-6　負の二項分布のどちら側に着目するか？

未顧客

N

メンタルアベイラビリティ/
フィジカルアベイラビリティ

「ノンユーザーやライトユーザー
に1回買ってもらうべき。ボリュー
ムが増えれば、ロイヤルティも自
然に高まる」

Byron Sharp

カスタマーセントリシティ

「ブランドにとって、顧客の価値は
等価ではない。特にLTVが高い
コホートは分けて考えるべき」

Peter Fader

高価値顧客

購入頻度

このように、同じ負の二項分布でも顧客価値の異質性に着目すると、**ブランドにとって価値の高い一部のコホート**（顧客グループ）を選び、そのニーズに合わせてプロダクト・サービスの開発要件や流通を整えていくべきで、未顧客の獲得とは分けて投資する価値があるのではないかという帰結になります*。新規獲得するにしても、可能であれば、そうした高価値顧客になる確率が高い潜在層を優先的に獲得していきたいですね。このような考え方を「**カスタマーセントリシティ**」と言います。米ペンシルベニア大学ウォートン校のピーター・フェーダー教授（LTVの第一人者）らが提唱している考え方です。

*負の二項分布はダブルジョパディの法則などの背景にある確率分布の1つですが、実はLTVの推定に使われることもあります（Fader et al., 2005; Schmittlein et al., 1987）。興味深いですね。

カスタマーセントリック（顧客中心主義）と名前は似ていますが、カスタマーセントリシティはいわゆる "顧客視点で考えよう、全てのお客様を大切にしよう" という理念やポリシーの話ではありません。むしろ逆で、全員を大切になんてできない、どの顧客を中心にすべきかデータで決めようという話です。つまり、LTVを基準として「ブランドにとって

価値の高い一部の顧客」と「それ以外の一般顧客」を分け、マーケティングの内容や優先度を変えていこうというわけです。

「ボリューム」と「マージン」の両方を、別々にケアする

バイロン・シャープ教授とピーター・フェーダー教授、どちらが正しいかという話がしたいわけではありません。一見対立する考え方でも実は同じファクトに基づいていて、コインの裏表の関係になっている、だからこそ事業成長には両方の視点を使い分ける必要があるのではないかと思うのです。筆者は、負の二項分布の左側に着目し、**総購買回数の増加を目指すアプローチを「ボリューム戦略」**、分布の右側に着目し、**総利用額の増加を目指すアプローチを「マージン戦略」**と呼んで区別しています。詰まるところ、事業成長とはこの「ボリューム×マージン」という掛け算を最大化することにほかなりません。

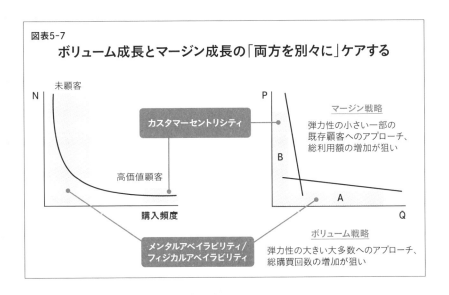

図表5-7
ボリューム成長とマージン成長の「両方を別々に」ケアする

「何を当たり前のことを」と思われるかもしれませんが、それぞれの
ゴールに対し、適切な手段・打ち手を選択できている人はそう多くあり
ません。大手企業のマーケティング部でも、ボリューム成長が必要な
ときにマージン成長向けの打ち手に偏っていたり、マージン成長に効果が
あると思い込んでボリューム成長向けの施策を行っていたりという現場
を頻繁に目にします（だからこそ、本書を書いているわけです）。

ボリューム戦略とマージン戦略

　マーケティングにはいろいろなキーワードやフレームワークがありま
す。それぞれに背景となる理論や事例があり、支持者もいますが、中に
は言っていることが正反対だったりするものもあります。

〈マーケティングでよく見られる対立構造〉

- 顧客vs.未顧客
- 離反防止vs.新規獲得
- ロイヤルティvs.浸透率
- STP vs. CEP
- ターゲティングの精度vs.リーチの広さ
- 差別化vs.セイリエンス
- 合理的な説得vs.感情的な訴求
- BOFU（ボトム・オブ・ファネル）vs. TOFU（トップ・オブ・ファネル）
- パフォーマンスマーケティング vs. ブランド構築

　実は、これらの対立や主張の食い違いの中には、**ボリューム成長とマ
ージン成長という異なるゴールに対する手段を、同じ土俵で比べてしま
っていることに起因する**ものもあります。ゴールが違えば最適な手段も

変わるため、理論の表面だけ見るとアプローチやロジックが真逆のものもあるわけです。これらを正しく使い分けるには、**どの手法がどちらの成長に効くのかというエビデンス**を理解することが極めて大切です。以下に、ボリューム戦略とマージン戦略の着眼点、および代表的なアプローチを整理してみました。

〈ボリューム戦略〉
　ボリューム戦略はカテゴリーユーザー全員、特に未顧客に向けて行うアプローチで、総購買回数を増やすことがゴールです。総購買回数＝顧客数×購買頻度であり、ダブルジョパディの法則により購買頻度は顧客数の関数になるので、詰まるところ**ボリューム戦略とは浸透率を増やすゲーム**に他なりません。図表5-7でいうところのAを取りにいくイメージです。ちなみに総購買量ではなく総購買回数とするのは、購買量が定数だからです（第2章6節）。

- **ボリューム戦略のゴール**：
  - ▶ 総購買回数、浸透率、シェアの増加

- **ボリューム戦略の着眼点**：
  - ▶ 広いリーチ、増分リーチ
  - ▶ 未顧客層の認知拡大
  - ▶ 薄く広いパーセプションの維持
  - ▶ カテゴリーエントリーポイントの増加
  - ▶ メンタルアベイラビリティ、フィジカルアベイラビリティの強化
  - ▶ 垂直的差別化、カテゴリー成長への投資
  - ▶ カテゴリーメンバーシップの確立
  - ▶ 主力商品への投資

▶ 長期的なブランド構築、感情訴求（マージン成長にも有効）

▶ TOFUの拡大

▶ ROIやROASで判断しない

〈マージン戦略〉

マージン戦略は主に既存顧客に向けて行うアプローチです。プレミアム化だけでなく、顧客基盤全体として機会損失が少なくなるように、価格感度の低い購買文脈や、行動ロイヤルティの高い商品・サービス属性を探し、弾力性に応じた価格差別やサブカテゴリー化を行います。図表5-7のBを取りにいくイメージです。特にパーソナライゼーションが可能な業界では、LTVの高い一部の高価値顧客に向けた施策を重点的に行います。

• **マージン戦略のゴール**：
  ▶ 総利用額やLTVの増加、価格感度の低下

• **マージン戦略の着眼点**：
  ▶ STP
  ▶ 既存顧客のプレファレンス強化、WTP向上
  ▶ カスタマーセントリシティ
  ▶ 行動ロイヤルティの高い機能や属性の訴求
  ▶ 水平的差別化
  ▶ 弾力性に応じた価格差別
  ▶ サブカテゴリー化（ボリューム成長にも有効）
  ▶ プレミアミゼーション
  ▶ パフォーマンスマーケティング、合理的な説得
  ▶ BOFUの刈り取り
  ▶ インクリメンタルなマーケティングROI

ボリューム戦略とマージン戦略は「両方、別々に」取り組むことが大切

　ボリューム戦略とマージン戦略に取り組むに当たって、いくつか注意点があります。まず、**これら2つの取り組みを1つのマーケティング（同じ商品、同じコピー、同じ価格、同じクリエイティブ、同じCX、etc.）で済まそうとすると効果を損ねます。**例えば、ライトユーザーのCEPを増やすこと（ボリューム）と、既存顧客のWTPを高めること（マージン）は「離れた所にある別のゴール」です。当然、達成するためのアプローチも別です。わずかな例外を除き（e.g., カテゴリーユーザー全員にリーチする感情訴求）、**1つの施策をどれだけ最適化しても、全員のWTPが一律で高まることはありません。**なぜなら需要曲線の位置と傾きが異なるからです。これまで見てきたように、人によりプレファレンスが異なり、また同じ人、同じ商品でも、状況によって何が価値になるかは変わります。

「変えられること」と「変えられないこと」を混同しない

　次に、本書を通して見てきたように、**市場や消費者行動には「変えられること」と「変えられないこと」があります。**しかし、時に我々は「そこを何とかするのがマーケターだ」「アイデア次第で変えられる」と勇み立つことがあります。例えば負の二項分布で言えば、「分布の右端にいる優良顧客をたくさん増やしたいんだけど、どうしたらよいか」と聞かれることがあります。

　確かに優良顧客を直接増やすことができれば、売上に対して非常に大きなインパクトをもたらすでしょう。しかし、現実的には厳しいと言わざるを得ません。**なぜなら、「負の二項分布が"そういう形"をしていないから」**です。現実的には、ほとんどの業界がダブルジョパディの影

響を受けるので、**ボリューム成長を伴わないマージン成長は現実的ではありません**。価格弾力性や平均利用額もブランドの規模に左右されることを思い出してください（Dawes et al., 2017; Scriven & Ehrenberg, 2004）。

　その他、いまだに「**一般顧客を育てると優良顧客になる**」と考えている人がいますが、**普通そんなことはできません**。あなたは、他社のマーケティングに"育てられて"優良顧客になったことがどれだけあるでしょうか。優良顧客は見つけるものです。現実的には、母数（顧客基盤）の増加に伴い数％の優良顧客が交ざっていることに期待するくらいしかできない企業が大半です（特にパーソナライズオファーができない消費財など）。また、ある程度正確にLTVを計算するには3〜4年程度のデータの積み上げが必要です。ですので、ブランドが小さなうちは負の二項分布の左側に着目して浸透率を増やし、顧客基盤を広げ、ある程度データがたまってきたら分布の右側、価値の高いコホートを見つけてそれを維持していく、という順序になるでしょう。

第 6 章

商品戦略・
ブランドポートフォリオの
エビデンス

「千三つ」の正体に迫る：
新商品の成功確率と生存率

　さて、ここまで差別化戦略、価格戦略と見てきたわけですが、第二部の締めくくりとして**商品開発やブランドポートフォリオ管理にまつわるエビデンス**を見ていきたいと思います。市場の拡大を図るとき、みなさんはどんなアプローチを考えますか。選択肢の1つとして商品ラインアップの拡充、いわゆる「**新商品を出すこと**」が挙げられると思います。

　低迷する売上の打開。新規獲得の要。リテールへの提案力アップ。新商品は、事業やブランドが抱えるさまざまな問題をまとめて解決し、状況を好転させてくれる「期待の新星」のように扱われる節があります。そもそもモノづくりでイノベーションを起こすというのは、メーカーの使命のようなものです。ですから新商品が中期計画や新規事業計画の主役として担ぎ上げられることも多いでしょう。

　しかし、ご存じの通り全ての新商品がうまくいくわけではありません。1000に3つしか成功しない、いわゆる"千三つ（センミツ）"といわれるように、ベストセラーや大ヒットになる商品は限られています。ただし、カテゴリーによる違いや思い込みの影響も無視できないようです。事実、失敗率はかなり高い（〜90%）とする研究がある一方で（Gourville, 2006）、メディアや業界の言い伝え、担当者の肌感などにより失敗が過剰に見積もられているだけで、実際の失敗率はそこまで高くない（40%程度）とする研究もあります（Castellion & Markham, 2013）。また、食品などでは成功率は十分高い（58〜88%）とする研究もあります（Salnikova et al., 2019）。

　当然、長期になるほど生存率は下がるわけですが、短期で見るとそこまで悲惨な状況ではないようです。例えばある研究では、37の消費財カテゴリーである年に発売された約1万のSKU（商品を管理するときの最小単位）のうち、1年を待たずに失敗したのは30%以下であったと報告されています（Wilbur & Farris, 2014）。さらに8万以上のSKUを調査した近年の研究でも、発売後1年以内の失敗率は約25%、2年で約40%と報告されています（Victory et al., 2021）。要するに、大ヒットだけに絞るならまだしも、**1000分の3というのは言い過ぎで、実際は、新商品の半分程度が少なくとも短期的には売れている**わけです。

　しかし、そのような"芽"のある商品でも、「どうせセンミツにのまれる確率のほうが高いのだから、しばらく様子を見た上で今後のリソースや広告予算を決めるのが賢明だ」と判断されることがあります。筆者は、ここに千三つという現象をひもとくカギが隠されているのではないかと考えています。つまり、**新商品への期待は大きい一方で、千三つという言葉がどこかで"縛り"となっていて、ブランドを育てる覚悟が総じて薄い**のではないでしょうか。

　実際、エビデンスをたどっていくと、「新商品のポテンシャルを慎重に見極める」「投資対効果の最大化に向けて最善の方法を検討する」などと言っている間にそのポテンシャルやROI自体が減っており、むしろそれが千三つを招いているのではないかという疑義が生じます。つまり、**最初からマーケティング的な後押しをしていればもっと売れていたはずの新商品の芽を、自らの手で摘み取っている場合もあるのではないか**、ということです。

　このような、「**良かれと思っている善意の経営判断こそ、事業やブランドを壊す真の原因なのではないか**」という仮説は、新商品開発だけではなく、既存商品のリニューアル、ブランドポートフォリオの管理、主

239

力商品への広告予算配分、エクステンションなど、さまざまな場面で頻繁に浮上します。本章では、その事実関係を詳しく調べていきたいと思います。

6-2

ブランドポートフォリオのカギを握る「増分浸透率」を理解する

　とはいえ、半分近くが2年を待たずに消えていくわけですから、やはり新商品の成功確率は高いとは言えません。そもそも、なぜ新商品は失敗する確率が高いのでしょうか。どうしたら成功確率を高めることができるのでしょうか。まず、**商品を初めて買う**という行動（トライアル）に関する基本的なファクトから確認していきましょう。

　Bogomolova et al.（2019）によると、消費者は、3回の買い物に1回以上は初めての商品（新商品に限らず）をトライアルしており、そうしたトライアル商品が買い物かごに占める割合は5〜6％程度だといわれています。また、トライアル客と既存顧客でプロファイルに大きな違いはないとも報告されています。つまり、基本的には習慣的な購買行動が根強いものの、トライアル自体は特定の顧客層（イノベーターやアーリーアダプターなど）に限った行動ではなく、さまざまな消費者層に買われる可能性は開かれているということです。

　一方、企業側の視点で考えると、単に新商品といっても全く新しいブランドを立ち上げる場合もあれば、既存ブランドの拡張（**エクステンション**）の場合もあります。エクステンションにしても、同一カテゴリー内で行う**ラインエクステンション**もあれば、親ブランドの名前を使って別カテゴリーに進出する**カテゴリーエクステンション**もあります（Aaker & Keller, 1990; Farquhar, 1989; Grime et al., 2002）。他にも、名前を変えて**サブブランド**をつくる場合もありますし、高価格帯のサブカテゴリーに進出する**プレミアミゼーション**もあります。

これらには共通する部分もあれば、全く異なる部分もあるので、まずはラインエクステンションを題材として新商品の成長に共通する規則性と注意点を確認し、その後、プレミアム戦略やサブカテゴリー戦略、カテゴリーエクステンションなどの各論を見ていくことにしましょう。

単に商品ラインアップを
増やせばいいわけではない

ブランドが持つラインアップの広さは、そのカテゴリーにおける強みや専門性のシグナルとなるため、**知覚品質を向上させ、長期的な売上に貢献する働きがある**といわれています（Ataman et al., 2010; Berger et al., 2007）。ただし、やみくもに商品数を増やせばいいわけではありません（Gourville & Soman, 2005）。というのも本来であれば、SKUの数に比例して浸透率が増えていくのが理想です。つまりラインアップを増やすほど新しい顧客の獲得につながっている、という状態であってほしいわけです。しかしSKUの数と浸透率の関係を調べた研究によると、そのような単純な線形関係にはならないようです（Tanusondjaja et al., 2012）。現実的にはどうなるかというと、図表6-1のような収穫逓減型のカーブを描きます。

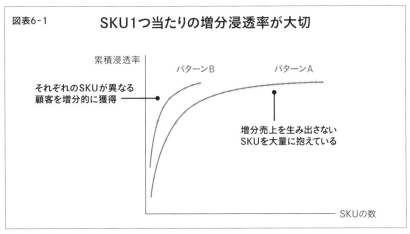

図表6-1　SKU1つ当たりの増分浸透率が大切

累積浸透率

パターンB　　　パターンA

それぞれのSKUが異なる
顧客を増分的に獲得

増分売上を生み出さない
SKUを大量に抱えている

SKUの数

出所:以下を基に筆者が作成（上記図はイメージです）
　Tanusondjaja, A., Nenycz-Thiel, M., Kennedy, R., & Corsi, A. (December, 2012). Is Bigger Always Better? Exploring the relationship between the number of brand offerings in a portfolio and its overall brand penetration [Conference Paper]. ANZMAC Conference, Adelaide, Australia.

　つまり、**全てのSKUが等しく売上に貢献するわけではない**のです。さらに興味深いのは、同程度のシェアのブランドでも、Aのようなロングテールになるパターンもあれば、Bのようにテールが短いパターンもあるということです。この点に関しては、Tanusondjaja et al.（2012）で報告されている2つのトップブランドのプロファイルが象徴的です。

- ブランドA：浸透率18%、SKU24
- ブランドB：浸透率17%、SKU7

　どちらも浸透率はほぼ変わりませんが、AはBの3倍以上のSKUを抱えています。なぜこのような違いが生まれるのかというと、主力商品以外のSKU1つ当たりの**増分浸透率**（SKUを1つ追加することで新しい顧客をどれだけ増やせるか）が異なるからです。例えばBの場合、主力商品が単独で8.7%の浸透率を稼いでおり、残り6つのSKUも平均1.4%の増分浸透率を稼いでいるようです（Tanusondjaja et al., 2012）。それに対し

てAは24のSKUを抱えていますが、その内半分は0.1%以下の増分浸透率しかもたらしていません*。つまり、**Aはロングテール部分に増分売上を生み出さないSKUを大量に抱えているのに対して、BはそれぞれのSKUが異なる顧客を獲得しているため、ポートフォリオ効率が良い**わけです。

*とはいえ、成熟市場ではその0.1%を争う勝負になることも多々あるため、積極的にサブカテゴリーに参入するという判断も十分正当化されます。詳しくは、第6章9節参照。

　当然、メーカーにしてもリテールにしても、Bのように各SKUがMECE（もれなく、重複なく）な仕事をしてくれる状態が理想的です。ただ、現実的にはAのようなポートフォリオになることが少なくないと思います。実際、より大規模な消費財の研究によると、**ブランドの浸透率の約80%、および売上の約70%をポートフォリオ上位半分のSKUが支えている**ようです（Tanusondjaja et al., 2018）。言い方を変えると、残り半分のSKUによってロングテール部分のコストが膨らみ、下手をすると、赤字を吐き出すだけの商品を大量に抱えることになってしまうということです。

新商品の成功と失敗、その分岐点にあるファクト: 第2四半期からのリピート率がカギ

　なぜこのような状況に陥ってしまうのでしょうか。打開点はどこにあるのでしょうか。本節では、**新商品の成否を分ける要因**を詳しく見ていきたいと思います。

　まず、マクロな視点で意識しておくべき基本的事実として、企業がどれだけエクステンションしようが、カテゴリーの総需要が増えるわけではないことが挙げられます（Quelch & Kenny, 1994）。小売店の棚に並ぶ商品の数が増えたからといって、人の消費量や利用額が増えたりはしないのです。お菓子の新フレーバーが発売されたからといって、お菓子を食べないカテゴリーの未顧客が買うようにはなりませんし、プレミアムラインが発売されて喜ぶのはレギュラーラインのユーザーです。実際、エクステンションを買う人の多くは、親ブランドの既存顧客だといわれています（Lomax & McWilliam, 2001）。

　ですから、**アイデアベースのエクステンションを繰り返している企業は、既存顧客間でのスイッチを誘発しているにすぎず、増分売上を生み出していない可能性が高い**わけです。もっとも、競合にスイッチされるよりはマシなので、戦略的に食い合いを許容するという考え方もあるにはありますが、想定以上の過度なカニバリが起こらないように留意する必要があります（Romaniuk & Sharp, 2022）。

次に、新商品は流通や配荷について後押しが必要です。Ataman et al.（2008）は、22カテゴリーにおける225の新商品、5年分のデータを分析し、**新商品の成否に最も影響するのは「流通の広さ」**だと結論づけています。しかしWilbur and Farris（2014）によると、楽観的な流通計画が多いこと、特に発売前の配荷に対する担当者の見積もりが甘く（e.g., 収益性の評価より早く上市することを優先、売ってくれる店の数を過大推定）、ローンチ後の評価もほとんど行われないことが大きな課題のようです。

　企業側の期待値の置き方という意味では、**イノベーションの"程度"の問題**も挙げられます。確かに商品のイノベーションはブランドエクイティにプラスの影響を与えるといわれていますが（Sriram et al., 2007）、イノベーションの程度によって期待できる効果や成果は随分変わってくることも知られています。すなわち、ビジネスインパクトを得るにはそれなりに大きなイノベーションが必要で、フレーバーの追加のような機能が少し違う程度のマイナーイノベーションは、効果が低いばかりか、**イノベーションが一切ない場合より成果に乏しいケースもある**ことがデータで確認されています（Binet & Field, 2018）。

ヒット商品にあって失敗商品にないもの： 第2四半期からのリピート成長がカギ

　次に、商品をローンチしてからの成長プロセス、特に成功パターンと失敗パターンにどのような違いがあるのかについて見ていきたいと思います。成熟市場では、新商品は長い時間をかけて少しずつ成長するものだと思われているかもしれません。しかし、実は**成功する新商品は、かなり短期間で既存ブランドと同水準の浸透率やロイヤルティをマークする**ことが知られています（Ehrenberg & Goodhardt, 2001; Hoek et al., 2003; Singh et al., 2012）。

例えば購入頻度はローンチしてから比較的すぐに（i.e., Q1）既存ブランドと同じ水準まで上がり、そこで高止まります（Ehrenberg & Goodhardt, 2001）。新規トライアルも早い時期（i.e., Q1後期）にピークを迎え、その後は徐々に減少していきます（Hoek et al., 2003）。それを受けて浸透率もQ2〜Q3で安定期に入り、Q4には既存ブランドと同程度になります（Singh et al., 2012）。

こうした傾向は、成功した新商品と失敗した新商品を比べることでよりクリアになります。複数の消費財カテゴリーで、成功したエクステンションと失敗したエクステンションを比較した研究では、成長プロセスにおいて次の点が大きく異なると報告されています（Singh et al., 2012）。

〈成功グループ〉
- 浸透率とリピート率の両方がQ2〜Q4を通してコンスタントに伸び続ける
- 浸透率もリピート率もQ4までに既存ブランドとほぼ同水準になる

〈失敗グループ〉
- 浸透率もリピート率もQ2でピークを迎え、その後は減少する
- 特にリピート率が低い

同研究によると、マーケティング投資を継続するか否かの判断材料という意味では、「既存ブランドを基準として、浸透率とリピート率がQ3までにどの程度伸びるか」がポイントになりそうです。特に、**成功グループではQ2からリピート率が逓増するのに対して、失敗グループではリピーターが少なくかつ減少傾向が顕著**であるため、この時期のリピート成長がその後の成功と失敗を見分けるカギになるようです。

良かれと思ったその判断が新商品を壊す：本当に商品力や企画力の問題なのか？

　さて、こうしたファクトを別の観点から見ると、「**成功グループでは1年かけてしっかり新商品を育てているが、失敗グループでは単に見切るのが早い、あるいは手が回っていないだけ**」とも考えられます。例えば新商品に関しては、「ローンチ直後に広告を大量投下し、その後は様子を見る」というバースト型のプロモーションを行うことも多いかと思います。後述するようにローンチ直後は広告への反応が高いので、この時期に販促をかけること自体は良いのですが、そこでやめてしまうと、成長を支えるライトユーザー層に浸透する前にマーケティングを打ち切ってしまう格好になります。ライトユーザーが増えなければ売上も当然頭打ちになります（e.g., Sharp, 2010）。

　商品の売上が良くないときに「インサイトを外した、コンセプトがまずかった」と、**商品のポテンシャル**を指摘する人もいます。しかし、本当にそれが問題の"根っこ"なのでしょうか。ポテンシャル以前に、本章の冒頭で提議したような、「**リスクをとって予算やリソースをねん出し、新商品を育てるつもりがあるのか**」という経営判断の問題もあるかもしれません。

　この仮説を実証する研究としては、Cooper et al.(2004)が挙げられます。この研究では、100以上の新商品開発プロジェクトを対象として、戦略、ポートフォリオ管理、リソース配分、プロジェクトチームのフォーカスという4つの観点から、**新商品開発プロジェクトの成否を分ける要因を**報告しています。それぞれの観点において、成功グループと失敗グループで高度に有意差があり（p<0.01）、かつ大きな差が出た分岐要因を拾っていくと、次のような実態が見えてきます。

　まず、成功グループでは新商品に対する長期的なコミットメントがあり、戦略に見合った予算がプロジェクトに割り当てられていますが、失敗グループにはそれがありません。成功グループでは営業に十分な人員と時間が割り当てられていますが、失敗グループでは圧倒的に営業人員が足りていません。さらに成功グループでは仕事の優先順位がしっかりついており、担当チームが新商品プロジェクトに集中できる環境がありますが、失敗グループでは過度なマルチタスクが要求され、チームが新商品に集中できていません。

　また、マーケティングへの投資はどちらのグループも不十分ですが、失敗グループではより顕著に不足しています。しかし興味深いことに、集中すべき市場や新商品の果たすべき役割、ロードマップの定義といった戦略立案の側面については、そこまで大差はありません。つまり、いずれのグループも"大きな絵"を描くことはできますが、**成功グループには"人と金と時間"がしっかり投資されている一方で、失敗グループにはそれが大きく欠けている**ということです。

　こうした問題について、経営者に「なぜ新商品をしっかり育てないのか」と聞くと、「育てないのではなく、育てる価値があるかどうかを見極めている」「本当にポテンシャルがある商品なら、最初にきっかけさえ与えれば後は自走するはずだ」といった反応が返ってくることがあります。言いたいことは分かります。企業からしてみれば、千三つといわ

れる世界で投資対効果を把握し、確度の高い意思決定を行うための"戦略的な判断"なのでしょう。しかし、**そうやってポテンシャルを見極めている間に、そのポテンシャル自体が減っている**ことはご存じですか。

　数百のマーケティング施策のインプットとアウトプットを記録したデータベースの分析によると、商品ローンチ後しばらくはベースの成長率も広告反応も高い一方で（e.g., 広告の増加に対して売上やシェアが増えやすい）、特に新しくない小規模ブランドはベースの成長率、広告への反応共に最も低くなることが報告されています（Binet & Field, 2018）。つまり、**発売後しばらくはマーケティング的に有利な状況ですが、時間がたつほどマーケティングへの反応が鈍くなっていき、新商品としての旬を過ぎた「小さいだけ」のブランドは最も不利な状態に陥る**ということです*。いずれにしても、一部の経営者やマーケターが期待するような「ポテンシャルがあれば自走する」などという都合の良い話は、現実にはまず起こらないのです。

*ニッチブランドの成否についてはまた別の観点が必要となります（第2章5節、あるいは第4章6節参照）。

6-5

エビデンスから見えてくる
ローンチ後の「新定石」

キャズム理論を一般の消費財や耐久財、
サービス財に当てはめても意味がない

　では、そうした背景を踏まえて、ローンチ後のプロモーションで何がポイントになってくるのでしょうか。よく、「ヘビーユーザーは情報感度が高くオピニオンリーダー的な役割を果たすから、最初にヘビーユーザーに受け入れてもらうことが大切だ」といった意見を聞くことがあります。確かに、イノベーション性の高いカテゴリーだとそういう視点も大切になるかと思いますが、大半の新商品にはあまり関係ありません。**イノベーション性の高い耐久財やテクノロジーの普及の仕方と**（e.g., Bass, 1969; Moore, 1999; Rogers, 1983）、**日常的に繰り返し購買されるカテゴリーでの浸透の仕方は全然違います**（e.g., Ehrenberg et al., 2004）。後者では、「特定の閾値を超えたら爆発的に浸透する、そこさえ超えたら後は安泰」というような広がり方はしません。識者でも時々混同している人がいますので、注意しましょう。

　新商品の購入者には、比較的カテゴリーのヘビーユーザー（エクステンションの場合は親ブランドのヘビーユーザー）が多くなることもありますが、それはカテゴリーの購入頻度が高いというヘビーユーザーの特性上、新商品に気づく確率が高いからそうなるというだけの話です（Romaniuk & Sharp, 2022）。つまり、ライトユーザーへの浸透が始まっていない新商品に**一般的に見受けられる傾向**であり、どのブランドでもそうなると

いうことです。また、ヘビーユーザーがそのまま新商品のヘビーユーザーになりやすいというエビデンスはありません。むしろ、この類の主張はすでに反証されていて、**親ブランドのヘビーユーザーは、子ブランド（エクステンションなど）においてはライトユーザーになりやすい**傾向が確認されています（Tanusondjaja et al., 2016; Trinh et al., 2016）。

　要するに、**特に宣伝しなくてもヘビーユーザーは集まり、集まったところでそのままヘビーユーザーになってくれるわけではない**ということです。従って、新商品だからといって特にヘビーユーザーをターゲットにした施策を打ち出す必要はなく、またヘビーユーザーが最初多く買ってくれたからといって、その後ライトユーザーに顧客基盤を拡大する必要がなくなるわけではありません。ライトユーザーにとって1年に1～2回しか買わないというのは普通のことですから（Dawes et al., 2022；Hossain et al., 2023）、発売直後のプロモーションだけではリーチできませんし、新規顧客はブランド連想が弱いことも知られています（Trinh et al., 2016）。そのため**ヘビーユーザーではなく、むしろライトユーザーへ浸透させるための継続的なマーケティング支援が必要**ということになるわけです。

「新商品発売後の1～2年でやるべきこと」まとめ

　ここで、これまで見てきたファクトやエビデンスをいったん整理して、新商品ローンチ後の各フェーズにおけるマーケティングのポイントをまとめておきたいと思います。

〈ローンチ直後（第1四半期）〉

　ローンチ直後は広告反応が最も高いため、広告やプロモーションは非常に有効です。ただし、いくつか注意点もあります。まず、新規トライアルは割と早い時期にピークを迎えるため、ローンチ直後の数カ月は特に浸透率拡大にフォーカスする必要があります。特定のターゲット層（ヘビーユーザーなど）に偏らないようにしましょう。メッセージやクリエイティブは機能や成分の説明に終始せず、どのようなオケージョンでどのような価値になるのかという利用文脈を意識しましょう。あくまでパブリシティとセイリエンス優先であり、差別化ポイントの説得ではありません。また、流通もなるべく増分浸透率を意識して、異なる地域、異なる顧客層にリーチできるチャネルを選びましょう。注意点としては、「Q1の初動だけで新商品を見切らないこと」が挙げられます。この時期は成功グループも失敗グループもKPIに大差がつかないので（Singh et al., 2012）、ポテンシャルは測れません。

〈第2四半期〜第3四半期〉

　この時期の継続的なマーケティング投資が成否を分けます。成功する商品は浸透率とリピート率の両方が伸びていきますが、失敗する商品は両方が減少していきます。特にQ2からQ3にかけてリピート率が着実に増えることが、成功群の大きな特徴です。従って、Q2以降はリピート促進につながる施策も厚めにしていきましょう。必ずしも既存ブランドより高いリピート率を目指す必要はありません。より早く、既存ブランドと同水準まで伸びればよいのです。DJライン（第4章5節）を引いて、当該カテゴリーにおける「浸透率：リピート率」の成長比率を把握し、自社ブランドがそこから大きく外れていないことをこまめに確認しましょう。

〈第4四半期〜2年目以降〉

　浸透率とリピート率が既存SKUに近づいてきても、マーケティング投資を急にやめてはいけません。2年目以降も継続的に投資しましょう。何もしなければメンタルアベイラビリティやフィジカルアベイラビリティは減っていきます。たとえ確立された既存ブランドのエクステンションであったとしても、継続的なマーケティング支援は必要です。「ポテンシャルのある商品なら勝手に自走してくれる」などということは、まず起こらないのです。

6-6

新商品がポートフォリオを壊すとき：「担ぐべき神輿」は常に主力商品である

　新商品やエクステンションを論じるに当たり、もう1つ大切な視点があります。というよりこれが一番重要かもしれません。それは、「**売上や事業成長の問題を解決するために、本当に新商品が必要なのか？**」という視点です。エクステンションを頑張るより、むしろ最も売上の大きな**主力SKU**（"Top-selling SKU"）や**コアプロダクト**に注力すべきかもしれません（Binet & Field, 2018; Romaniuk & Sharp, 2022; Tanusondjaja et al., 2018）。例えば、消費財15カテゴリーで9万以上のSKUを分析した研究では、主力SKUがブランド浸透率の約50%、売上の約40%を支えていると報告されています（Tanusondjaja et al., 2018）。

　こういう話をすると、マーケティングをあまり知らない方は、よく次のようなことを言い出します。「すでに認知率100%に近い親ブランドを今さら宣伝して何になるのか。それより新商品を売るために金を使ったほうがいい」——。こうした考え方はある意味、「次の稼ぎ頭を作らないといけない」という使命感の表れなのかもしれませんが、往々にして主力SKUは「売れることが当たり前」になってしまい、売上貢献の割にはマーケティング投資が少なくなりがちです。

　しかし、消費者は認知で買うわけではありません。想起で買うのです。そして人の記憶や連想は薄れていくものです。違う言い方をすれば、売

上アップや事業成長以前に、「**現在の売上やシェアを維持するだけでも最低限必要な広告量**」**というものがある**のです（Sharp, 2017, p.471）。詳しくは第三部で見ていきますが、例えば広告を1年しなければ売上は平均して−16％、2年しないと−25％減るという報告もあります（Hartnett et al., 2021）。いくらロングセラーで認知率が高かろうが、マーケティングによる支援が必要なことには変わりないのです。むしろ**費用対効果で見れば、コアプロダクトを広告するのが最もROIが高い**と報告されています（Binet & Field, 2018）。

　このことを象徴する次のような話があります。あるところに、老舗菓子メーカーのA社とB社がありました。両社は長らくシェアを争っており、お互い競うように新しい風味のスナックを発売しています。それぞれマーケターを雇い、「素材にこだわるカウチポテト」「環境重視のイノベーター」などのセグメントをつくり、顧客調査に基づいて新しいコンセプトとフレーバーを開発、発売するたびに広告や販促を打ちます。
　一方、新規参入のC社はその争いには参加せず、プレーンな塩味のみの展開で、広告もほとんど変えないという独自路線を貫きました。A社やB社のマーケターは、「C社はマーケティングのことを全然分かっていない」と歯牙にもかけませんでした。さて、何が起こったでしょうか。

　A社B社共に売上が下がり、シェアはC社に流れました。なぜこのようなことが起こるか分かりますか。それは、カテゴリー需要の大半がプレーン（塩味）だったからです。もちろんA社もB社もラインアップとしては塩味を展開しています。しかし、広告を打ったのは新しいフレーバーだけで、塩味はもう何年も広告をしていなかったそうです。それに対してC社は塩味"しか"出していませんし、塩味の宣伝"しか"していません。ライト層が次に買うなら、どのブランドに手が伸びやすいかという話です。

新商品と主力商品のトレードオフを考える

　一方、コスト面はどうでしょうか。**複数のSKUを扱うようになると、主力のSKUのみ生産する場合に比べて生産コストは25〜45％高くなる**といわれています（Quelch & Kenny, 1994）。新しいSKUを十分流通させるには、さらにコストがかかります（Wilbur & Farris, 2014）。では、そのお金はどこから出てくるのでしょうか。事業部制であれば、当然割り当てられた予算から捻出する必要があります。メーカーにとって新商品のローンチはある意味"祭り"ですから、多少は追加予算も下りるでしょう。しかし、SKUの数に比例して無尽蔵に予算が湧いてくるような会社はありません。むしろ限られた予算の中で、既存商品をリポジショニングするのか、エクステンションするのかといった意思決定を迫られることが大半かと思います。

　つまり、常にトレードオフを考える必要があるということです。予算だけではありません。工場の生産ライン、人的リソース、小売店の棚……いずれも、現在進行形で売上に貢献している主力SKUとのトレードオフになる可能性があります。先に大半のSKUはマージンが低いという話をしましたが、そのような**不採算SKUであっても、主力SKUに回せたはずの機会費用の上に成り立っている**わけです。「商品開発とはそういうものだ」と言ってしまえばそれまでですが、主力SKUの縮小は事業成長に大きな影を落とすことを理解しておきましょう。これは特に、**ライトユーザーの維持・獲得**という側面で重大な意味を持ちます。

　市場の大半はライトユーザーであり、ライトユーザーへの浸透が成長を左右するのは周知の事実です（e.g., Sharp, 2010）。結局、主力SKUの売上が大きいのも、ライトユーザーが買っているからです（Romaniuk & Sharp, 2022）。しかし主力SKUのメンタルアベイラビリティが弱まれば、

ライトユーザーの想起集合から外れていきます。そしてエクステンションに小売店の棚を譲る格好になれば、当然フィジカルアベイラビリティも減り、顧客基盤は縮小していきます。ですが、それらと引き換えに発売した新商品を買う人の多くは、その縮小している主力SKUの既存顧客です（Lomax & McWilliam, 2001）。図表6-2から分かるように、**これらがループすると、ほぼ確実にブランド全体の売上が割を食う**ことになります。

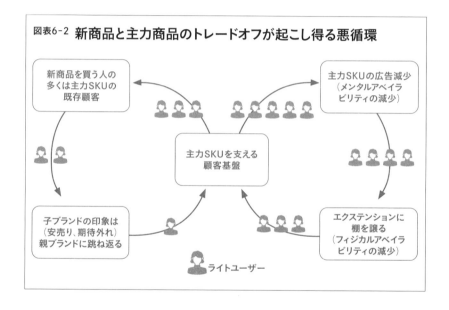

図表6-2 **新商品と主力商品のトレードオフが起こし得る悪循環**

新商品を買う人の多くは主力SKUの既存顧客

主力SKUの広告減少（メンタルアベイラビリティの減少）

主力SKUを支える顧客基盤

子ブランドの印象は（安売り、期待外れ）親ブランドに跳ね返る

エクステンションに棚を譲る（フィジカルアベイラビリティの減少）

ライトユーザー

6-7

ポートフォリオに「残すべき商品」と「取りやめる商品」を見分ける着眼点

ブランドポートフォリオ管理の本質は「生活文脈の陣取りゲーム」

　さて、ここまで読むと「じゃあエクステンションはしないほうがいいの？」「ラインアップが少ないとリテールへの交渉力が落ちる」といった懸念が生まれるかもしれません。順番に考えます。まず、誰もエクステンションすべきではないとは言っていません。先に述べたように、ラインアップの数はエクイティや長期的なパフォーマンスに影響します（Ataman et al., 2010; Berger et al., 2007）。しかし、ただ増やせばいいわけではなく、**新規の増分売上をもたらすようなエクステンションを意識すべき**です。

　ブランドのポートフォリオについては、MECEかどうか、シナジーがあるかといった観点から議論されることが多いですが、本質は「**生活文脈の陣取りゲーム**」です。消費者は1つのカテゴリーを異なるオケージョンで利用しています。そして第4章、第5章で見てきた通り、求められる商品要件やプライスポイントもオケージョンごとに異なるため、「**消費者層ではなく、オケージョンに合わせてブランドポートフォリオを設計する**」という視点が重要になってきます（Romaniuk & Sharp, 2022）。

ポートフォリオ上で機能がMECEにそろっていても、それらの機能が、異なる文脈で価値として想起されなければ増分売上を生み出しません。ペルソナごとにポートフォリオを整理したつもりでも、結びついている利用文脈が同じである限り新規顧客は増えません。どうなるかというと、食い合うだけです。ですから、むしろオケージョンを起点に、「**利用文脈やカテゴリーエントリーポイントを何割カバーできているか**」という増分浸透率の視点で管理すべきなのです（e.g., 第6章2節）。

　例えばポートフォリオの管理では、ロングテール部分のSKUの内、どれを残してどれを引き揚げるかがよく議題に上りますが、そういうときは「**増分浸透につながる機能、属性、プライスポイント、イベント、エリア、季節、支払い方法、利用形態は何か**」といった観点から優先順位を検討してみましょう。Romaniuk and Sharp（2022）によると、主力SKUがカバーできないニーズやチャネルに特化したSKU や、いまだ試していない方向性へのエクステンションはポートフォリオに残してもよさそうです。増分売上につながる可能性があるからです。逆に注意しなければいけないSKUとしては、フリーローダーSKU（棚に置かれているだけで売上が少なく、製造にも流通にも余分に金がかかるSKU）が挙げられています。

売れ残りのSKUが
ブランドを毀損するメカニズム

　フリーローダーSKUは、増分売上をもたらさないだけでなく**ブランドを毀損する恐れ**があります。例えば、売れないSKUはたいてい価格プロモーションの対象となります。しかし第5章で触れたように、価格プロモーションが続くと、セールでまとめ買いするブランド、ディスカウントされている店で買うブランドとして想起されるようになります。

　ところが、エクステンションの購入者の中には親ブランドの既存顧客もかなり多く含まれるため（Lomax & McWilliam, 2001）、こうしたネガティブな想起が親ブランドにも跳ね返ります。

　そうなると、もはやそのブランドではプレミアミゼーションが難しくなりますし、小売店も棚を狭くするなど、今後の取り扱いが渋くなるかもしれません。しかし、いわゆるマーケティングの4P（製品＝Product、価格＝Price、流通＝Place、広告販促＝Promotion）」の中で新商品の成功に最も影響するのはPlace、つまり流通です（Ataman et al., 2008）。ですから、深い考えなしに思いつきでエクステンションを増やし、リテールの不興を買うというのは、逆に**営業部隊にとっては最悪のパターン、交渉力がうんぬん以前の問題**なわけです。いずれにしても、エクステンションの影響はプラスにもマイナスにも働くということは覚えておきましょう。

　このように、新商品開発は商品単位で捉えるのではなく、ブランドや事業全体の問題として捉えることが重要です。そして企業が**担ぐべきは常に主力商品である**ことを忘れないようにしましょう。ブランドが成長するためには、需要の中心を担う親ブランドや主力SKUを最優先にして、**「記憶と棚の陣取り合戦」**で確実に勝つ必要があります。

プレミアム化のトリセツ：
「軸をずらす」とは結局、
何をどうすること？

　成熟市場でブランドがある程度大きくなってくると、「昔のように浸透率が簡単に伸びない。かといって既存顧客のアップセルも頭打ちになってきた。ここからの成長はどう考えればよいのか」という状態になってきます。こうした場合、高価格帯または低価格帯のサブカテゴリーに進出するという方向性が考えられます。高価格帯のサブカテゴリーへの進出、いわゆる「**プレミアミゼーション（プレミアム化）**」は、マージン成長への効果が期待できます。例えば、4カ国、20カテゴリーのスキャナーデータを用いた研究によると、成熟したサブカテゴリーでは、新商品（SKU）が既存品より約30％高い価格で導入されているようです（Nenycz-Thiel et al., 2018a）。

　プレミアム化のポイントについては、Binet and Field（2018）が実施策の成果を分析していくつかの提言を行っています。筆者が特に重要だと感じたのは次の3点です。

〈プレミアム戦略の基礎知識〉
（1）ブランドやカテゴリーが新しい場合、プレミアミゼーションは難しい
（2）高価格帯になるほど、感情訴求の広告で価格感度を下げる必要がある

（3）プレミアム化とリポジショニングは、それぞれメリットとデメリットがある

　それぞれ見ていきます。まず、一般的にブランドやカテゴリーが新しい場合、プレミアム化は難しくなります。**名前も聞いたことがないようなブランドが、いきなり「ウチはプレミアムなんです」とうたっても、魅力を感じてくれる消費者はそういない**ということです。成長の初期段階では顧客基盤を拡大することのほうがビジネスインパクトは大きく、時間が経過するにつれて、プレミアム化も現実的な選択肢となってくるようです（Binet & Field, 2018）。

　次に、低価格帯と高価格帯では広告に求められる働きが異なります。高価格帯になるほど**感情訴求を中心としたブランド構築を行い、価格感度を下げ、プレミアムを支える**ことが求められます（Binet & Field, 2018）。ちなみに、短期のパフォーマンスマーケティングも長期のブランディングも、低価格帯とスーパープレミアム帯*では特に効果が高くなるようです。

*通常のプレミアム帯よりさらに高い価格帯。

　最後の（3）ですが、成熟ブランドの場合、プレミアムラインをつくるのではなく、マスターブランド自体をリポジショニングするという選択肢もあります。しかし、Binet and Field（2018）によると一長一短があるようです。**リポジショニングは時間もコストもかかる一方で、価格感度を下げる効果が大きい**ため、長期的に見れば収益性が高いようです。**プレミアム化は比較的早く成果を出すことができますが**、やはりカニバリのリスクが残ります。

「軸をずらす」とは
具体的に何をどうすることなのか？

　高価格帯のサブカテゴリーにおいては、**品質のみならず、購買文脈を明確にシグナリングする**こともポイントです。価格感度が文脈によって変わるからです（Huang et al., 2017; Wakefield & Inman, 2003）。例えばプレミアムビールは、ハレの日需要や週末のご褒美といった利用文脈の中で価格を成立させています。もし、文脈も価格も変えずに「プレミアムでおいしいビールです」と触れ込むだけだったとしたら（i.e., ただのキャッチコピー）、レギュラービールと食い合いになり、マージン成長は期待できないでしょう。

　プレミアミゼーションに限った話ではありませんが、サブカテゴリー化においてはよく「**軸をずらす**」ということを行います。これが具体的に何をすることなのかというと、第5章3節で説明したように、**レギュラーラインや親ブランドと異なる「購買文脈×商品属性×価格」の組み合わせを見つけていく**ことになります。要するに、利用文脈に合わせて「訴求軸をずらす」わけです。

　こうした「ずらし」に関する近年の模範的なケースとしては、日経トレンディの「ヒット商品ベスト30」で2022年の1位に選ばれた「Yakult（ヤクルト）1000／Ｙ１０００」が挙げられます。ヤクルトと言えば言わずと知れた乳酸菌飲料の老舗ブランドですが、Yakult1000／Ｙ１０００の特徴として乳酸菌 シロタ株の菌数が1000億個、菌の密度は従来品（ヤクルト４００）の2倍という機能的イノベーションを実現しています。これをどう売ることで大ヒットにつなげたのか、ここまで解説したエビデンスを参考に、筆者なりの見解を述べてみたいと思います。

　まずヤクルトは、「家族の健康を守る」「昔からある親しみやすさ」「安

心感」といった訴求軸により、腸内環境の改善、つまり腸活文脈での想起に強みがあるブランドだと思います。ところが、腸活カテゴリーにはすでに各社が参入しており、代替可能性も高いため、比較的弾力性の大きな成熟市場と言えそうです。そうした背景もあってか、日経クロストレンドの記事*によると、Yakult1000／Ｙ１０００は30〜50代のビジネスパーソンをターゲットとして、「ストレスの緩和、睡眠の質向上」というベネフィットを訴求しているそうです。

　確かに、睡眠カテゴリーで想起を取っている飲料メーカーはあまりなかったように思います。また、発売当初は宅配をメインにしつつも百貨店や高級スーパーで販売し、間口を広げる工夫をしたそうです。ヤクルトレディという独自の流通網を生かしつつ、宅配とは異なる顧客層にアプローチできるチャネルもカバーすることで、新商品の成否に重要な流通と増分浸透率をケアしていることがうかがえます。そして全国展開においてはCMによるライトユーザーへの浸透にも余念がありません。

　では、「文脈×属性×価格」の組み合わせについてはどうでしょうか。従来のヤクルト４００が1本80円であるのに対し、Yakult1000は130円（Ｙ１０００は150円）ですから、少々高めの価格設定ではあります。しかし、ストレスが多いなか睡眠はしっかりとりたい、睡眠の質を高めて休みたいという社会文脈と掛け算することで価格感度を下げ、同時に機能面でのイノベーションを顧客価値（睡眠の質向上）に翻訳し、その受け皿としてプレミアム価格を設定するという、極めてロジカルな「購買文脈×商品属性×価格」の組み合わせになっています。もちろんその土台には、ヤクルトレディの草の根営業や高い商品開発力があるわけですが、いくら2倍の乳酸菌密度とはいえ、もし従来の延長線上で腸活市場をターゲットにしていたら、ここまでの大ヒットにはならなかったかもしれません。

*https://xtrend.nikkei.com/atcl/contents/18/00698/00005/

サブカテゴリーの見つけ方: 行動ロイヤルティや 習慣の分岐点に着目

　では、すでにプレミアム商品を出している場合はどう考えればよいのでしょうか。高価格帯への価格差別は確かにマージンを改善しますが、**何種類もの"プレミアム"をつくるのはあまりお勧めできません。**高価格帯の需要はそもそも規模が小さいからです。たくさんプレミアム商品を出しても、その小さな顧客基盤を食い合うだけなので、最初に出した商品が割を食うことになります。いくつものプレミアムをつくった結果、売れ残り、ディスカウントされていたのでは話になりません。

　こういう場合、新しい需要を見つけにいくのが次の一手になるかもしれません。Nenycz-Thiel et al.（2018b）によると、成熟市場では特定の顧客が時々買うような「**サブカテゴリー**」を通してカテゴリーが成長する可能性がある、とされています。従って、どのようなタイプのサブカテゴリーを通してどれくらい新規顧客を呼び込めるか、あるいは既存顧客からの収益を高められるか、を見極めることが大切になるようです。こうした観点から、低価格帯のサブカテゴリーへの進出や、別カテゴリーへのブランドエクステンションも考えられます。

　低価格帯のサブカテゴリーへの進出では、安く提供することで価格がWTPを下回るカテゴリーユーザーが一定数出てくるため、ボリューム増加に期待できます。だだし、「安くするのだから品質も下げてよい」

と短絡的に考えず、**「品質を維持すべき属性と、緩めてもいい属性がある」** ことに注意しましょう。第4章や第5章で見てきたように、カテゴリーユーザーにとって重要な商品属性がある場合、それが維持されているか、訴求されているかでWTPが変わることがあります（Erdem et al., 2008）。また、どんな属性を備えたプロダクトやサービスであれば割安感があるのかも、プレファレンスによって変わってきます。

サブカテゴリーの見つけ方

着眼点①：DJラインを引いて市場の境界線を探す

　サブカテゴリーの見つけ方ですが、まずは**DJラインを引いて「自社がカバーできていない市場の境界線」がないかをチェック**しましょう。第4章5節で見たように、機能性や価格、購買チャネルが大きく異なるブランドはメインストリームのブランドとは別のクラスターを形成することがあり、そこがサブカテゴリーになっている場合があります。これを「市場にパーティション（境界線）がある」と言うのですが、こうしたサブカテゴリーは既存SKUでカバーできない（＝増分浸透率につながる）可能性があるので、進んでサブブランドを展開すべきです。

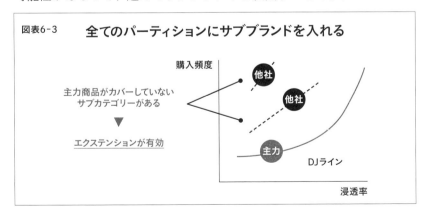

図表6-3　全てのパーティションにサブブランドを入れる

主力商品がカバーしていない
サブカテゴリーがある
▼
エクステンションが有効

購入頻度
他社
他社
主力
DJライン
浸透率

着眼点②：行動ロイヤルティの変化に着目する

　もう1つのアプローチは、「**行動ロイヤルティ**」が変化する起点となっている機能や属性に着目するという方法です（Jarvis & Goodman, 2005; Rungie & Laurent, 2012）。特定の機能だけが集中的に使われている、いつもとは異なる文脈で消費されている、ある地域や時間帯だけ利用金額が多い——サブカテゴリー化のチャンスはそうした「**行動が変化する分岐点**」にあります。まずその分岐点を見つけ、それは誰か、それはなぜか、と調べていくのです。

　例えばクラウドストレージサービスを提供する米ドロップボックス（Dropbox）は、「写真や動画をバックアップするための保管庫として使う」という行動は企業にとっての価値が低く（e.g., 有料プランにアップグレードする可能性が低い）、逆に「仕事で使うようなドキュメントやプレゼン資料などを共有し、ネットワークを介してコラボレーションする」という行動の価値は高いことを発見しました（Chen, 2021）。そこで、前者を低価値活動、後者を高価値活動と分け、後者を優先的に獲得、機能対応することで市場を拡大させていったそうです。多くのブランドが、このような「機能や文脈ごとに異なる行動ロイヤルティ」を見過ごして的外れな差別化をしたり、一物一価で売ったりしてチャンスを逃しています。

　逆にあまりお勧めしないのは、**消費者の「発言」を主、「行動」を従としてサブカテゴリーの価値設計をしてしまうこと**です。筆者の経験談になりますが、下手にペルソナをつくったり、価値観やライフスタイルのような概念上のセグメンテーションから始めたりすると、たどり着く新商品の大半が既存SKUと食い合います。そうではなく、SCRのような行動ロイヤルティ指標、あるいは実際の利用額や購入回数といったデータを頼りに、「**主力商品とは明らかに異なる行動ロイヤルティが集ま**

っている所から始める」のです。

着眼点③：いつもの生活習慣が途切れるタイミングに着目する

　習慣形成の観点から考えると、いつもの生活習慣が途切れるオケージョンに着目することも有用でしょう。まず大前提として、行動が習慣化されている場合、意向の変化は行動の変化につながりにくいことが知られています（Ji & Wood; 2007; Verplanken & Wood, 2006; Webb & Sheeran, 2006）。つまり、大まかなパターンとして、

特定の文脈で特定の行動を繰り返すことが「習慣化」している
**　→意向の変化は、行動の変化につながりにくい**

特定の文脈で特定の行動を繰り返すことが「習慣化」していない
**　→意向の変化が、行動の変化につながりやすい**

という傾向があるということです。習慣と結びついた文脈が非常に強力な調整変数として作用することで、意向と行動の間にギャップが生まれるわけです。

　第一部で「意向や態度は行動の先行指標にはならない」という話をしましたが、結局**ブランド選択の大半は習慣的**なので（i.e., ポリガマスロイヤルティ）、正面切ってベネフィットを説明してもたいして行動変容にはつながらないわけです。例えば、ジャンクフードが大好きな人に健康的な食事をとることのベネフィットを伝えても、認識は変わるかもしれませんが、行動はあまり変わらないでしょう（"分かってるんだけどつい食べちゃうんだよね"）。ブランド選択も根本的にはそれと同じです。たとえ本人に何かしらいつもとは別の行動意図があったとしても、結局は習慣的

な購買行動を繰り返す傾向が強いわけです（Ji & Wood, 2007）。

　一方で、逆の見方をすれば、**強い習慣が確立していなければ意向が行動を導く余地がある**とも言えます。例えば、自宅で行うタイプの遺伝子検査サービスは、情報提供や説明による認識変化が購買につながりやすいかもしれません（一生に一度なので習慣として確立しようがない）。

　しかし、実は習慣が確立されていても、意向の変化が行動の変化につながる場合があります。それは、「**習慣的な行動が起こる文脈が変わったとき**」です（Neal et al., 2006）。根強い習慣でも、その行動のトリガーとなる環境や文脈が変われば、変化させる余地が出てきます。例えば、引っ越しやライフステージの変化、就職や進学、交友関係や家族構成の変化、病気によるライフスタイルや食生活の変化などのように、習慣的な行動と結びついた物理環境が大きく変わる場合は、意向の変化が行動の変化につながりやすい状態になります。

　強い習慣が確立しており、行動文脈も変わらない
　→**意向の変化は、行動の変化につながりにくい**

　強い習慣が確立しているが、行動文脈が変わった
　→**意向の変化が、行動の変化につながりやすい**

　近年で言えば、リモートワークの普及により「会社に行って働く」という従来の習慣がいったん途切れ、「家、あるいはサードプレイスのような場所で働く」という新しい習慣ができたことで、それまで利用しなかった商品やサービスを利用するようになった、求める機能の優先順位が変わったという人も多いのではないでしょうか。

　このような「**いつもの習慣が途切れるタイミングやオケージョン**」も

サブカテゴリー発見に役立ちます。例えばつい先日、地方の観光地で電動キックボードが導入され始めているというニュースを見ました。通勤や通学といった移動は、習慣の影響を強く受ける"ルーティン"です。正攻法で新しいベネフィットを訴えても、「なるほど、じゃあ明日から電車通勤はやめてキックボードで会社に行こう」とはなりにくいものです。しかし、旅行や帰省のようにいつもの習慣が途切れるタイミングであれば、「面白そう、試してみるか」と思ってもらえるかもしれませんし、逆にそうした体験を先にすることで、「ちょっとした移動ならキックボードもありだな」という日常使いの習慣が始まるかもしれません。

　この場合、正確には「プロダクトのサブカテゴリー」というより、「**行動のサブカテゴリー**」に注目しているわけですが、実務では、「競合の利用を含め、習慣が確立されている中でどう自社ブランドの利用機会を増やしていくか」が課題になる場合が多いので、このように、**ターゲット層の行動文脈が自然に変化する"分かれ目"を狙った介入は、習慣変化の戦術として理にかなっています**。

　また、繰り返し行われている行動であっても、常に習慣的に行われるとは限りません。例えば、車の運転は「仕事に行く」という用途では習慣化されている可能性が高いですが、「レジャーに出かける」ときは、いつもの習慣の枠から外れた意思決定が行われるかもしれません（Verplanken & Wood, 2006）。こうしたオケージョンから、行動変化につながる体験や認識の糸口を見つけ出すこともできます。筆者のあるクライアントは、**カスタマージャーニーの中で習慣として確立されている文脈**（システム1で処理されるオケージョン）と、**習慣が確立しきっていない文脈**（システム2的な意思決定を含むオケージョン）を分け、後者の文脈に狙いを定めて認識変化を集中させる取り組みを行い、成果につなげています。

271

カテゴリーエクステンション

同じカテゴリー内で食い合う可能性の高いラインエクステンションとは異なり、**カテゴリーエクステンション**は異なるカテゴリーでの浸透を目指すため、増分売上をつくるという観点からはかなり有望です。実際、同じブランドが2つの異なるカテゴリーに存在する場合、片方のカテゴリーでブランドを購入した人は、もう一方のカテゴリーでのブランドエクステンションを約2.4倍購買しやすくなると報告されています（Grasby et al., 2019）。補完的なカテゴリーや代替可能なカテゴリーの場合は、さらにその傾向が強まるようです。

新規獲得の面でも、似たようなSKUを量産するより、カテゴリーエクステンションや新しいサブブランドをつくったほうが、インパクトは大きいことが分かっています（Binet & Field, 2018）。1つ注意点としては、**購買喚起とブランド構築の予算配分のバランス**に気をつけましょう。新しいサブブランドの導入やカテゴリーエクステンションは、ラインエクステンションに比べて、**ブランド構築がより重要**になってくるようです（Binet & Field, 2018）。

- ラインエクステンション：購買喚起38%、ブランド構築62%
- 新しいサブブランド導入：購買喚起22%、ブランド構築78%
- カテゴリーエクステンション：購買喚起16%、ブランド構築84%

リニューアルの落とし穴：
「新しさづくり」が
目的化していませんか？

　本章最後のテーマとして、**既存ブランドのリニューアル**、**およびそれに伴うロゴやパッケージの変更**について解説しておきたいと思います。

　リニューアルの機運が高まる背景にもいろいろあると思います。「ロングセラーになったが顧客の平均年齢も上がってきたので、このあたりで若返りを図りたい」「会社の吸収や合併に伴いマスターブランドも一新したい」——。しかし、ロングセラーになるほど関係者も増え、なかなかまとまらないものです。「新しい要素を取り入れていかないと飽きられてしまうのではないか」「いやいや、昔からのファンに嫌われないように慎重になるべきだ」「時代に合わせたリニューアルで若い層を取り込まなければ」など、立場によっては意見の対立もあるでしょう。

　そうした議論も結構なのですが、**まずリニューアルが本当に必要なのかを確かめましょう**。役員や担当者が「若返りが必要だ、大幅なてこ入れが必要だ」と思い込んでいるだけで、実はブランドヘルス（認知や想起、プレファレンスなど）や行動ロイヤルティ（リピート率、SCRなど）には異常がないケース、もしくは新商品にかまけて親ブランドの広告や流通がおろそかになっているせいで、メンタルアベイラビリティやフィジカルアベイラビリティが一時的に弱まっているだけというケースも結構あります。

"New News"──「何が新しいのか」を 解説しないと新しさが伝わらない新商品

「新しさづくり」が目的化していないでしょうか。リニューアルにしてもエクステンションにしても、千三つが多い企業は、経営者やマーケターの**「今までにない新しさ」への妄信と焦り**があるような気がします。例えば、ロングセラーブランドや売れ行きがよくないレガシーブランドの担当者になると、「何か新しい要素を入れなければ消費者は気づいてくれない」「何か新しいコトを始めないとシェアが奪われる」という気持ちになるのかもしれません。より広い意味では、「特に話すことがない」「伝えるニュースがない」「訴求できる特徴がない」といった状態をとにかく嫌がるわけです。

　気持ちは分かります。ですが、新しさづくりが目的になってしまうと、消費者にとってどうでもいいような差でもエクステンションするようになり、**「何が新しいのかを解説しないと新しさが伝わらない新商品」**が増えていきます。このような手段の目的化を揶揄して「New News（ニュースのための新しさづくり）」と言ったりしますが、**消費者は新しいから買うわけではありません。想起や習慣で買うのです**。実際、Binet and Field（2018）は、ニュースづくりのためのマイナーな変更は効果が低いことをデータで示し、主力商品のブランディングをしたほうがよほど効果的であると述べています。

消費者の認知経路に 手を加えて本当に大丈夫か？

　親ブランド（マスターブランドや主力SKU）の大幅リニューアルには、そもそも大きなリスクが伴います。これまで築いてきたブランドの一貫性

や、**消費者の中で確立されている想起経路に何らかの形で手を加えることになる**からです。積み木を崩すのは一瞬です。しかし、積み上げるのは金も人も時間もかかります。こうしたことから筆者は、大幅なリニューアルの前に「**利用文脈のエクステンション**」をしてみることを推奨しています。特に顧客の高年齢化が進んだレガシーブランドなどでは、利用文脈が固定化されてしまい、ブランドへの入り口が少なくなっていることが多いからです。

　シェアの大きなブランドはこうした入り口を常に構築し、消費者の記憶を更新し続けています（Sharp, 2010; Romaniuk & Sharp, 2022）。例えばKFCは「今日、ケンタッキーにしない？」というメッセージで、さまざまなオケージョンからの入り口を増やしています。しかし、オリジナルレシピを変えたという話は聞きませんし、カーネル・サンダースが別の人になったりもしませんね。このように**ブランドのコアは変えずに、これまでとは異なる購買文脈で想起されるようにブランドの価値を再解釈する**のです（芹澤、2022）。このあたりは第三部で詳しく解説します。それでも成果が出ないということであれば、そこで改めてリニューアルを検討すればよいと思います。

独自のブランド資産:
ロゴやパッケージにブランド以外
の意味は必要ない

既存顧客に嫌われることより、ライトユーザー
に見つけてもらえなくなる心配をすべきだ

　前置きが長くなりましたが、いざリニューアルに取り組むとなっても、そこにはさまざまな誤解や優先順位の取り違えが見受けられます。例えば、「大幅なリニューアルや若返りをすると既存顧客に嫌われる」と言う人がいますが、それは味や機能といった"中身"を変えた場合です。パッケージやロゴ、デザインといった"外側"のリニューアルでは、**嫌われることより、消費者がブランドに気づかない状況を生み出してしまうことを懸念すべき**です。

　例えば、かつて果汁飲料の「トロピカーナ」が莫大な予算をかけてパッケージを大幅リニューアルしたところ売上が急落し、すぐ元に戻したエピソードは有名です（Lee et al., 2010）。モダンなイメージを目指し、デザイン起点でパッケージにいろいろな意味を込め、大幅に変更したことで、消費者が「自分が知っているいつものトロピカーナ」を見つけられない状況をわざわざつくってしまったわけです。このように、「**ブランドに込めたい"意味"**」や「**経営者の"思い"**」を反映させることが、「**識別子としてのブランド資産を守ること**」より優先されてしまうと問題です。

独自のブランド資産（DBA）の重要性

　最近は、パーパスやMVV（ミッション、ビジョン、バリュー）を起点にリニューアルが進むことも少なくありません。それ自体は別にいいのですが、「ロゴやパッケージ、デザインから、経営者の思いやブランドの物語を感じてもらうことが大切」的なことを言い出す人がいます。要するにブランディングになると思っているわけですが、ブランド選択とはそういうことではないのです。

　この分野の第一人者であるアレンバーグ・バス研究所のジェニー・ロマニウク教授は、そのような**ブランドの独自資産**（DBA：Distinctive Brand Assets）**はブランド名以外何も想起させないほうがいい。他の意味を持たせることはむしろリスク**だと述べています（Romaniuk, 2018）。なぜなら、ブランドとは無関係の意味や連想が間に挟まるほど、ブランドが想起される確率が減っていくからです。これを「**メンタルコンペティション**」と言います。

　例えば、ブランドの想起を考える上で、理想的な"ロゴ"とはどんなロゴでしょうか。そのロゴを見たときに多くの人が自社ブランドを想起し（DBA→自社ブランド）、かつ、ロゴから想起するのは自社ブランドだけ（DBA≠競合ブランド）という状態が理想でしょう（Romaniuk, 2018）。しかし、「DBA→"意味"→ブランド」とすると、中間に置いた意味から連想されるブランドとは関係のない事柄、悪くすると似たようなMVVを掲げている競合が想起集合の中に入ってきます。つまり、単純に**自社ブランドの「想起の邪魔」になる**のです。

　大半の消費者は、パッケージやロゴ、デザインなどを「いつものアレ（よく買うブランド）」を識別するための記号としか見ていません。いかに競合とは異なるブランドストーリーや素晴らしいバリューを表していたと

しても、普通の消費者には区別がつきませんし、**スーパーやコンビニに"物語"を探しにいくわけではない**のです。高関与のカテゴリーならまた話が違ってくるとは思いますが、「いつものアレが見当たらない、なら別のでいいや」が普通の人の感覚です。いずれにしても、わざわざ自社のメンタルアベイラビリティを減らす工夫をする必要はありません。

　筆者はいわゆる「パーパスブランディング」には懐疑的*なのですが、1つ誤解しないでいただきたいのは、DBAを選ぶ（つくる）ときに、経営者の思いやブランドストーリーを起点にすること自体は何の問題もありません。「DBAでそれを表現することがゴールになる」のがまずいのです。その一方で留意したいのは、ロゴ以外にも、パッケージやタグライン、エグゼキューションなどでも似たような問題が起こるということです。

　よくある話としては、例えばある洗剤メーカーの経営者が、「現在の消費者は環境問題への意識が高い」「そうした問題に取り組んでいることを積極的に伝えていこう」と考え、環境に優しいことをブランドの社会的な意義として大々的にうたったとします。しかしその結果、「どうせ洗浄力が弱くて汚れが落ちないから、環境うんぬん言ってないブランドにしよう」と思われ、売上が減ったら本末転倒なわけです。というか、環境に優しい系の訴求は大体そのパターンになります（Newman et al., 2014; van Doorn & Verhoef, 2011; van Doorn et al., 2021）。サステナビリティ系のアピールをするなら、商品属性としてではなく、企業の取り組み（CSR）としてPRしたほうがいいでしょう。

*そもそもパーパスやMVVは消費者に直接向けるマーケティングコミュニケーションの道具ではなく、社内外のステークホルダーに向けたインナーマーケティングや、チーム内での認識を共有するための道具だと思います。

| DBAは消費者に聞いて決めることではない |

リニューアルに際し、消費者や顧客の声を聞くデプスインタビューや FGI（フォーカスグループインタビュー）などを行い、特にファンやヘビーユーザーに意見を求めるマーケターがいますが、これも必要ありません。リニューアルすべきかどうかという是非についてもそうですし、リニューアルに伴うDBAの変更に関しても、消費者の意見で決めることではありません。

例えば、昔からあるレガシーブランドについて、「ブランドイメージが古くなったと思いますか、どうしたらもっと良いパッケージになると思いますか」などと聞けば、いくらでも〝評論家〟として批判してくれます。しかし、消費者はマーケターでもなければデザイナーでもありませんから、DBAに対する主観的な「意見」をもらっても意味がありません（Romaniuk, 2018）。**消費者に対して確認しなければいけないのは、DBAを知っているか、そこから自社ブランドがどれだけ排他的に想起されるかという「事実」です**。そこが、ビジネスインパクトが大きく、かつ自社でコントロール可能な部分だからです。

具体的にリニューアルやDBA開発をどのようなプロセスで進めればいいのか——これについては、先に述べたロマニウク教授の『ブランディングの科学 独自のブランド資産構築篇』（朝日新聞出版）が最も詳しいと思います。このテーマに関しては他に類を見ないほど専門的、かつ実務のプレイブックとして完成された名著なので、ぜひそちらで学んでいただくことをお勧めします。

第三部

HOW
以前の問題

広告コミュニケーションの規則性

第三部では、HOW（どのように、どうやって）を考える以前の問題として、広告コミュニケーションやメディアプランニング、広告費用対効果などに関するファクトを見ていきます。

　広告は消費者にどのような影響を与え、売上やシェアを生み出すのでしょうか。根拠のあるコミュニケーションデザインとはどのようなものなのでしょうか。「リーチvs.ターゲティング」「ポジショニングvs.カテゴリーエントリーポイント」「ブランドの一貫性vs.解釈の新しさ」「説得vs.セイリエンス」といった、ときに対立することもある視点をどうバランスさせていけばよいのでしょうか。このあたりも思い込みや誤解が多いテーマです。

　また広告は、"行う前"のプランニングだけではなく、"行った後"の効果測定や次回施策へのフィードバックも大切です。近年では、「予算配分の最適化」や「ROIの最大化」といった言葉が随分気軽に使われるようになりましたが、その意味を正しく理解し、利活用できている人は意外に多くありません。第三部ではそのあたりも確認しながら、根拠のある広告コミュニケーションとメディアプランニングを実践するための「エビデンスに基づいたアプローチ」を紹介していきます。

第7章

7

STP、ブランドイメージ、
パーセプションの
エビデンス

ブランドイメージはマーケティングではなくシェアで決まる

　本章では、**ポジショニング**や**ブランドイメージ**、**パーセプション**といった、これまで広告コミュニケーションの土台となってきた考え方の妥当性を確認していきます。また、比較的新しいコミュニケーション管理・開発ツールとして、「**カテゴリーエントリーポイント（CEP）**」と「**オルタネイトモデル**」の実践方法をステップ・バイ・ステップで解説していきたいと思います。

　まず、**ブランドイメージ**に関する基本的なファクトから確認していきましょう。「自社ブランドが消費者にどう映っているのか」は、古今東西を問わず企業にとって大きな関心事です。会議などでも、「どんなイメージで競合に水をあけられているのか」「どのようなイメージアップが必要なのか」を議論することがよくあると思います。その検討材料として「魅力的な、品質が高い、安心感のある、信頼できる、使いやすい、自分向きの、憧れの、コスパの良い」といったイメージ項目をアンケートで聴取し、ブランドの健康診断を行うことがあります。

　より一般的には、ブランドイメージを高めることが売上増加や新規獲得につながる、つまり**ブランドイメージ**が「**原因**」で購買が「**結果**」という因果関係で考えることが多いのではないでしょうか。広告評価や効果測定なども、大体がこの向きを前提に組まれていると思います。つまり「信頼できる」や「リラックス感がある」のような項目の中から、購買に寄与するイメージを特定し、そのイメージを高めるためのメッセー

ジやクリエイティブを開発しようと考えるわけです。

　しかし、こうした考え方に対しては「**因果の向きが逆である**」という指摘があります。要するに、「**ブランドイメージの向上が購買行動を生み出す**」のではなく、「**購買した（利用した）ことで良いイメージを持っている**」のではないかということです。どういうことか、1つデータを見てみましょう。

　図表7-1は、Dawes（2011）で報告されているデータの一部で、銀行に対するイメージがシェアの降順に整理されています。表頭の項目を見ると、どの銀行にも一般的に当てはまるイメージであることが見て取れます。このような、カテゴリーのどのブランドにも当てはまり、かつ消費者がブランドを評価する際に一般的に用いる価値判断を含む項目は**評価属性**（"evaluative attribute"）と呼ばれ、利用経験の影響を大きく受けることが知られています（Barwise & Ehrenberg 1985; Dall'Olmo Riley et al., 1997）。

ブランドイメージはシェアや浸透率と連動して上下する

ブランド	セキュリティがしっかりしていて安全	継続的なアドバイスがもらえる	家のローンに適している	手数料が安い	信頼できる	よく気にかけてくれる	地域に根差した	平均
B	21	22	26	24	24	25	31	25
C	24	25	23	23	23	24	21	23
A	21	22	19	23	21	20	19	21
Ad	16	15	17	17	17	16	18	17
W	18	17	15	13	15	14	11	15
Total	100	100	100	100	100	100	100	

大きなブランド ↑ 小さなブランド

出所:以下を基に筆者が作成
　Dawes, J. (2011) Predictable patterns in buyer behaviour and brand metrics: Implications for brand managers. In M. D. Uncles (Ed.), *Perspectives on Brand Management* (chap. 6). Tilde University Press.

　図表7-1を詳しく調べていきましょう。例えば、業界2位の銀行Cについては23%が「家のローンに適している」と評価しています。そのまま行を横に見ていくと、どのイメージ項目も同程度のスコアであることに気づきます。次に平均の列を縦に見ると、シェアの降順にスコアが低くなっていることに気づきます。つまり、業界1位の銀行Bはどのイメージも高く（平均25%）、業界最下位の銀行Wはどのイメージも低いわけです（平均15%）。いくつかばらつきもありますが、**総じて大きなブランドはどんなイメージも高く、小さなブランドはどんなイメージも低くなっています。**

　こうしたパターンは、このデータに固有のものではありません。実は半世紀以上前から知られており、さまざまな研究で報告されている既

知の規則性です（Barwise & Ehrenberg, 1985; Bird et al., 1970; Dall'Olmo Riley et al., 1997; Dall'Olmo Riley et al., 1999; Dawes, 2011; Romaniuk et al., 2012; Romaniuk & Sharp, 2000）。つまり、カテゴリーに一般的に当てはまるようなブランドイメージは、**個々のマーケティング活動ではなく浸透率やシェアと連動して上下する***ということです。実際、利用経験との相関をとると0.8以上になることが多いようです（Dall'Olmo Riley et al., 1999）。

*市場に境界線がある場合を除く（第4章5節）。

| ブランドイメージもダブルジョパディの法則に従う |

なぜそうなるかというと、**ブランドイメージもダブルジョパディの法則に従うから**です（Dall'Olmo Riley et al., 1997; Ehrenberg et al., 2002）。すなわち、顧客数が少ないブランドほどブランドを好きだと言う（肯定的な態度を示す、イメージを高く評価する、etc.）顧客も少なくなります。論文などでは、よく次のような例を用いて説明されています（Dall'Olmo Riley et al., 1997; Ehrenberg et al., 1990; Mcphee, 1963）。

今、人口1000人の町にAとB、2つのレストランがあるとします。町民全員がいずれかの店を利用しています。仮に、Aを知っている人は900人、Bを知っている人は300人としましょう。つまり、両方の店を知っている人は200人いるわけです。さて、実はこの2つのレストラン、味や値段、メニューの数、接客、利用しやすさなどは全て同じで、違いは知名度（浸透率）だけです。では、この状態でそれぞれの店がお客様アンケートを行い、どちらの店が好きか（おいしいか、次に利用したいか、友人や家族に勧めたいか、自分に合っているか、etc.）と聞いたらどうなるでしょうか。普通に考えれば、顧客数は違ってもそれぞれの店の効用は全く同じなわけですから、満足度的には同じになるはずですよね。

しかし、そうはなりません。場合分けをしてみましょう。まず、Aしか知らない人は当然Aと答えます（900-200=700）。両方知っている人は、AもBも効用は完全に同じなので、単純に考えて票が半分に割れるでしょう（200×0.5=100）。従ってAでは顧客の89%（800/900）がAを好きと答えます。同様にBについても、Bしか知らない人（300-200=100）はBと答え、両方知っている人は票が割れるので、顧客の67%（200/300）がBを好きと答えます。つまり、「顧客の少ないBは、Bを好きだという顧客の数も少ない」というダブルジョパディのパターンになるわけです。このとき、**AとBどちらが"実際に"味が良いのか、品質が高いのか、サービスが優れているのかなどは関係ありません**。Aの顧客はAが良いと言いますし、Bの顧客はBが良いと言うからです（Sharp, 2010）。"イメージ"とはそういうものです。

　さて、これはあくまで思考実験なので、いくつか実証研究も挙げておきたいと思います。まずブランドに対するパーセプションを形成する要因には大きく直接的な利用経験、他者からの口コミ、広告などのマーケティングの3つがあり、この中で最も影響力が強いのが直接的な利用経験だといわれています（Romaniuk & Huang, 2020）。実際、顧客は未顧客に比べ約2倍ブランドを想起しやすく（Harrison, 2013; Romaniuk & Wight, 2009）、かつ態度もポジティブになりやすいことが分かっています（East et al., 2011; Romaniuk, 2023）。逆に未顧客層（購入経験なし）ではポジティブな反応は最も少なくなります（East et al., 2011; Winchester & Romaniuk, 2008）。従って、現時点ですでに顧客が多い大きなブランドはどんなスコアもポジティブに振れやすく、逆に未顧客が圧倒的に多い小さなブランドはどんなスコアも低く出るわけです。

コラム：顧客と未顧客は分けて分析しましょう

　このことは、**シェアが異なるブランドのパーセプションは単純に比較できない**ことを意味しています（Sharp, 2017）。市場調査会社やコンサルティングファームの分析リポートなどで、ブランドイメージや満足度、購入意向、推奨意向などをそのまま競合と比較しているグラフを見ることがありますが、本来はダブルジョパディの影響を取り除いてから比較する必要があります。実際、過去の利用経験を与件にすると、ブランドに対する態度や認識の差は、思っていたほどなかったということも十分あり得ます（Romaniuk & Nenycz-Thiel, 2013）。**最低でも顧客と未顧客は分けましょう。**例えば広告効果測定でも、顧客と未顧客では認知系指標に対するベースの反応が異なるので、一緒に分析すると、広告が生み出した効果なのかオーディエンスの構成の違いなのかを弁別できず、メッセージやクリエイティブの効果を誤って評価することになります（Vaughan et al., 2016）。

　こうした事実は、**評価属性を軸にしたイメージ戦略の妥当性に疑問を投げかけます。**例えば、ある中小飲料メーカーが果汁の「フレッシュ感」を強調した缶チューハイXを開発したとしましょう。メーカーとしては「フレッシュな果実のおいしさを味わうにはチューハイX」という認識を生み出し、それで選んでもらおうとしているわけです。しかし、このメーカーがいくら鮮烈な果汁感を訴求したとしても、Xだけ突出してイメージが高くなることはまずありません。果汁のフレッシュ感はどの缶チューハイにも期待できる評価属性であると同時に、チューハイやサワーカテゴリーでは最重要ベネフィットの1つですから、各社が高付加価値化に取り組み、激しい"パーセプション争奪戦"を繰り広げています。従

って、**どれだけ頑張ってもイメージや連想が1ブランドだけに帰属する ということはまず起こらない**のです（Romaniuk & Gaillard, 2007）。

　ではどうなるかというと、先に述べた通り、ブランドXのシェアや浸透率に応じたスコアになります。つまり**Xがシェアを伸ばせば、「フレッシュ感」を訴求しようがしまいがそれを含む全てのイメージが高くなり、逆にシェアが小さいままであれば、多少訴求に力を入れたところで低いまま**だということです（ボルボの"安心・安全"のように、十分な広告予算があり、相当長い期間をかけても構わないなら話は別かもしれませんが）。

事実ベースのパーセプション

　それでは、消費者の認識変化を目指すマーケティングに全く意味がないのかというと、そういうことでもありません。**特定のブランドに固有の特徴や、重点的にマーケティングされている機能に対するパーセプションは、必ずしも顧客数や利用経験と連動しない**と考えられています（Dall'Olmo Riley et al., 1997; Dall'Olmo Riley et al., 1999; Ehrenberg et al., 2002）。そのようなパーセプションを**記述属性**（"descriptive attribute"）と呼びます。評価属性と記述属性の基本的な違いは、主観的な態度か客観的な事実かという点です。例えば（パソコンが）使いやすい、（コーヒーが）香り豊かだ、などは主観的な価値判断を含む評価属性です。一方で（洗剤が）冷たい水でもよく溶ける、（自動車が）メイドインジャパンである、などはそのブランドに特有の純粋な事実、すなわち記述属性です。

　記述属性への反応は顧客と未顧客で大きな差がつきません（Dall'Olmo Riley et al., 1997; Dall'Olmo Riley et al., 1999）。つまり、**記述属性に関しては、マーケティング次第で未顧客層でもパーセプションを形成することができる**わけです。ただし、記述属性そのものにブランドを選ばせる力があるわけではありません。消費者はマーケターと違ってブランド単体

で想起するわけではないので、単に記述属性を認知させるだけでは不十分なのです。このあたりは第7章後半でまた詳しく解説しますが、**自社の記述属性を顧客のゴールに対する価値に再解釈して、文脈と結びつけて想起を促す**ことがポイントになります。

　最後に、評価属性と記述属性の判別について触れておきます。というのは、先述したような区分けはあるものの、高付加価値化と細分化が進んだ成熟市場のベネフィットは、表現によって"どちらにもとれる"場合があるからです。企業側が自社固有の記述属性だと思っていても、消費者にとってはコモディティー化されたカテゴリーの基本品質だということもありますし、その逆もあります。最終的には、消費者にどう認識されているのか調べてみるしかありません。先行研究を参考にすると、おおよそ次のような判断になりそうです（Barwise & Ehrenberg 1985; Winchester & Romaniuk, 2003）。

　・評価属性：ブランドと属性を関連づける割合が、顧客で高く未顧客で低い。つまり顧客はその属性とブランドを結びつけるが、未顧客は結びつけにくい。シェアと連動するため未顧客への訴求軸にはなりにくい。

　・記述属性：ブランドと属性を関連づける割合が、顧客と未顧客で大きく変わらない。つまり顧客も未顧客も同様にその属性とブランドを結びつける。未顧客への訴求軸になり得る。

ブランドパーソナリティーは
マーケターの「豊かな想像力」の
賜物にすぎない？

　ブランドイメージと同じように誤解されている概念に、ブランドに人間的な特徴を重ねて擬人化する「**ブランドパーソナリティー**」があります。ブランディング系の教科書では、よく「ブランドにも人格があり、人が他者との関係性を築くようにブランドとも関係を築くことができる、そういう関係性を育むことが重要だ」といった類の話が出てきます。今でも広告の企画書やプロモーション会議の端々に登場する概念ですが、残念ながら、これはダブルジョパディの法則のように何度もデータで再現・実証されているような話ではありません。というより、むしろ「研究のためのギミック」だとさえいわれています（Avis & Aitken, 2015）。つまり、ブランディングの理論（特に"消費者がブランドに与える意味"）を発展させる上で、**ブランドを"人工物"ではなく"生命のある実体"として解釈したほうが理論の統合にいろいろ都合がよかったから**、そういう概念が持ち出されたということです。

　実は、ブランドに関する初期の学術研究では、消費者がブランドを人間のように認識しているとは明言されていません。しかし、90年代のマーケティングにおいて非常に影響力が高かったAaker（1991）やAaker（1997）、Keller（1993）の中で取り上げられ、実務に取り入れられていく過程で、いつのまにか消費者はブランドを実際の人間のように認識する「ことになった」のです。例えばAaker（1997）では、ブラン

ドパーソナリティーを測定するための尺度（BPFFM: Brand Personality Five Factor Model）について解説しています。これはいわゆるビッグファイブ（性格を表す開放性、誠実性、外向性、協調性、神経症的傾向の5つの因子）などの心理尺度を参考に作られているらしいのですが、回答者に対して、ブランドを擬人化して評価するよう事前に求めます。例えば次のようなインストラクションを行います。

> 「それぞれのブランドを、あたかも人であるかのように考えてみてください」
> 「あまり聞きなれない話かもしれませんが、ブランドからどんな性格的特徴や人間特性が思い浮かぶかを知りたいのです」

　このように前置きしてから評価に移ります。しかし、それで何かしらのパーソナリティーが語られたとしても、それは消費者が自然に持っているイメージとは限りません。例えば、その辺の石ころを擬人化しろと言われればできるかもしれませんが、できるからといって普段そんなことはしませんよね。

聞かれるまで存在していなかったパーセプション

　このような投影法の妥当性については、心理学分野でも昔から議論の対象となっています（Lilienfeld, 2000）。そこで、消費者が本当に人間的なイメージをブランドに重ねたりするのか、それともそれは誘導質問の結果でしかないのかを検証するために、ある研究者らが面白い実験を行いました（Avis et al., 2014）。「どう考えても普通は人格やライフスタイ

ルを連想することがない対象物」として"石（岩）"を選び、Aaker（1997）
が開発した尺度を用いて「**石のパーソナリティーを測定するとどうなる
か**」を調べたのです。その結果、42の尺度項目のうち41項目で統計的
な有意差が見られ、次のような興味深い"パーソナリティー"を語って
くれた回答者もいたようです。

- 「この石は旅行好きで星座占いを信じている。地元愛が強く人生の
  満足感は高そう」
- 「こっちの石は、若いビジネスマンで世渡り上手。出世のためなら
  人を踏み台にする狡猾さもある。黒いブリーフケースを持ち歩いて
  いて、頭の回転が速くてよくしゃべる。あまり友達にはなりたくな
  いタイプ」

　解説するまでもありませんが、これは「我々は石を人間に見立てて認
識する傾向がある」ことを証明しているわけではありません。人間のよ
うに表現してくださいと事前に前置きすることで、「**そう聞かれるまで
存在していなかった認識**」をつくり出しているだけです。Aaker（1997）
によれば、ブランドパーソナリティーは、広告やパッケージといったマ
ーケティング的な先行刺激の結果として形成され、ブランドパーソナリ
ティー尺度はそれを測定するとされています。しかし、そうしたマーケ
ティングの影響を受けていない無機物（石）ですら、聞き方次第で統計
的有意性が生まれ、性格的な特徴や物語まで引き出すことができるなら、
それはいったい何を測っているんだろう、となってしまいますね。
　このように、ブランドパーソナリティー系の話はマーケティングアプ
ローチとしての妥当性を表しているのではなく、人間の想像力の豊かさ
を物語っているにすぎないのです（Avis & Aitken, 2015）。実際、fMRI（機
能的磁気共鳴画像法）を使った研究でも、**そもそも人の特徴の判断に関わ
る脳領域と商品特徴の判断に関わる脳領域は違うので、ブランドを人間**

のように意味づけたりはしないといわれています（Yoon et al., 2006）。

ファンタジーとファクトは分けましょう

「消費者は、ブランドをあたかも生きている人間かのように認識している」
という主張だけで十分 "香ばしい" のですが、中にはブランドを擬人化
するだけでなく、その**擬人化したブランドと容易に "会話できる"** とす
る研究もあるようです（Blackston, 1993, as cited in Avis & Aitken, 2015）。
筆者は、**ファンタジーとファクトの間には明確な線引きが必要**だと考え
ていますので、一時期ブランドパーソナリティーやブランドリレーショ
ンシップ系の論文を読み漁ったことがあります。

　理論ベースで概念モデルをつくり、因子分析（ブランドイメージのように
直接測定できない潜在変数を、観測データを基に抽出する分析手法）を回すタイ
プの研究は割と目にします。しかし、検証的因子分析の当てはまりが良
かったとしても、それは尺度の信頼性を表しているにすぎず、因子が実
在することを証明しているわけではありません。では実際に、そうした
人間的特徴をブランドに結びつける人がどの程度いるのかという実態を
調べると、消費財では平均10%もいませんし、自動車のような高関与
のカテゴリー*でも10%強といったところです（Romaniuk & Ehrenberg,
2012）。そして、競合するブランド間の "パーソナリティー" はほとん
ど変わりません。つまり自動車なら "スタイリッシュ" が多くなります
し、ソフトドリンクに "かわいらしさ" を連想する人はほとんどいない
ということです。

＊自動車はブランドイメージやブランドリレーションシップ系のマーケティングが昔から盛んな業界です。

「人が創り出した概念をあたかも実在するかのように錯覚し、それが
前提となって残りの議論が進む」「推論や思考実験による仮定でしかな

いのに、キーワードだけが独り歩きして通説となる」──心理学の応用分野ではよくある話です（e.g., Brick et al., 2022; van der Maas et al., 2006）。エビデンスベーストマーケティングの文脈では、本節で取り上げたブランドパーソナリティー以外にもペルソナ、購買ファネル、マズローの欲求階層説、USP（ユニークセリングプロポジション）、ブランドアーキタイプ、ブランドラブなどが批判されているケースをよく目にします。

　社内のハイコンテクストな議論の中でそうした概念を隠喩として使う、イメージとして共有する分にはまだいいかもしれません。しかし、現実の消費者行動に当てはめて、"それありき"で実際のマーケティングを進めていくと、いずれ綻びます。いわゆる「**そんな人、現実にはいない問題**」や「**そんな買い方はされない問題**」が起こるからです（第2章2節、第8章7節参照）。残念ながら、マーケティングには「測ろうとしていることと、実際に測っていることが違う」というケースが少なからず存在します。しかし、「**測ろうとしているものをつくり出してしまう**」のは**ケアレスミスとは一線を画す過ち**です。よく聞く概念だからと妄信せずに、本当なのかと疑ってみることが大切ですね。

7-3

「独自の位置づけ」という幻想:
事実ベースで見抜く
ポジショニング戦略の盲点

　次に**ポジショニング**について考えていきたいと思います。ポジショニングは、ブランドイメージとパーセプション形成に関わる活動であり、現在の広告コミュニケーションの中核を成すといっても過言ではない考え方です。しかし、そもそも**どういう状態であれば「ポジショニングできている」と言えるのでしょうか**。ブランド論の大家たちの研究を参考に、「ポジショニングできているブランド」の定義をいくつか要約してみます。

- 消費者のマインドの中で、ブランドが特定のユニークな位置を占める（Kotler & Keller, 2006/2008; Ries & Trout, 2001）

- USPを持ち、ターゲットがブランドを買うべき説得力のある理由を提供することができる（Keller, 1993; Kotler & Keller, 2006/2008）

- 「これを得られるのはブランドXだけ、なぜなら……」と、消費者が一言で言い換えることができる（Kapferer, 2008）

- いくつかの連想により消費者の中でブランドが差別化されており、競争優位性を築いている。こうした差別化は必ずしも物理的な特徴に限ったものではなく、機能的あるいは経験的なベネフィットでもよいし、企業イメージや名声なども含まれる（Keller, 1993; Keller &

Lehmann, 2006）

　まとめると、【差別化】することで「このベネフィットを得られるの
はこのブランドだけ」という【説得力】が備わり、ブランドを【買うべ
き理由】を生み出す。同時にそうしたイメージが【競合に対する優位性】
となり、消費者の中で独自の位置づけ、すなわちポジショニングが確立
される――という感じでしょうか。

　確かに論理的な考え方ですが、現実の消費者行動に即しているのでし
ょうか。例えば、小さなブランドでも強いポジショニングを確立すれば
選んでもらえるようになるのでしょうか。逆に、ポジショニングできな
ければ選んでもらえないのでしょうか。**そもそも、ブランドの成長に「ポ
ジショニング」が本当に必要なのでしょうか**。上述のポジショニングの
定義を「差別化」「説得力」「買う理由」「競合優位性」という4つのパー
トに分解し、本書でこれまで見てきたファクトと突き合わせて確認し
ていきたいと思います。

1.競合との差別化

〈ファクト〉
**顧客の大半は差別化されていると思っていないし、
そう思わなくても買っている。**

　まず前提となる差別化に関してですが、第4章で見た通り、マーケタ
ー側の「差別化している」という意識と、消費者から見たときの「差
別化されている」という認識はかなり異なります。消費財から耐久
財、サービス財、小売りまで、さまざまなカテゴリーを調査した研究で
は、顧客の8～9割はブランド間に大した違いがあるとは思っておらず、

またそのような認識がなくとも購買は起こることが報告されています（Romaniuk et al, 2007; Sharp, 2010）。つまり購買行動の実態として、**ほとんどの人は、差別化されていると思って買っているわけではない**ということです。

2.「このベネフィットは他のブランドからは得られない」という説得力

〈ファクト〉
消費者がブランドをどの属性と結びつけるかは確率的に変わる。

次に、イメージやパーセプションは基本的に1社が独占できません。「このベネフィットは他のブランドからは得られない」のように、**ある属性が消費者の中で1社（1ブランド）とだけユニークに結びつくのは極めてまれな事象**で、一説にはそういう人は2%程度しかいないともいわれています（Romaniuk & Gaillard, 2007, as cited in Dawes, 2011）。なぜかというと、第3章で説明したように、**消費者の態度や認識というのは確率的なもの**だからです。大半の消費者は1つの属性を追い求めているわけでも、ブランドを1つの属性だけで判断しているわけでもありません。購買文脈によって想起集合は変わりますし、そのときの記憶構造によってブランドをどの属性と結びつけるかも変わります（Romaniuk & sharp, 2022; Romaniuk, 2023）。

例えば、ある消費者調査で「このベネフィットを得られるのはブランドXだ」と答えた人に対して、しばらく間を開けてもう一度同じ質問をすると、「このベネフィットを得られるのはブランドYだ、いやブランドZだ」と変わることがあります。こうした現象は複数の研究で確認されており、**連想の一貫性はおよそ50%程度**であるといわれています（Castleberry et al., 1994; Dall'Olmo Riley et al., 1997; Dolnicar & Rossiter,

2008）。従って、**仮に一部の消費者に短期間、"深く強い"パーセプショ
ンを形成できたとしても、それが売上やシェアにつながっていくとは限
ら**ないのです。

3.ブランドを買うべき理由

〈**ファクト**〉
既存顧客には有効な面も。ただし未顧客には別の切り口が必要。

**「買う理由づくり」に関しては、既存顧客と未顧客で分けて考える必
要があります**。第4章で述べた通り、一部の既存顧客はブランドが持つ
特定の機能や特徴を好み、それがブランドへのWTPに反映されること
もあるため（Erdem et al., 2008）、既存顧客に対する戦略としては一理あ
ります。実際、購買プロセスが理解や納得のような「考えるフェーズ」
から始まる人は、例えばFMCG（日用消費財）で3割程度いると考えら
れています（Pauwels et al., 2020; Valenti et al., 2023）。

　ただし、「買う理由」で購買行動が起こるのは一部の既存顧客やヘビ
ーユーザーであり、大半の消費者は「買う理由」あるいは「買わない理由」
のような難しいことを考えていません。例えば、**「理由があって買わない」
という未顧客は、BtoC*でもBtoBでも10%程度（あるいはそれ以下）し
かいません**（Nenycz-Thiel & Romaniuk, 2011; Romaniuk et al., 2021）。そ
れ以外の大半の未顧客は、買わない理由があるのではなく単に想起しな
いだけです（Sharp, 2010）。

*ナショナルブランドの場合。プライベートブランドの場合は国やカテゴリーによって異なり、約8〜20%

4. 競争優位性

〈ファクト〉
どこと競争になるかは、ポジショニングではなくシェアで決まる。

　どのブランドと顧客を奪い合うことになるかは、**ポジショニングではなくシェアで決まります**（Romaniuk et al., 2007; Sharp et al., 2003; Uncles et al., 1995）。**購買重複の法則**といって、いかなる企業も市場シェアに応じて競合と顧客基盤を共有することが知られています（Goodhardt et al., 1984; Ehrenberg et al., 2004; Sharp, 2010）。つまり、大きなブランドとはより多くの顧客を、小さなブランドとはより少ない顧客を共有することになります。第4章および第6章で解説した通り、このパターンに当てはまらないのは物理的な4Pが根本的に異なるような場合だけで（アレルギーフリー、ビッグサイズ専門店、地域限定販売、超高価格・超低価格、etc.）、頭の中の位置づけやパーセプションでどうにかなる話ではありません。

　このように、ポジショニング系の話は一見ロジカルに思えますが、エビデンスと照らし合わせて事実を確認すると、**市場や消費者行動の現実とずいぶんかけ離れた側面**が見えてきます。少なくともデータ的には、多くの教科書にあるような「強いポジショニングが強いブランドをつくる、ユニークなポジショニングが成長のメインドライバーになる」といった主張が積極的に認められることはあまりないようです。

ブランドはSTPで
成長するわけではない:
「薄く広いパーセプション」がカギ

とはいえ、成長しているブランドや大きなブランドの中には「**ポジショニングでうまくいっている**」ように見えるものもありますね。ビジネスメディアの記事やSNSなどでも、「あのブランドはターゲットの解像度が高い、ポジショニングがうまい」といった意見を見聞きすることがあります。そのあたりはどうなのでしょうか。

あのブランドが「ポジショニング」で
成功したように見えるカラクリ

実はそうしたブランドも、**成長後に振り返ると「特定のポジションに収まっているように見えるだけ」**というケースが少なくありません。よくある例で考えてみましょう。最近話題のヘアケアブランドがあるとします。中堅メーカーから発売されたブランドですが、大手がしのぎを削るカテゴリーでは珍しく、発売から短期間でシェア上位に食い込んだことで耳目を集めています。マーケティング系のニュースメディアは特集記事を組み、「独自のベネフィットAを軸にしたコミュニケーションが功を奏した、ターゲットを絞り込んだポジショニングでファンを増やしたのが成功要因だ」と称しました。

この記事を見た別の会社のマーケターは、「なるほど、やはりSTPが

成長のカギになるということだな」「ウチも次の新商品はターゲットを絞り込んで、独自のポジショニングを築いていこう」と考えます。**このとき、この人は大きな勘違いをしている可能性があります。**

実は「ポジショニング」ではなく、「間口の広さ」で成長している

確かにこのブランドは、発売当初からAというベネフィットをマス広告やパッケージで訴求してきました。口コミやレビューサイトを見てもAというキーワードが良い評価を得ていますから、外部の人間が成功要因の振り返りをすれば、先のニュースメディアのように「Aというポジショニングで成長したように見える」わけです。

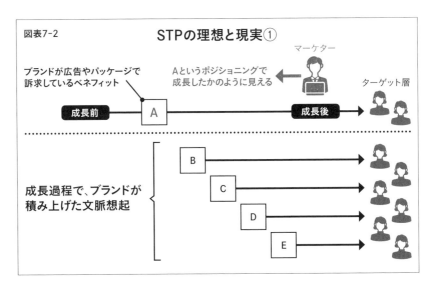

図表7-2　STPの理想と現実①

しかし、実はその成長過程で複数のライフスタイル雑誌や動画広告、屋外広告を使い分け、顧客層の異なるチャネルへの配荷を増やし、非重複リーチを広げていました。生活接点に近い場所での体験コンテンツの

提供や、地方の観光リソースとのコラボなども行い、異なるオケージョンでの利用を促進しています。その結果、さまざまな文脈でブランドへの間口B〜Eを獲得することに成功し、それにより浸透率が増え、現在のシェアを獲得するに至っています。要するに、**水面下で売上の大半を生み出しているのはB〜Eという「間口の広さ」**だということです。

大きなブランドも「STP」で 成長しているわけではない

　アレンバーグ・バス研究所によると、強いブランドは1つの価値提案に頼るのではなく、**広範なカテゴリーニーズに対するメンタルアベイラビリティを築いているからこそ強い**といわれています（Romaniuk & Sharp, 2022）。有名なブランドの中にはいわゆるSTPで成功しているように見えるものもありますが、実際にブランドが成長するときは、**特定のターゲットセグメントからだけではなく、あらゆるセグメントから新規顧客を獲得して成長します**（Dawes, 2016a）。また、大きなブランドも、単に同じ顧客層からのリピートでシェアを維持しているわけではありません。長期のトラッキングデータを見れば、典型的なリーディングブランドでも「四半期→1年で浸透率を2倍」「1年→5年でさらに倍」という獲得をしていることが分かります（Graham & Kennedy, 2022）。つまり、カテゴリーのウルトラライトユーザーを広く取り込みながら成長しているのであって、**STPのロジックで成長しているわけではない**のです（Dawes et al., 2022; Graham & Kennedy, 2022; Hossain et al., 2023; Sharp et al., 2024）。

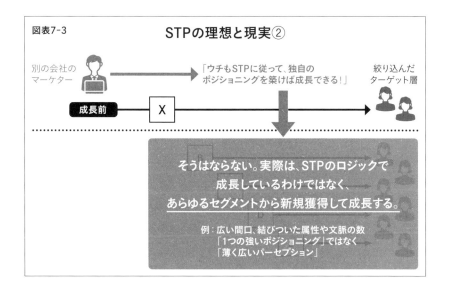

実際、大きく成長したブランドをシングルソースデータで確認してみると、**1つのポジショニングだけではなく「どの軸で見ても、どの層に対してもポジショニングできている」**ということが結構あります。事実、ブランドが結びついている属性やオケージョンの数が多いほど購入される可能性は高くなるようです（Romaniuk, 2003; Romaniuk & Sharp, 2022）。ロイヤルティに関しても同様の傾向が知られており、特定のパーセプションやポジショニングがロイヤルティを駆動するというより、むしろブランドと結びついた属性の**数**が多いほどロイヤルティは高くなるそうです（Romaniuk & Sharp, 2003b）。

　筆者の経験でも、「先に何らかのポジションを獲得して、それを頼りに売上を増やそう」という考え方に固執した新商品は、たいてい1~2年で棚から消えるか、成長の踊り場で頓挫します。そして成長の踊り場から抜け出せるかどうかも、慣れ親しんだ定説にこだわるか、広い視点を持てるかで変わってきます。つまり売上が鈍化してきたときに、「**A**

の差別化が足りない、もっとＡのポジショニングを強めなければ！」という観点に縛られるか、「Ａではなく、Ｂ〜Ｅが必要なのでは？」と反事実的思考ができるかということです。もちろん例外がないわけではありませんが、その例外を“狙って作る”ことがいかに難しいか、実務家のみなさんは肌で感じられていると思います。それもそのはずで、アレンバーグ・バス研究所が発見した事業成長の法則に当てはめて考えると、**STPのロジックだけで成長するほうがむしろ例外**だからです。

未顧客の獲得には「強いポジショニング」ではなく「薄いパーセプション」が重要

　これには、未顧客の獲得がブランドの成長に不可欠であることが関係してきます。第7章1節で、顧客はブランドを想起しやすく態度もポジティブになりやすいが、未顧客はポジティブな反応が最も少ない、という話をしました (East et al., 2011; Harrison, 2013; Romaniuk, 2023)。しかし、未顧客層ではポジティブな反応だけではなく、実はネガティブな反応も少なくなります (Winchester & Romaniuk, 2008)。要するに利用経験がないので良くも悪くも無関心なのです。従って、**未顧客が大半を占める小さなブランドが、“先に”強いポジショニングを確立してから成長するというのは難しい**わけです。実際、Dall'Olmo Riley et al. (1999) は、小さなブランドがひしめき合うワイン市場の分析を通して、小さなブランドが大きなブランドよりも好意的な態度を獲得するのは非現実的であるとしています。

　というか、むしろその必要すらありません。**未顧客の獲得に必要なのは「1つの強いポジショニング」ではなく「薄く広いパーセプション」**だからです。ブランドが成長する前後で、未顧客のブランドに対する見方はどう変わると思いますか。Romaniuk (2023) によると、対前年シ

ェアを伸ばしたブランドに関するカテゴリーユーザーの態度を調べたところ、非認知が減り、「特に何も思わない」「使ってみてもいい」といった中立的〜弱く肯定的な態度が増加した一方で、「自分に向いた唯一のブランドである」といった極端に肯定的な態度や、「嫌い、拒否する」といった極端に否定的な態度に変化は見られなかったと報告されています。

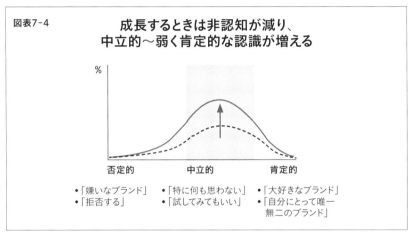

図表7-4

**成長するときは非認知が減り、
中立的〜弱く肯定的な認識が増える**

出所:以下を基に筆者が作成(上記図はイメージです)
　Romaniuk, J. (2023). *Better brand health: Measures and metrics for a how brands grow world.* Oxford University Press.

　また購買層に絞って態度の分布を見ても、確かに未顧客層よりは肯定的な態度が増えますが(i.e., 行動→態度)、やはり極端に肯定的な態度を持つ顧客は多くない*ようです(Romaniuk, 2023)。つまり、**ブランドに対する強い態度や認識が形成されることで、未顧客が顧客になるわけではないのです**。未顧客を獲得するには、一部の顧客層に対する強いパーセプションやポジショニングの確立を目指すSTPの視点より、むしろ広範囲にわたって**ゼロの想起をわずかにゼロではないレベルに引き上げる**「**広く薄いパーセプション**」の浸透が大切になってきます(Dawes, 2011)。本章の後半では、その具体論について見ていきたいと思います。

*ただし、大きなブランドの購買者では肯定度合いが強くなる傾向もうかがえます(i.e., ダブルジョパディ)。

カテゴリーエントリーポイントの管理: 単純に「間口の広いブランド」が強い

第7章前半では、顧客の少ないブランドが特定のブランドイメージやポジショニングを事前に確立して成長するというパスは厳しいこと、そもそもブランドに対する強いパーセプションや差別化連想がなくてもブランドは選ばれることを確認してきました。ここまで見てきたエビデンスはいずれも**「パーセプションは質より量」、つまり単純に手数が多い**（間口が広い）**ブランドが勝つ**ことを示唆しています。

であれば、**パーセプションの強さ**（一部の顧客層に明確なパーセプションが確立されている状態）にこだわるより、**パーセプションの広さ**（顧客・未顧客を含む多くの消費者に、幅広いオケージョンで薄いパーセプションが維持されている状態）を目指したほうが賢明です（Dawes, 2011）。マーケターは「配荷率を増やすのと同じように、ブランドを幅広い属性と結びつけることを目指すべき」なのです（Romaniuk, 2003; Romaniuk & Sharp, 2003b）。

このような考え方は「**カテゴリーエントリーポイント（CEP）**」と呼ばれ、近年では購買文脈とブランドのリンク（結びつき）の研究へ拡張されています（Romaniuk & Sharp, 2022）。CEPとは、**ブランドを選ぶ前に形成され、購買の選択肢を考えるきっかけとなる思考**のことです。我々が"消費者"や"ターゲット"などと呼んでいる人たちは、（当たり前ですが）常に消費したり買い物したりしているわけではありません。普

段の生活を送っている中で、何らかのニーズやジョブが発生し、「日常モード」から「カテゴリー購入モード」に変わるわけです（Romaniuk, 2023）。CEPはそのスイッチ（きっかけ）となる思考や文脈を表しており、それらを手がかりとしていくつかのブランドが記憶から取り出され、最終的には1つが選ばれます。別の言い方をすれば、ブランドを選ぶ前に、ブランドが属するカテゴリーに入ってくる入り口（購買文脈）が必ずあり、その入り口と結びついたブランドが想起されやすい、選ばれやすいということです。

　ところが消費者がカテゴリーを利用する文脈は1つではありません。Romaniuk（2023）は、消費財からサービス財まで、さまざまなカテゴリーのCEPを調査した50の研究結果をまとめ、次のように報告しています。

- CEPの平均は6.4個
- CEPが1つしかない人は1〜2割程度（ライトユーザーが多い）

　つまり、ほとんどの人が複数のシーンやオケージョンでカテゴリーを利用しているということです。従って、多くのCEPと結びついている**「間口の広いブランド」**ほど想起される総回数が増え、結果的に選ばれる確率も高くなるわけです。実際、アレンバーグ・バス研究所を中心に、**結びついているCEPや属性の数とブランド成長の間には強い関連があることが報告されています**（Romaniuk, 2003; Romaniuk, 2022; Romaniuk, 2023; Romaniuk & Sharp, 2003b; Romaniuk & Sharp, 2022; Trembath et al., 2011）。そうしたエビデンスに基づき、**「ブランドと結びついたCEPの数を増やしていこう」「ブランドとCEPの結びつきを強めていこう」**というのがカテゴリー・エントリーポイント戦略の基本的な考え方です。

想起の向きから考える「既存顧客への メッセージ」と「未顧客へのメッセージ」

CEPがどのようなものかを直感的に理解するには、コミュニケーション設計における「**想起の向き**」を考えてみるのがよいでしょう。つまり、

- 何からブランドを想起してもらうか
- ブランドから何を想起してもらうか

という違いです（Holden & Lutz, 1992）。前者の「**何からブランドを想起してもらうか**」はブランドを想起する際の機序を表しており、CEPの考え方はこちらの向きを前提としています。一方、後者の「**ブランドから何を想起してもらうか**」は属性の想起を表しています。こちらはブランド評価のメカニズムであり、ブランド自体を想起する起点ではありません。この2つは根本的に別のメカニズムであり、コミュニケーションにおいて果たす役割が異なります。次の例を見てください。

「ウチのしゃぶしゃぶ用ドレッシングは……」

　A：「安全な材料で作られていて安心感がある」
　B：「サラダやとんかつにかけてもおいしい」

あなたがこのドレッシングのマーケターならAとB、どちらをコアメッセージにしますか。「**実際の購買文脈では、何を起点にどのような向きで想起が起こるのが自然か**」という視点で考えてみましょう。食事の献立を考えるとき、「今日は安心安全な成分で作られているものが食べたいな」から始まる人はあまりいないでしょう。「暑いからさっぱりしたものが食べたい」とか「時間がないからささっと食べられるものがい

い」のような**"文脈的な手がかり"**から入るのが普通です。「安心安全」を感じられないせいで外されることはあるでしょうが、それが想起の起点になるわけではないのです。

つまりAはカテゴリーの一般的な評価視点、Bは新しい利用文脈の話だということです。Aをいくら訴求したところで、ブランドへの新しい入り口は増えません。第7章1節で述べたように、このタイプのイメージはシェアの影響を強く受けるので、変数として積極的にコントロールすることは困難です。そうではなく、**利用文脈の中で何が消費者のブランド想起に役立つか**、**ブランドをどのような手がかりと結びつければよいか**を考えるのです。例えばBの想起が広がれば、今までは「しゃぶしゃぶ」でしか使われなかったブランドに、「サラダ」「とんかつ」という入り口が増える可能性が出てきます（CEP→ブランド）。これがボリューム成長を後押しするのです。

一方、すでにブランドのことを知っていて、いつものレパートリーにも入っている既存顧客に対しては、「ブランドから何を想起してもらうか（ブランド→属性）」という想起の向きも考慮する必要があります。第5章3節で述べたように、一部の既存顧客セグメントに対して特定の商品属性が高い行動ロイヤルティをもたらし、WTPを高める場合があるからです（Erdern et al., 2008; Jarvis & Goodman, 2005; Rungie & Laurent, 2012）。つまり、

「ウチのしゃぶしゃぶ用ドレッシングは……」

B：「サラダやとんかつにかけてもおいしい」→ **未顧客**（CEP、ボリューム戦略）

C：「野菜エキスのうまみが濃い」→ **既存顧客**（マージン戦略）

のような**メッセージの出し分け**が考えられるわけです。このとき、既存顧客に対する価値提案は、すでにみなさんが慣れ親しんだSTP型のマーケティング*でつくっていくのがベストだと思います。ただし**既存顧客に対しても、定期的にリーチしてCEPとブランドのリンクを維持し続ける取り組みは必要**です。「ブランド→属性」のリンクは「CEP→ブランド」のリンクがあって初めて成立するものであり、新しい入り口が増えれば既存顧客のリピート増加にも貢献するからです。その意味では、先のB:「サラダやとんかつにかけてもおいしい」は、顧客・未顧客を含めた全員にリーチするための、マス広告用メッセージにしてもいいかもしれません。

*例：顧客がどんなプレファレンスを持っているのか、ブランドのどの側面が価値になっているのかを調査して差別化ポイントに落とし込み、ターゲットを絞り込んで、買うべき理由を訴求する。

まとめます。既存顧客と未顧客ではコミュニケーション設計における**想起の向き**に注意しましょう。既存顧客に対しては「ブランドからどんなベネフィットを想起してもらうか」という向きに着目したメッセージがマージン成長を促します。しかし未顧客に対しては、「何からブランドを想起してもらうか」「どこに新しい入り口を作るか」という文脈起点の発想、つまりCEPに切り替えることが大切です。

7-6

CEPを探す:W'sフレームワーク

　ここからは、**CEPを中心としたブランド管理、および施策の開発方法**について学んでいきます。まず、CEPの探索と発見については、アレンバーグ・バス研究所のジェニー・ロマニウク教授が提唱する「**W'sフレームワーク**」というものがあります（Romaniuk & Sharp, 2022; Romaniuk, 2023）。これは6W1Hの思考ツールで、カテゴリーが利用される状況や行動のきっかけを幅広く探ることに向いています。アンケートやインタビューの項目に用いることもできますし、ブレストでの視点出しにも使えます。以下に、6W1Hそれぞれを深掘りするために筆者がよく用いる視点と、台所用洗剤での例を記載します。ちなみにCEPを探索するときは、自社ブランドありきではなくカテゴリー視点で考えていくようにしましょう。

・Why

なぜそのカテゴリーを使うのか、どんなゴールのために採用するのか？

台所用洗剤の例:「前日の洗い物を済ませる、キッチンが汚いと気分が下がる」

・When

カテゴリーを購買／利用するのは1日の中でいつか？
週や月、季節による違い、平日／休日による違いなどはないか？
いつもの行動が変わるのはどんなとき？ イベントやアニバーサリーの影響は？

台所用洗剤の例：「まだ家族が起きていない朝、早朝。夜に洗い物を済ませておいたほうがいいのは分かっているけど、そんな気力も体力も残ってない」

・**Where**

カテゴリーはどこで利用されるか、リアル／デジタルの区別はあるか？
いつもとは違う場所で利用することはあるか、それはなぜか？

台所用洗剤の例：「キッチン、子育てや家事の間に1人になれる場所」

・**While**

カテゴリーを利用する前、あるいは利用した後に何をしているか？
どんな行動の最中にカテゴリーニーズが生まれるか？

台所用洗剤の例：「家事や仕事に取りかかる前、音楽を聴いたりして1日のペースをつくる」

・**with／for What**

そのカテゴリーを使うとき、他にどんなカテゴリーを同時に利用するか？
カテゴリーが利用できないとき、何で代用するか、どんな行動をするか？
それらは利用行動にどう影響し、どう体験を変えるか？

台所用洗剤の例：「コーヒーをいれていることが多い」

・**with／for Whom**

買うのは誰で、利用するのは誰か？

利用するときに誰がいるか、誰かと一緒に使うか？
行動に影響を与える第三者はいるか？
誰かのためにカテゴリーを利用するのか、自分だけか？

台所用洗剤の例：「1人。掃除をしている間は無心になれる」

・ **How feeling**
カテゴリーを利用する前はどんな気分か、利用前後でどのように変わるか？
利用している最中はどんな気分か、どんな感情を持っているか？
何が行動を増やすのか、あるいは減らすのか？（物理的、心理的な報酬あるいは罰）

台所用洗剤の例：「台所は1日に何回も行く所だから、きれいだと行くたびにうれしくなる」

　このフレームワークは、デプスインタビュー、オンラインアンケート、ソーシャルメディアリサーチ、ワークショップなど、さまざまなアプローチと併用できます。筆者の経験上、どれでないといけないということもなく、なんなら過去のエスノグラフィー調査（消費者の生活文脈を観察あるいは経験する質的な調査）や、カスタマージャーニー調査を引っ張り出して利用することもあります。いずれにしても、最初はこのW'sフレームワークに沿ってCEPを探索していくのが効率的だと思います。

コラム：CEPを見つけるヒント

　W'sフレームワークは、さまざまな角度から広範囲に購買文脈を探れるというメリットがあります。一方で、担当者によってCEPの解像度が異なる場合や、カテゴリーによってはCEPが限られていると感じることがあるかもしれません。

　例えばチョコレートであれば、仕事中に小腹が減ったときに、勉強のお供に、家事の休憩中に、ドライブしながら、夕食のデザートとして、お酒のおつまみに、料理に入れて、子供へのおやつに、自分へのご褒美として、といった具合に、物理的に異なる利用文脈や用途を考えることができます。しかし、例えば「鍋用調味料」ならどうでしょうか。鍋用調味料を使うのは常識的に考えて鍋ものをするときだけです。お風呂のカビ対策の「燻煙剤」はどうでしょうか。そもそもお風呂以外の場所や、カビ防止以外の用途に用いることは推奨できません。

　こういう場合は、「**その利用文脈における消費者のゴールは何か**」ということに目を向けてみましょう。オケージョンや用途が限られている商品でも、**同じ行動に見えて実はゴールが違う**ということは結構あります。ゴールが違えば、何が価値になるかも変わってきます。例えば鍋物は、ある人にとっては「**味がしみ込んだ具材をおかずに白米をかき込むこと**」がゴールかもしれません。しかし、別の人にとっては「**うまみの凝縮したスープを育ててシメを楽しむこと**」がゴールかもしれません。燻煙剤でも、ある人にとっては大掃除の一部かもしれませんし、別の人にとっては日常的な生活空間のケアかもしれません。場所や時間が同じでもゴールが違えば消費者にとっては別のCEPであり、逆もまたしかりです。

　このことはCEPを絞り込んだ後の施策開発にも関係してきます。ジョブ理論（クリステンセン他, 2017）などでよくいわれるように、結局、消費者は何かしらのジョブやゴールを解決するためにブランドを購入するわけです。ですから施策を開発する際は、消費者のゴールとブランドを結びつけること、ゴールに対してブランドが価値になるように再解釈することが重要になってきます。先の鍋用調味料の例で言えば、前者のゴールに対しては「**白米をかき込むうれしさ**」を提案することが、後者のゴールに対しては「**スープを育てる楽しさ**」を提案することが価値になるでしょう。

　このように消費者のゴール次第で、商品の開発要件やメッセージの訴求中心も変わってきます。ゴールに合わない商品は利用されませんし、求める報酬が得られないサービスは購入されません。逆に、CEPの行動がどのようなゴールを指向しているのか、その文脈では何が報酬になるのかを大局的に理解できれば、そのルールにのっとった商品や広告を開発し、ブランドの側から寄り添っていくことができます。このあたりは第7章8節および9節で詳しくお話しします。

CEPに優先順位をつける: メンタルアドバンテージ

　ここからは、**どのような視点でCEPのポテンシャルを分析していくのか、どのようなロジックで優先順位をつけるのか**について考えていきたいと思います。W'sフレームワークでCEPの探索を行うと、恐らく数十のCEP候補が手元にある状態になるかと思います。確かに、さまざまな購買文脈でブランドが想起されるようになることがゴールではありますが、これら全てに対して同時にリンクを形成するのは現実的ではありません。バイロン・シャープ教授も、ブランド構築は短期と長期で分けて考える必要があり、長期的にはブランドと結びつく属性の数を増やすことがゴールだが、**短期的には市場に伝える属性やポジションを決めてフォーカスする必要がある**と述べています（Romaniuk & Sharp, 2003b）。では、どのようにフォーカスするCEPを決めればよいのでしょうか。Romaniuk（2022）によると、次の3つの視点で取捨選択していくことが基本になるようです。

- CEPに適した製品やサービスを提供できるか
- CEPと競合ブランドのリンクの強さはどの程度か
- CEPごとに購入頻度や利用金額に差があるのではないか

　まずは、そのCEPで期待されている機能や体験を十分に満たす商品やサービスを、自社が提供できるかを考えないといけません。特に**自社の強みと、CEPで求められている価値がリンクしているか**を冷静に見極めることが大切です。自社の得意分野から外れていて、実は競合以下

の品質や体験しか実現できないのであれば、いくら外側だけ広告で取り繕っても消費者にはバレます。次に、すでに**競合が強いメンタルアベイラビリティを確立しているCEPは避けたい**ところです。同じようなメッセージが集中しているCEPでは、想起集合内の競争も激しいことが予想されるからです。そして、**企業にとって各CEPの価値は等価ではありません。**より多くのカテゴリーユーザーが想起するCEPや、利用金額が高いCEPが存在する場合、それらとブランドを結びつけたほうが有利になります（ちなみに筆者の経験上、サービス財やBtoBだと比較的差が出やすい一方で、消費財ではあまり差がつかないように思います）。

データ収集パート

　以上がCEPの優先順位をつける際の基本ロジックですが、実際にこれらを確かめるにはデータが必要です。本セクションでは、Romaniuk（2022）、Romaniuk（2023）で紹介されているアプローチを基に、実務で特に大切になりそうなポイントをかいつまんでお話しします。まず、発見したCEPと自社・競合の結びつきを把握するための定量調査（オンラインアンケートなど）を行いましょう。「**それぞれのCEPが表すシーンやタイミング、オケージョンでどのブランドを想起するか**」という、**現時点でのリンクの強さを調べること**が目的です。例えば、

〈仕事でストレスを感じたとき〉に結びつく（当てはまる／思いつく）ドリンクを全て教えてください（複数回答）

- ブランドA
- ブランドB
- ブランドC
- ブランドD……

という具合です。ポイントは「**CEPを１つずつ提示→当てはまるブラン**
ドをリストから複数回答で選ぶ」というロジックで聞くことです*。小
さなブランドや未顧客のデータ収集にも、この聞き方が適しているよう
です。このとき、リッカートスケールのような"尺度"で聞かないよう
にしましょう。想起は「想起する否か」という0か1であり、「中程度に
想起する」「どちらかというと想起しない」などというデータを取って
も意味がありません。

*順番を逆にすると、大きなブランドは過小評価に、小さなブランドは過大評価になるようです（Romaniuk,
2023）。

　評価対象とするブランドは、プライベートブランドも含め、カテゴリ
ー内の中規模以上のブランドは全てカバーするようにしましょう。オン
ラインアンケートの場合、20ブランドを超えない程度に収めることが
推奨されています。サンプリングについては、ブランドの購入者・非購
入者を含めた「カテゴリーユーザー全体」を母集団として、代表性が確
保できるようにリクルートしましょう。つまり、自社ブランドを買った
人だけ、あるブランドのロイヤルティプログラムに参加している人だ
け、あるいはファンコミュニティーからのリクルートなどは不適切です。
リサーチ設計についてさらに詳しく知りたい方はRomaniuk（2023）や
Barnard and Ehrenberg（1990）をご覧ください。

　ちなみに、追加データとして「各CEPにおけるWTP」「ライトユー
ザー／ヘビーユーザーの想起頻度」「代替可能性」などを聴取しておく
と、CEPのポテンシャルについてさらに深い検討が可能になります。逆に、
「あなたにとってこのCEPはどの程度重要ですか」という**意見**を聞いて
も意味がありません。重要なのは、CEPにまつわる**事実**を基にポテン
シャルを見極めることです。

データ分析パート

　ここからは分析パートです。データ収集パートと同様に、Romaniuk（2022）、Romaniuk（2023）およびRomaniuk & Sharp（2000）で解説されている分析手順を、筆者の勘所も交えて追っていきたいと思います。ここでは7つのCEPについて6ブランドを調べた架空のデータ（n=300）を想定します。

手順1：CEPとブランドのリンク数を計算

　収集したデータを集計してブランドとCEPを図表7-5のように整理します。表の見方としては、例えば左上のセル（CEP①×ブランドA）の202は、300人の内、202人がCEP①からブランドAを想起したことを表しています。各ブランドについてこれらの数値を合計した列計（CEPリンクの数）は、そのブランドが持つ想起の総数を表しています。例えば、全てのCEPを介して、カテゴリーユーザーがブランドAに対して結びつけているリンクの総数は、このデータだと856あるということです。

図表7-5

	ブランドA	ブランドB	ブランドC	ブランドD	ブランドE	ブランドF	間口
CEP①	202	167	111	89	95	77	741
CEP②	172	178	118	96	93	70	727
CEP③	131	145	92	97	95	23	583
CEP④	110	80	123	81	75	74	543
CEP⑤	87	76	115	58	25	41	402
CEP⑥	76	76	100	57	53	31	393
CEP⑦	78	75	72	55	27	39	346
CEPリンクの数	856	797	731	533	463	355	3735

手順2：期待スコアの算出

次に、各ブランドの列計と各CEPの行計を掛け算した値を総計で割って、期待スコアを算出します。例えば、CEP①とブランドAの期待スコア170＝(856×741)/3735です。なぜこのような計算が可能かについて興味のある方は、Romaniuk and Sharp（2000）をご覧ください。

図表7-6

	ブランド A	ブランド B	ブランド C	ブランド D	ブランド E	ブランド F
CEP①	170	158	145	106	92	70
CEP②	167	155	142	104	90	69
CEP③	134	124	114	83	72	55
CEP④	124	116	106	77	67	52
CEP⑤	92	86	79	57	50	38
CEP⑥	90	84	77	56	49	37
CEP⑦	79	74	68	49	43	33

手順3：メンタルアドバンテージ＆メンタルディスアドバンテージの特定

手順1で計算したリンク数から、手順2で計算した期待スコアを引いた値をサンプル数で割り、各CEPにおけるブランドの相対的なパフォーマンスを評価します（Romaniuk, 2022）。例えば、ブランドAのCEP①におけるパフォーマンスは、{(202−170)/300}×100＝+11ppです。±5ポイントが1つの目安となり、＋5ポイントを超えると**メンタルアドバンテージ**（そのCEPでブランドを思いつきやすい）、−5ポイントを下回ると**メンタルディスアドバンテージ**（そのCEPでブランドを思いつきにくい）という解釈になるようです（Romaniuk, 2022, 2023）。広告コミュニケーションでCEPごとの認識変化を狙うような場合は、このメンタルアド

バンテージとメンタルディスアドバンテージの変化を追って、メッセージの効果を検証するとよいでしょう（Romaniuk & Nicholls, 2006）。

図表7-7

	ブランド A	ブランド B	ブランド C	ブランド D	ブランド E	ブランド F
CEP①	11	3	-11	-6	1	2
CEP②	2	8	-8	-3	1	0
CEP③	-1	7	-7	5	8	-11
CEP④	-5	-12	6	1	3	7
CEP⑤	-2	-3	12	0	-8	1
CEP⑥	5	-3	8	0	1	-2
CEP⑦	0	0	1	2	-5	2

手順4：CEPのポテンシャル評価と優先順位の決定

　手順3で求めたメンタルアドバンテージとメンタルディスアドバンテージのスコアを見ながらCEPの診断を行い、短期と長期でどこにフォーカスすべきかを検討していきます。いくつかテクニック的な話もあるので、ここからは筆者の経験も交えて解説していきます。手順3で求めたデータに、ライトユーザーとヘビーユーザーの想起頻度を加えたデータを図表7-8に示します。

図表7-8

	ブランド A	ブランド B	ブランド C	ブランド D	ブランド E	ブランド F	ライト	ヘビー
CEP①	11	3	-11	-6	1	2	67%	82%
CEP②	2	8	-8	-3	1	0	53%	73%
CEP③	-1	7	-7	5	8	-11	45%	65%
CEP④	-5	-12	6	1	3	7	43%	54%
CEP⑤	-2	-3	12	0	-8	1	37%	46%
CEP⑥	-5	-3	8	0	1	-2	15%	45%
CEP⑦	0	0	1	2	-5	2	8%	34%

〈CEPのポテンシャル評価のポイント〉

- なるべく間口の大きなCEPを選ぼう
- カテゴリーニーズが空いていたら真っ先に獲ろう
- 「ヘビーユーザー専用CEP」に注意
- そのCEPにおける消費者のゴールが自社の強みとリンクしているか
- 10ポイント以上の競合が複数存在する場合、そのCEPは厳しいかもしれない
- 小さなブランドや導入期はアドバンテージの高いブランドに"寄せていく"のも手
- 競合のメンタルアドバンテージが高くても未顧客にチャンスあり
- 「アドバンテージを伸ばす」であって「ディスアドバンテージを潰す」ではない
- 10ポイントを超えたら低頻度のローテーションへ

　Aはシェアトップ、Bは第2位の老舗ブランドです。AやBは間口の広いCEPでのアドバンテージを持っているようです。一方Cは、AやBとは毛色が異なるCEPでアドバンテージを稼いでいるようです*。この状況で、あなたが現在シェア最下位のブランドFのマーケターだとすれば、どのCEPに着目しますか。まず、**なるべく間口の広いCEPを選ぶことが基本方針**になります。多くのカテゴリーユーザーが遭遇するCEPであるほど、リンクを築けば有利に働くからです。特に小さなブランドはカテゴリーとの結びつきを強化したほうが記憶されやすいので（Stocchi et al., 2016）、カテゴリーを代表するようなCEP（カテゴリーユーザー全員に共通する利用文脈）が空いていたら、真っ先にそこを狙いましょう。

*説明のためにメリハリをつけています。期待値計算を挟むので、実際はこのようにきれいに分かれるとは限りません。

　とはいえ、そうしたCEPはシェアトップのブランドがメンタルアドバンテージを築いている場合がほとんどです。筆者の経験上、CEP①やCEP⑤のように10ポイント以上の上位競合が存在する場合、アドバンテージを奪うのはかなり厳しい戦いになります。一方で、競合が少ないからといって、あまりに間口の狭いCEPを選んでも意味がありません。特に、**ライトユーザーが少なくヘビーユーザーが多いCEPは、少し"特殊な"CEPである可能性が高くなります**。例えばCEP⑥やCEP⑦は、ヘビーユーザーからはある程度の反応が見られるものの、ライトユーザーはほぼ反応していません。こうしたCEPは顧客層や地域、時期などが限られている場合があるので注意が必要です。

　では、すでにアドバンテージを持っているCEP④を伸ばしていくのがベストなのでしょうか。もちろんそれも「あり」です。しかし、一見すると競合のアドバンテージが高いCEPでも、よく調べてみると**アドバンテージの大半が既存顧客によるもので、未顧客層ではメンタルアベイラビリティが弱いというケース**もあります。特に、顧客の高年齢化が

進んだ歴史の長いブランドなどでしばしば見られる傾向です。例えば、2番目に間口が広いCEP②に対しては老舗ブランドBがアドバンテージを持っています。もし、このアドバンテージの大半が既存顧客に支えられており、未顧客層（e.g., 若年層）へのメンタルペネトレーションが低い場合、長期的にはそこに逆転のチャンスがあるかもしれません。

　もう1つの考え方としては、**間口の広いCEPを狙い、あえてアドバンテージの高い競合に"寄せていく"**のも手かもしれません。特に小さなブランドや導入期のブランドの場合、広告が競合とある程度類似していたほうが売上につながりやすいこともあるので（Becker & Gijsenberg, 2023）、短期的には最もマネタイズしやすい戦い方かもしれません。要は、必ずしも最初から1番を狙わなくてもよいのです。

　ところで、自社はCEP③が大きなディスアドバンテージになっているようです。これを解消するという方向性はないのでしょうか。Romaniuk（2023）によると、ブランドにとって現実的に解消可能であり、かつ将来の成長のために必要なのであれば"それもあり"ですが、多くの場合、最優先の課題ではないようです。というのも、こうしたディスアドバンテージは特定競合のPMF（プロダクトマーケットフィット）が極めて高い場合や、そもそも自社ブランドが対応していない所に表れるからです（その機能を搭載していない、その価格帯では販売していない、など）。そのためすぐに対応できないことも多く、対応したところで上位競合（ブランドB, E）との正面衝突になるので、あまり得策ではないかもしれません。**基本的に「強みを伸ばす」であって「弱みを潰す」ではないのです。**

　最後に、カテゴリーエントリーポイント戦略の目的はあくまで「多くのCEPとのリンクを確立すること」であって、「特定のCEPへのポジショニングではない」ということを念頭に置いておきましょう。つまり、狙ったCEPである程度のアドバンテージを獲得したら、次のCEP攻略

に移るべきです。Romaniuk（2023）によると、目安としては**10ポイントを超えており、かつ他に同レベルの競合がいない場合は、次CEPへ移ることが推奨されています**。ただし、1回メンタルアドバンテージを確立したからといって、広告を完全にやめてよいわけではありません。頻度は下げつつも、時々ローテーションのように立ち戻り、ブランドとのリンクを更新することでメンタルアベイラビリティを維持するのです（Romaniuk, 2023）。

　こうした検討を経てフォーカスすべきCEPを決定します。グローバルの大企業では同時にいくつものCEPを管理していることもあるようですが、筆者のクライアントを見る限り、平均的な事業会社が年間で取り組めるCEPは頑張って3つ程度、それ以上になると手が回らない印象です。特に初めて取り組む場合は短期目標1つ、長期目標1つにしておいたほうが無難だと思います。

CEPでの想起を設計する: リトリーバルデザイン

　フォーカスするCEPを決めたら、そのCEPとブランドのリンクを強化するための施策を考えていきます。つまり、広告のメッセージやクリエイティブ、顧客体験などに落とし込んでいくわけです。どのような施策をやるにしろ、**必ず取り入れてもらいたい"想起のトリガー"が2つ**あります。それは「**状況的な手がかり**」と「**利用文脈のゴール価値**」です。状況的な手がかりとは、CEPを象徴するような場面や状況を描写しましょうということです。利用文脈のゴール価値とは、ブランドをCEPのゴールに合致した価値に翻訳しましょうということです。それぞれ詳しく説明します。

状況的な手がかり

　まず消費者は（マーケターと違って）ブランドをそれ単体で覚えたり、思い出したりするわけではありません。いつ、どこで、誰と、何をしているとき、どんな状況で買った（使った）という文脈が、**リトリーバル**（記憶からブランドを取り出すこと）に影響します。

　文脈と記憶に関しては、少し古いですがある有名な実験があります（Godden & Baddeley, 1975）。実験内容は極めてシンプルで、異なる環境下（水中と陸上）で被験者に単語を覚えてもらい、しばらくたった後、思い出して書くという作業をしてもらいます。興味深いことに、覚える環境と思い出す環境が一致したほうが多くの単語を思い出すことができた

そうです。つまり、水中で覚えた単語は水中で、陸上で覚えた単語は陸上で思い出すほうが再生率は高くなったということです。

　このように、記憶には文脈や状況から影響を受ける側面があります（Smith & Vela, 2001）。特に、環境から得る情報を手がかりに記憶を想起することを「**環境的文脈依存記憶**」と呼びます（漁田, 2016）。物理的な環境のみならず、心理的な環境も記憶に影響を及ぼし、特に両者の組み合わせがポイントになるようです。

　もう少し身近なところで言うと、例えば、久しぶりに里帰りした際に「そういえば商店街のあのラーメン屋まだあるのかな、部活の帰りによく通ったな」とふいに思い出した、というような経験はないでしょうか。この場合、故郷の街並みや風景、商店街の音や匂いが手がかりとなって「あのラーメン屋」が想起されたわけです。ブランドの想起もこれと同じです。カテゴリーを購入したり利用したりする文脈が手がかりとなり、その状況と結びついたブランドが想起されるのです（Holden & Lutz, 1992; Ratneshwar & Shocker, 1991）。

　通常、文脈とブランドのリンク形成には長い時間がかかりますが、カテゴリー利用文脈の周りにあるCEPを広告することで、そのプロセスを強化あるいは加速させることができます（Romaniuk & Sharp, 2022）。従って、**購入時の前後文脈を「状況的な手がかり」としてメッセージやクリエイティブの中に配しておく**ことが、リンク形成には有効と考えられます。実際、記憶と想起に関する別の研究によると、あまり知られていないブランドが、消費者に覚えてもらう確率を最大化するためには、**カテゴリー消費のエピソードとブランドを結びつけること**がポイントになるようです（Stocchi et al., 2016）。

　逆に、**ブランド名やベネフィットだけを覚えさせようとしても、なか**

なかうまくいきません。想起のされやすさや想起の順序も、ブランド
とオケージョンの結びつきの強さに影響されます（Desai & Hoyer, 2000）。
例えば「コーヒーが飲みたい」といっても、家なのか会社なのか、朝な
のか夕食後なのか、1人なのか誰かと一緒にいるのかなど、さまざまな
状況があるわけです。文脈を規定せずに、「コーヒーと言えば？」と聞
かれれば第一想起はスターバックスかもしれませんが、「次の会議で飲
むために仕事の合間に急いで買うコーヒー」ならセブンカフェかもしれ
ません。

　コミュニケーションやCXの設計においては、こうした記憶の特性を
考慮する必要があります。例えば、「ブランドのパーセプションを変える」
という目的でコミュニケーションを設計するなら、商品に関するパーセ
プションだけ再解釈しても意味がありません。やるなら**利用文脈ごと再
解釈**する必要があります。時々、購買ファネルのようなパーセプション
設計図を見ることがありますが、本来重要なのは、記憶と想起の特性に
基づいて**文脈単位の想起をデザインすること＝「リトリーバルデザイン」**
なのです。

利用文脈のゴール価値

　リトリーバルデザインでもう1つ大事なのが、**ブランドをCEPのゴー
ルに適した価値に再解釈する**、という視点です。購買時、消費者は「商
品カテゴリー」からブランドを取り出すというより、「ゴール由来の
カテゴリー」から取り出していると考えられています（Desai & Hoyer,
2000; Holden, 1993; Holden & Lutz, 1992）。つまり、商品カテゴリーとい
う枠に縛られることなく、自分の目的達成に最も役立つブランドを選ん
でいるということです。

　こうした主張のエビデンスは、主に行動科学や神経科学の研究に見ることができます。そうした分野の知見をマーケティングに応用し、成果を上げている先駆者の1人が、元ユニリーバのマーケターで『Decoded』の著者でもあるフィル・バーデン氏です。彼の著書の中で筆者が特に注目したのが、「**ゴール価値**」という考え方です（Barden, 2022）。

　ブランドがそれ単体で想起されないのと同様に、ブランドの購入それ自体がゴールになることはまずありません。意識的にしろ無意識にしろ、商品やサービスは何らかの目的のために利用されることがほとんどです。そして、その目的との結びつきが強い選択肢ほどWTPが高まるといわれています（Plassmann et al., 2007b）。こうした判断を行っているのがいわゆる"報酬系"と呼ばれる脳領域です。

　報酬系の反応をfMRIで調べて購買予測に役立てる研究も多く行われており、売上と有意な相関があること、報酬系を活性化させる商品ほど売上も高くなることなどが報告されています（Berns & Moore, 2012; Knutson et al., 2007）。つまり、**消費者のゴールとブランドの結びつきが強く、より大きな報酬が期待できるほどWTPが高まる**わけです。また興味深いことに、報酬系の反応は将来の売上と高い相関を示した一方で、主観評価の好き嫌いでは売上をうまく予測できなかったそうです（Berns & Moore, 2012）。第3章で紹介した態度と行動に関する研究でも同じような傾向が報告されていましたが、脳科学的には、**好き（like）と欲しい（want）では脳の処理の仕方が違うから**ということのようです（Barden, 2022）。

　ゴールは**広告への注視**にも影響します（Pieters & Wedel, 2007; Wedel et al., 2008; Yarbus, 1967）。つまり、広告のどこを見るか、どれくらいの間注視するかなどが変わってくるのです。例えばよく顧客の視点が大切といいますが、Barden（2022）では、ゴール次第で実際に世界の見方

が変わることを実証した研究が紹介されています。空腹のグループでは食べ物に関するシグナル（e.g. マクドナルドの看板）に注目が集まり、満腹のグループでは他の店舗やロゴにばらけたそうです。これは、**ゴール価値の高い情報を脳がオートパイロットで取捨選択しているから**だといわれています。つまり、広告への注意もゴールに左右される、端的に言えば「我々は見たいものを見る」ということです。

　であるならば、コミュニケーション設計において大切なのはCEPで消費者が見たいものを見せること、すなわち**欲求に駆動されたゴールを見つけ、そのゴールに対する価値としてブランドを提案すること**と言えるでしょう。

7-9

オルタネイトモデルによる
ブランドの「再解釈」

　リトリーバルデザインを実際の施策開発に生かすには、どのように進めればよいのでしょうか。これには**オルタネイトモデル**（芹澤、2022）が適しています。オルタネイトモデルは購買・利用文脈における顧客の合理を分析し、その文脈における顧客価値になるようにブランドを再解釈するためのツールです。いくつか使い方はあるのですが、本章ではリトリーバルデザインの2要件である「**状況的な手がかり**」と「**利用文脈のゴール価値**」を見つけて、メッセージに落とし込む技術を紹介したいと思います。

〈リトリーバルデザインの要諦〉

- 状況的な手がかり：CEPを象徴的に表す場面、環境、状況を取り入れる
- 利用文脈のゴール価値：ブランドを消費者のゴールに適した価値として再解釈する

オルタネイトモデル

　実際に簡単な例でやってみましょう。ここにある台所用洗剤があります。この商品の"売り"となる記述属性は、「水回りから壁面まで全部まとめてスプレーできること」です。企業側からするとスプレー機構や成分に相当なリソースを投入しているため、そこを前面に押し出したい

という意向があります。しかしそれは企業側の事由ですから、そのまま伝えるのではなく、利用文脈における顧客価値になるように再解釈して伝えたほうが効果的です。初めて取り組む場合、次のようなステップで進めることをお勧めします。

（1）CEPにおける中心的な行動を見つける
（2）その行動のきっかけとゴール価値を見つける
（3）ゴール価値とブランドの記述属性を掛け算して、価値提案をつくる

　まずCEPにおけるカテゴリー利用行動に着目します。つまり、「**この行動が増えてほしい、この行動の中でブランドを使ってもらいたい**」という行動を見つけるわけです。台所用洗剤のカテゴリーユーザーを調査すると、「まだ家族が起きていない朝に台所を掃除することが習慣」という主婦の方がいました。この行動に着目してCEPの文脈を深掘りしていきましょう。

　図表7-9を見てください。これがオルタネイトモデルです。行動を規定する文脈要因を、行動が起きる「**状況**」、行動の裏にある「**欲求**」、行動を妨げる「**抑圧**」、行動の結果として得られる「**報酬**」の4つで表したものです。これらは**CEPでのカテゴリー利用行動に影響を及ぼす過去の体験や記憶**であり、筆者の経験上、この4側面を押さえておくと主要な行動背景はだいたい捉えられると思います。これらの情報を基に、CEPとブランドを結びつけるためのメッセージを考えていきましょう。

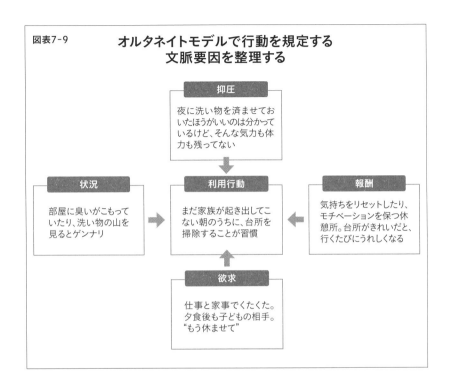

図表7-9　オルタネイトモデルで行動を規定する
文脈要因を整理する

抑圧
夜に洗い物を済ませておいたほうがいいのは分かっているけど、そんな気力も体力も残ってない

状況
部屋に臭いがこもっていたり、洗い物の山を見るとゲンナリ

利用行動
まだ家族が起き出してこない朝のうちに、台所を掃除することが習慣

報酬
気持ちをリセットしたり、モチベーションを保つ休憩所。台所がきれいだと、行くたびにうれしくなる

欲求
仕事と家事でくたくた。夕食後も子どもの相手。"もう休ませて"

　行動の背景を掘り下げていくと、「在宅ワークと子育てで1日くたくた。夕食後は下の子をお風呂に入れたりしないといけないし、夫が遅めに食事を取ることもあるから、洗い物があっても"もう休ませて"となる」「夜に洗い物や台所の掃除を済ませておいたほうがいいのは分かってはいるけど、そんな気力も体力も残ってない」という欲求と抑圧が見えてきました。直接的には、「かといって、朝起きて部屋に料理の臭いがこもっていたり、洗い物の山を見たりするとゲンナリする」という状況が、行動のトリガーになっているようです。

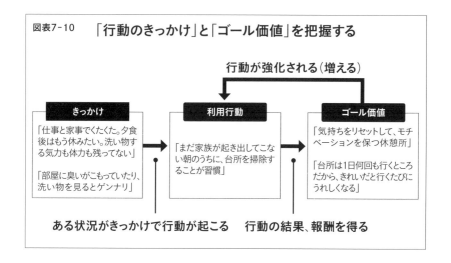

図表7-10 「行動のきっかけ」と「ゴール価値」を把握する

行動が強化される（増える）

きっかけ	利用行動	ゴール価値
「仕事と家事でくたくた。夕食後はもう休みたい。洗い物する気力も体力も残ってない」 「部屋に臭いがこもっていたり、洗い物を見るとゲンナリ」	「まだ家族が起き出してこない朝のうちに、台所を掃除することが習慣」	「気持ちをリセットして、モチベーションを保つ休憩所」 「台所は1日何回も行くところだから、きれいだと行くたびにうれしくなる」

ある状況がきっかけで行動が起こる　　**行動の結果、報酬を得る**

　一方、この行動のゴールは何でしょうか。きっかけだけ見れば、マイナスをゼロにするために仕方なくそうしている、ということになるのかもしれません。しかし、さらに文脈理解を進めると、どうやらそれだけではないようです。というのも、台所というのは料理という作業をする場所であると同時に、「仕事や子育ての合間に気持ちをリセットして、モチベーションを保つ場所」でもあるようです。つまり、朝に台所をきれいにするという行動は、単なる家事の1つというだけでなく、仕事や家事に忙殺されることを見越して「1人になれる休憩所」を整えるという目的もあるわけです。ですから「台所がきれいだと、近くを通ったときや、買い物から帰って視界に入ったときにうれしくなる」そうです。

「ブランドの記述属性」×
「利用文脈のゴール価値」でブランドを再解釈

　このように、朝の掃除にはマイナスをゼロにするだけでなく、プラスの報酬もあるわけです。これが「朝に台所を掃除する」という行動の**ゴ**

ール価値です。このゴール価値と「全部まとめてスプレーできる」というブランドの特徴（記述属性）を"掛け算"してメッセージにします。すると、例えば「台所にこもった臭いや汚れを簡単リセット。朝スプレーするだけで行くたびにうれしくなるキッチンに」という価値提案が考えられるかもしれません（図表7-11）。

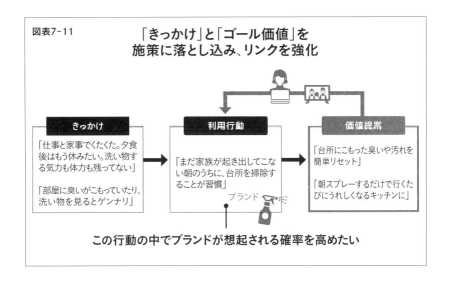

図表7-11　「きっかけ」と「ゴール価値」を施策に落とし込み、リンクを強化

これは単なる機能の説明ではなく、「**CEPの状況的な手がかり**」と「**CEPにおけるゴール価値**」を介して、**ブランドが想起されやすいメッセージになっている**ことが分かると思います。これをコミュニケーションアイデアとして、次のような想起のリンクを広めていくわけです。

- Before：台所＝朝はなるべく見たくない場所、臭いや汚れが目立ちゲンナリする所
- After：台所＝行くたびにうれしくなる所、気持ちに余裕を保つ休憩所

なお、62ブランド、177のテレビCMを分析した研究によると、このような「商品特徴の明示的な描写」＋「そこから得られる機能的、経験的ベネフィット」という組み合わせは売上につながりやすく、**同時にDBA（ブランドのロゴなど）を長く表示させると効果がさらに高まる**ようです（Bruce et al., 2020）。

「マーケターの合理」と「顧客の合理」

　CEPベースの広告コミュニケーションや顧客体験の設計においては、**「マーケターの合理」と「顧客の合理」は異なるかもしれない**という視点を持つことも大切です。顧客の合理とは、顧客にとっての真実や世界観、自分ルール、主観的な因果関係の捉え方のことです。顧客の合理は必ずしも科学的に正しいとは限りません。例えば、肌荒れ対策の美容サプリメントで考えてみましょう。恐らく肌の生理として正しいのは、体調不良やストレス、睡眠不足などが原因で肌荒れが起こる、という順序なのだと思います。

　正しい順序：体調不良 → 肌荒れ

　当然、マーケターもこの順序でメッセージやクリエイティブを考えます（**マーケターの合理**）。しかし顧客は、「朝起きて肌が荒れていると気分が下がる。1日中、体がだるくて調子も悪くなる」という感じ方をしているかもしれません。**科学的には正しくないかもしれませんが、顧客にとってはこの順序、この因果関係が真実なわけです。**

　顧客の合理：肌荒れ → 体調不良

　これが「**顧客の合理**」です。消費者調査では非常によく観察される現

象で、入っていない成分の効果を「実感」していたり、実際には効き目の薄い使い方に「効果」を感じていたりすることがあります。**顧客の合理を"矯正"したり、顧客の合理に合わない"正しさ"を前面に出したりしても受け入れてもらえません**。もちろん科学的に間違っていることを広告で伝えるわけにはいきませんが、顧客の合理に合わせて訴求の仕方を工夫することが大切です。

　例えば、正しい順序にこだわってメッセージを考えた場合、「体調不良→肌荒れなのだから、体調不良をやっつけることが価値だ」と思い立ち、

「1日疲れた体と心に、マルチビタミンのご褒美！」

　というメッセージを思いつくかもしれません。しかし、顧客にとってのゴール価値は、「朝イチで肌のハリやツヤを実感できること」かもしれません。そうすると例えば、

「朝イチに潤いのピークを持ってくる肌ケア登場！　朝の余裕が1日を決める」

　というメッセージになるかもしれません。**前者も後者も同じターゲット、同じ成分に基づいていますが、前者は「CEPで消費者が感じる順番」になっていない**のです。ささいな違いだと思うかもしれませんが、こうしたちょっとしたインサイトに気づけるかどうかで、メッセージやクリエイティブは大きく変わりますし、消費者の共感度合いも変わってきます。単にベネフィットを伝えればいいわけではないのです。消費者のゴールや顧客の合理に合わせてブランドの価値を「再解釈」することを心がけましょう。オルタネイトモデルや顧客の合理について詳しく学ばれたい方は、前著『"未"顧客理解』（日経BP）をご覧ください。

「ブランドの一貫性」に ついての誤解: 消費者は混乱などしない

CEPを増やすという話をすると、「広告メッセージを増やし過ぎると消費者が混乱するのではないか」「このブランドはいつ使うのか、どういうときに使うのかと迷うのではないか」という心配をする人がいますが、**消費者は混乱などしません**（Sharp, 2010）。そもそも混乱するほど真剣に広告を見ていませんし、ブランドに興味もありません。

消費者を混乱させてしまうのではないかと思うのは、思考が消費者起点ではなくブランド起点だからです。マーケターは、ブランドにはさまざまな機能やベネフィットがあることをよく知っており、それらをいつ使ってもらうか、どのような価値になるかと日々考えているでしょう（ブランド→CEP）。ですから消費者も同じように考え、迷ってしまうのではないかと思うわけです。しかし、消費者のブランド選択は生活の中でカテゴリー需要が生まれる所がスタート地点になるので（CEP→ブランド）、その生活文脈と結びついていないブランドは、**混乱以前にそもそも想起すらされません**。「海に行こう」という話をしているときに、「山のこと」を考える人はいないわけです。

つまり、混乱しているのは消費者ではなく、マーケターのほうだということです。もしブランドが海と山の両方に結びついていたとしても、海に行くときは海の記憶が検索されますし、山に行くときは山の記憶が

検索されますから、海のCEPと山のCEPが実際に衝突することはまずありません*。その上で山での想起が弱いということであれば、それは**海のCEPが混乱をもたらしているのではなく、単に「山の広告量が足りないだけ」**です。

　例えば、コカ・コーラは海でも山でも想起されるでしょう。外食するときにも、宅配ピザを頼むときにも、映画を見るときにも、公園を散歩するときにも、夏にも冬にも利用されます。数十年にわたって、さまざまなオケージョンとブランドを結びつけてきた結果、そういう記憶構造になっているわけです。逆に、「コカ・コーラってどんなときに飲むものだっけ？」などと言う人に会ったことがあるでしょうか。

* ただしCEPの分析（第7章7節）をするときに、現在ブランドが結びついているCEPに対して新しいメッセージがマイナスの連想にならないかは一応確認し、マイナスになる場合、どういう顧客層や条件でマイナスになるのかを調べます。

　似たような話で、「メッセージをコロコロ変えるとブランドの一貫性が崩れる」的なこともよくいわれますが、それは**広告予算が分散され、おのおのの広告規模が小さくなるから**です。確かに"コロコロ"変えるのはだめですが、1つのオケージョンである程度の想起を獲得したら、別のオケージョンでの想起獲得に取り組むべきです。ある程度とはどの程度なのか、これについては本章7節で具体的な指針を示しました。一方で、メッセージとエグゼキューション、どちらに一貫性を持たせてどちらを変化させるべきかについては、市場やブランドの成長段階などにより変わってきます。これについては第8章で説明します。

「独自のブランド資産の一貫性」は極めて重要

　ブランドの一貫性という意味では、むしろ**独自のブランド資産（DBA）の一貫性を心配したほうがいい**と思います。例えばIMC（統合型マーケティングコミュニケーション）では、同一キャンペーンにおける異なるメデ

ィア、異なるタッチポイントでの一貫性が重視されますが、異なるキャンペーン間での一貫性については看過されがちです（Sharp, 2010）。同様に、メッセージやポジショニングの一貫性はよく話題に上りますが、視覚的な資産や言語的な資産、スタイルの一貫性などについてはあまり取り上げられません。むしろ「積極的に変えていこう、新しくしていこう」という声のほうが大きい気がします。

　よくあるのが、代理店も事業会社も「いかにこれまでと違うか」を追求（評価）するあまり、DBAが変わる、使われなくなるというパターンです。なかには「消費者は新しさを求めている、ブランドが生まれ変わる必要がある」などと、もっともらしい理屈をこねてブランドアイデンティティーを変えようとする人がいますが、新しさを求めているのは企業（というかその人）であって、消費者ではありません。ロマニウク教授は、そのような変化を求める声を**DBAの"天敵"と呼び、彼ら／彼女らの"改善提案"からブランド資産を守りなさい**と述べています（Romaniuk, 2018）。DBAを変えて消費者から得られる反応は、次のいずれかになるからです。

- DBAの変更に気づかない　→　意味がない
- DBAの変更に気づく　→　現在の認知や想起が乱され、これまでの投資が無駄になる
- DBAの変更に気づき不満を訴える　→　元に戻すはめになる

　お分かりのように、いずれも"負け戦"になります。**ブランド価値の解釈が新しいことは良いことですが、DBAは徹底して同じであるべき**なのです。次の1年で重点的に取り組むDBAを1つ決める、DBAを管理する計画やルールを設けるなどして、それにコミットしましょう（Romaniuk, 2018）。

第 **8** 章

メディアプラン、
クリエイティブの
エビデンス

広告をやめると売上やシェアはどう変わる？
「急落」と「安定」を分ける条件

　広告は大切である——本当でしょうか。普段の業務の中で、そこを疑うことはあまりないと思います。思いついたとしても、「じゃあ、今やっている広告をストップして数年後どうなるか確かめてみよう」という人はなかなかいないでしょう。しかし、本書はそういう当たり前を見直すための本なので、そこから確かめていきます。

　広告をやめると、売上やシェアはどれだけ減るのでしょうか。近年の研究によると、広告をやめた年を基準として、広告を1年しないと「**売上**」は平均して−16％、2年しないと−25％、3年しないと−36％減少するようです（Hartnett et al., 2021）。「**シェア**」に関しては、広告を1年しないと平均して−10％、2年しないと−20％、3年しないと−28％減少するようです（Phua et al., 2023）*。また、大きなブランドより小さなブランドのほうが、下げ幅は大きくなるようです（Hartnett et al., 2021; Phua et al., 2023）。

*標準偏差が大きいので、これらはあくまで目安であり、実際の動きは各ブランドによるところが大きいと解釈したほうがよさそうです（e.g., 流通や価格、カテゴリー成長の影響など）。

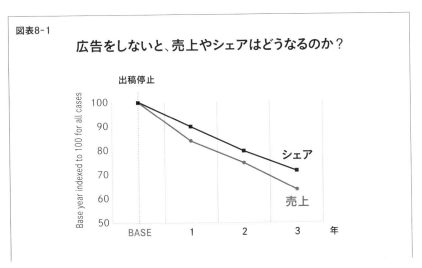

出所:以下を基に筆者が作成
Hartnett, N., Gelzinis, A., Beal, V., Kennedy, R., & Sharp, B. (2021). When brands go dark: Examining sales trends when brands stop broad-reach advertising for long periods. *Journal of Advertising Research, 61*(3), 247-259.
Phua, P., Hartnett, N., Beal, V., Trinh, G., & Kennedy, R. (2023). When brands go dark: A replication and extension: Examining market share of brands that stop advertising for a year or longer. *Journal of Advertising Research, 63*(2), 172-184.

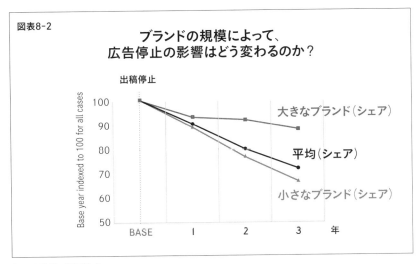

出所:以下を基に筆者が作成
Phua, P., Hartnett, N., Beal, V., Trinh, G., & Kennedy, R. (2023). When brands go dark: A replication and extension: Examining market share of brands that stop advertising for a year or longer. *Journal of Advertising Research, 63*(2), 172-184.

Phua et al.（2023）のデータを詳しく見ると、成長中の大規模ブランドおよびシェアの安定した大規模ブランドは広告停止の影響がすぐには表れないようですが（e.g., 1~2年広告をしなくてもシェアはほぼ変わらない）、大きくても衰退気味のブランドが広告をやめた場合は、マイナス影響が出るスピードが速く、下げ幅も大きくなるようです。また、小規模でも成長中あるいは安定しているブランドの場合、広告をやめた最初の1年目はそこまで大きく落ち込みませんが、やはり2〜3年目になるとマイナスの影響が大きくなってきます。ちなみに**衰退気味の小さなブランドが広告をやめた場合は影響が最も大きく、下げ幅は最大になる**ようです。つまり「最近売上が良くないな。ここは広告を控えて様子を見よう」という考え方は、そうせざるを得ない場合もあるとは思いますが、全く好手ではないということです。

「売上やシェアが下がってきたら広告すればいい」ではない

広告には短期効果だけではなく長期効果もあるため、広告をやめても、あるいは予算を縮小しても、ブランドは過去数年間にわたる広告投資の恩恵を受け続けることができます（IPA, 2008）。ですから成長中、もしくはシェアの安定した大きなブランドなどでは、広告をやめても最初はそこまで大きな影響が出ないこともあるわけです（e.g., Phua et al., 2023）。しかし、短期的に売上やシェアが大きく変わらないからといって、「ウチはブランド力があるから広告をしなくても大丈夫」などと早合点しないようにしましょう。逆です。**長期的に見れば、節約できた広告費より、機会損失した売上のほうが大きくなる**のです。

不況時における広告の考え方に関するIPAのリポートでは、広告の削減が、長期的な売上に対してどのような影響をもたらすのかをモデル

化した例が紹介されています（IPA, 2008）。広告予算を1年間半分にして、その後通常の出稿レベルに戻した場合、売上が元に戻るのに3年かかり、広告予算を1年間ゼロにして、その後通常の出稿レベルに戻した場合、売上が元に戻るのには5年かかる計算になったそうです。従って、**「売上やシェアが下がってきたらまた広告すればいい」ということではないですし、ましてや「ウチはブランド力があるから大丈夫」ではない**のです。

　現実的には、一度失った売上やシェアが元に戻らないことも重々あり得ます。あなたが広告しなくても競合は広告します。あなたが様子を見ている間に新規ブランドが参入してきます。そして、消費者にはあなたのブランドを覚えておく義務はありません。ですので、**広告をしたからといっていきなりシェアが伸びることはなくても、広告をしておかないとシェアを維持することすら困難になる**わけです。

広告はパブリシティ: エビデンスに学ぶ「広告にできること、できないこと」

　このように、やはり基本的には「広告は大切である」と言えそうです。そのこと自体は特に驚く話ではありません。しかし**「広告が大切である理由」**については、**マーケターとマーケティングサイエンティストの間で大きな乖離がある**ように思います。

　みなさんは、ファネルの数値やパーセプションチェンジ（認識変化）の比率、ブランドイメージのスコアなどがあまり動かないことに悩んだことはありませんか。特にキャンペーンやプロモーションの後で効果測定を行い、ブランドに対する見方や考え方が変わったか、ファネルのボトルネックが解消されたかというデータを見て、**「予算をかけた割には思ったほど変わってないな」**という経験はないでしょうか。そのような場合、「ターゲットの解像度が低かったかもしれない」「インサイトの深掘りが不十分だったのでは」「もっとメッセージやクリエイティブをとがらせればよかった」といった具合に原因分析をするかもしれません。

　そういうこともあるかもしれませんが、恐らく主たる原因ではありません。**スコアや歩留まりがあまり動かないのは、「そもそも広告はそういう働きをしないから」**です。本節では、エビデンスをひもときながら、多くの人が「広告の働き」を根本的に誤解しているかもしれないという話をしたいと思います。

広告は「説得」か「セイリエンス」か？

　みなさんは「**広告の働き**」についてどのような“世界観”をお持ちですか。つまり、広告がどのように購買行動につながると期待して、広告実務に取り組んでいるでしょうか。次の（A）、（B）のうち、よりあなたの考えに近いほうを選んでください。ケース・バイ・ケースだと思われた場合は、あなたが現在関わっているプロジェクトで考えてみてください。

　（A）現代の消費者は情報感度が高く、ブランドを慎重に見定めて自分向けの商品を選ぶため、広告も説得や理解促進がメインとなる。つまり、無関心な人に新しい情報や気づきを与えたり、ブランドに対する評価を変えたりして、購買動機を形成することが主な役割。それによって、これまで買わなかった人が買うようになり、顧客のロイヤルティを向上させる効果も期待できる。

　（B）消費者はこれまでの経験に基づく判断基準を持っているので、広告を見て考え方が変わったり広告に説得されたりはしない。ブランド選択は習慣によるところが大きく、ブランドを理解した上で買うというより、その時に思いついたブランドを買うだけ。従って広告の役割は、既存顧客のプレファレンスの維持や購買後の記憶の強化、リマインドなどがメインになる。

　（A）のような考え方を**Strong Theory**、（B）を**Weak Theory**と呼びます（Ambler, 2000; Jones, 1990a）。前者は、簡単に言えば**考え方や評価を変えて買わせるという“説得”の考え方**です。例えばAIDAや、精緻化見込みモデル（Petty & Cacioppo, 1986）の中心ルートのように、ブランドに対する態度変容や評価形成を通して消費者を購買まで導こうというわけです（Santoso et al., 2020）。広告効果に関する初期の研究ではこ

ちらの考え方が主流だったようです（Vakratsas & Ambler, 1999）。

　それに対して後者のWeak Theoryでは、マーケティングコミュニケーションの主な働きは説得ではなく**"セイリエンス"**、つまり**ブランドに関する記憶や連想をリフレッシュすることで、購買時に想起されやすくすること**だと考えます（Ambler, 2000; Ehrenberg et al., 2002; Vaughan et al., 2021）。こちらの立場では、広告の主な役割は既存の行動を強化することで、新しい行動を起こさせる効果は従とされています（Jones, 1990a; Vakratsas & Ambler, 1999）。

　広告は説得か、セイリエンスか――この区別は大切です。例えば説得メインの世界観で考えると、次のようなコミュニケーション戦略になってしまいます。

- STPのロジックを念頭に、ペルソナに基づいてターゲットを絞り込み、独自ポジションの確立を目指す。
- 差別化ポイントやUSPをしっかり説明するタイプのメッセージ、クリエイティブを開発。ROIが不明瞭なマス広告はなるべく避ける。
- 効果測定は、事前に設定した「あるべき態度変容」や「ブランドイメージの変化」「機能性の理解」などをどれだけ達成できたか前後比較。
- 特に、購買ファネルの歩留まりの解消や、購入意向、推奨意向といった態度的ロイヤルティの変化をKPIとして追っていく。

なぜ、なってしまうという言い方をしたかというと、**こうしたコミュニケーション戦略でブランドが成長できるというエビデンスはない**からです。本章まで順番に読まれた読者はお気づきかと思いますが、こうした戦略が前提としている消費者行動や、端々に垣間見える「こうすることでブランドが成長するはずだ」という視点が、既知のエビデンスとことごとく逆なのです。

　実務家の中には、「消費者は広告に触れることで考え方が変わり、それが行動変容につながっていく」という前提でコミュニケーション戦略を捉えている人がいますが、説得的な広告が有効な場面というのは本来限られています（Jones, 1990a）。事実、説得的なコミュニケーションに関する実証研究を調べても、説得が広く一般的に有効だというエビデンスは見当たりません（Hartnett et al., 2020; Lodish et al., 1995; Sharp & Hartnett, 2016）。確かに消費者の関与度が高いカテゴリーや（Armstrong et al., 2016）、新興国市場では（Pauwels et al., 2013）、説得的なコミュニケーションの有効性を一部支持する研究もあります。また第4章で説明したように、一部の既存顧客に対してはプレファレンスに合わせた訴求も有効です（e.g., Erdem et al., 2008）。しかし、成熟市場や関与度の低いカテゴリー、事業成長に必要なライトユーザーや非購買層への浸透などに関しては、全く別の話です。要するに、説得は使いどころを選ぶコミュニケーション手段だということです*。

*本書では繰り返しお伝えしていることですが、他の手法と同様、目的と道具の適性の問題と言えます。

セイリエンス視点で考える　広告コミュニケーション

　一方Weak Theoryは、関与度の低いカテゴリーなども含め、広い適用可能性を持つと考えられています（Jones, 1990a）。こうした議論に関してはアンドリュー・アレンバーグ教授らによる「**広告は説得ではなくパブリシティである**（"Brand Advertising As Creative Publicity"）」というパラダイムシフト的な論考があります（Ehrenberg et al., 2002）。筆者がかつて大きな感銘を受けた論文の1つで、ぜひ原文を読んでもらいたいのですが、特に重要だと感じたのが、**広告を見ることで消費者それぞれが「自分なりの買う理由」を思い出すのだ**という視点です。

少なからぬマーケターやプランナーが、「**買うべき理由は企業側が提供するものだ、しなければいけない**」と思い込んでいます。それは広告の企画書やオリエンシートを見れば一目瞭然です。すなわち、多くの広告が次のような構造になっています——「このブランドはAという点で他社とは異なり、Bという独自のベネフィットを提供できる。その根拠としてCという機能（成分）を有している。従ってあなたはウチの商品を買うべきである」——つまり、考え方を変えて買わせる"説得"です。

　では、それが常に良い結果を生むのでしょうか。かつて筆者が相談を受けた企業では、**認識変化には成功したが、そのせいで想起が減り売上も低下した**ということがありました。某外資系消費財メーカーの元マーケターが、コモディティー化したブランドを刷新するための急進的なリポジショニング計画を進め、さまざまなパーセプション系のプロジェクトを強行した結果、そうなってしまったようです。「企業が考えた顧客価値」は伝わりました。「企画書通りの認識変化」も起こせました。しかし、それが原因でこれまで培ってきた認知経路が乱れ、メンタルアベイラビリティが減り、売上が下がりました。これでは本末転倒です。

広告は、消費者が「自分なりの買う理由」を思いつくための導線

　別の言い方をすると、**買われる理由は何でもいい**のです。極端な話、ブランドが提案したい価値がそのまま受け入れられなかったとしても、別の理由で買ってもらえるなら何の問題もありません。その意味で広告には、購買文脈に置かれた消費者が「自分なりの買う理由」を思いつく導線としての役割が求められます。企業が考えた「買うべき理由」を説得するのではありません。**広告を見た時に、消費者がブランドに自由に意味づけできること、消費者側に理由づくりを任せる"余白"があるこ**

とが重要なのです。

　つまり、広告は**パブリシティ**（広く知らせる、思いつくきっかけを提供する）だということです。そうしたパブリシティの模範例として、アレンバーグ教授はコカ・コーラの"Coke Is It"を挙げています（Ehrenberg et al., 2002）。近年ではKFCの「今日、ケンタッキーにしない？」も当てはまるのではないでしょうか。**広告を見てブランドを思い出したときに、消費者が好きな連想を結びつけることができるつくり**になっています。

　特にコカ・コーラに関しては、バイロン・シャープ教授も記憶構造を刷新する広告の好例として挙げています（Sharp, 2010）。コカ・コーラのテレビCMをいくつか思い浮かべてみてください。大半が、すでに我々が経験しているオケージョンが起点になっていると思います。みんなで集まると楽しいね、夏は海に出かけよう、部活疲れたね、ライブ盛り上がったね、肉はうまい——いずれも**消費者がすでに知っていること**です。訴求軸も基本的には「楽しい、おいしい」といったメッセージとDBA（独自のブランド資産）が中心で、キャンペーン告知やペプシへの対抗広告を除けば、成分の説明や機能的な説得は見た覚えがありません（筆者が知らないだけかもしれませんが）。

　要するに、**オケージョンとブランドの話しかしていないわけですが、それを数十年かけて行うことで、あらゆるオケージョンでブランドが連想される記憶構造を構築した**わけです*。もちろん全ての企業がブランド構築に何十年もかけられるわけではないですが、まずは第7章で説明した通り、1つのオケージョン、1つのCEPから始めてみてはいかがでしょうか。

＊OBPPC（Occasion、Brand、Package、Price、Channelの頭文字をとった戦略）が有名ですね。
参照 https://www.ccbj-holdings.com/pdf/irinfo/5_1.pdf

コラム：上司を説得できた広告が消費者も説得できる根拠など、どこにもない

　消費者を合理的に説得しようとすると、広告が競合とよく似てきます（市販薬などでは本当に苦労します）。カテゴリーニーズの数は限られているからです。しかし、広告代理店の経験があれば分かると思いますが、**「他と同じような感じになっちゃいました」でクライアントが納得するわけがありません**。そのため、細かい差異や特徴を説得するための表現やストーリーづくりに、きゅうきゅうとすることになります。

　しかし当の消費者は、ブランドを知りたいとか、理解したいと思いながら生活しているわけではないので、どれだけロジカルに説明しても「どれも大体同じだろう」と思われるのが関の山です。**もし「どれも大体同じだろうとしか思われないこと」を認め、コミュニケーション開発の前提にできれば、「その上でどうしたらセイリエンスを高められるか」という視点に気づく**のですが、消費者よりまず上司やクライアントを説得しないといけないという"大人の事情"とが相まって、一番重要な「ブランド」が全くリフレッシュされない広告が出来上がる、という構図になっていることが少なくありません。

広告は何回接触させればいい？カテゴリーや顧客層ごとのパターンを解説

　リーチと接触頻度（フリークエンシー）、**どちらが大事なのか**——これもマーケティングでは古典的なテーマですね。もし、「広告接触は1回で十分、それよりリーチを増やしましょう」と言われたらどう思われますか。恐らく「本当に？」「昔から最低3回は必要だといわれている」といった反応になるのではないでしょうか。実際、広告接触と購買行動の関係について、多くの人が「ある閾値を超えたら購買確率が高まる」あるいは「閾値を超えなければ広告は効果を発揮しない」というS字型でイメージしている印象を受けます。いわゆる**有効フリークエンシー**の考え方です。しかし、広告は本当にそのように機能するものなのでしょうか。

　少し、広告史のおさらいをしておきましょう。これまで見てきた多くの理論的対立と同じく、このテーマについても"リーチ派"と"フリークエンシー派"のような対立があり、それぞれに実証研究が存在します。Tellis（1997）は、3回程度の低頻度の接触で十分な効果が得られると考える人たちを"minimalists"（ミニマリスト）、最適な広告反応を得るにはそれ以上の高い接触頻度が必要だとする人たちを"repetitionists"（頻度論者）と分類しました（カッコ内は筆者訳出）。

　ミニマリスト側の代表は、現在でいうところの「スリーヒットセオリー（3

ヒットの法則)」を着想したKrugman（1972）と、それを検証して有効フリークエンシーの考え方を確立させたNaples（1979）でしょう。中には3回すら多い、1回で十分効果は得られると考える研究者もいたようです（Gibson, 1996; Jones, 1995）。

　一方、頻度論者側では、13回接触してもなお効果は高まるとの見解を示したZielske（1959）が古典の1つとして挙げられます。それ以降も高い効果を得るにはどれくらいの接触が必要かという議論は続き、5回という研究もあれば、8回、10回、なかには20回を超えても効果は高まるという報告もあり、統一的な見解には至っていないようです（Burton et al., 2019; Kohli et al., 2005; Nordhielm, 2002; Pechmann & Stewart, 1988; Schmidt & Eisend, 2015）。

広告反応関数：カテゴリーやマーケットごとの 広告反応パターンを覚えよう

　こうした背景を踏まえつつ実務で重要な関心事になってくるのは、「消費者は実際、広告に対してどのように反応するのか」あるいは「複数回接触させるにしても、どの程度の間隔で接触させればよいのか」といった問題です。まず、前者から考えていきましょう。もし反応が**収穫逓減型**になるなら、1回目の接触が最も効果が高く、2回目以降は効果が徐々に減っていくことになります。一方、もし反応が**S字型**になるなら、最初の接触はさほど効果がなく、ある接触回数を超えたところで効果が急に大きくなっていきます。

　このテーマに関しては広範なレビューや実証研究が何度も行われており、**成熟市場における購入間隔の短いカテゴリー**（消費財など）**では収穫逓減型の反応関数になりやすい**ことが分かっています（Jones, 1995; Simon & Arndt, 1980; Taylor et al., 2009; Taylor et al., 2013; Vakratsas & Ambler, 1999; Wind & Sharp, 2009）。

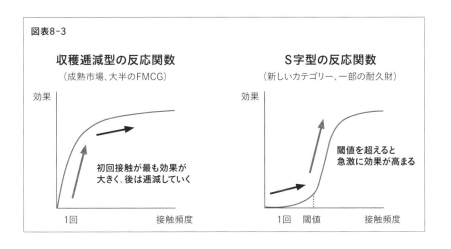

図表8-3

収穫逓減型の反応関数
（成熟市場、大半のFMCG）

効果

初回接触が最も効果が
大きく、後は逓減していく

1回　　　　　接触頻度

S字型の反応関数
（新しいカテゴリー、一部の耐久財）

効果

閾値を超えると
急激に効果が高まる

1回　閾値　　　接触頻度

　本節の冒頭で、「何回以上接触しなければ広告の効果が表れない」「その回数を超えると急に購買確率が高まる」のような**閾値**があると思われていることが多いという話をしましたが、**広告反応が収穫逓減カーブを描くなら、そもそもそのような閾値は生まれようがありません**（Cannon et al., 2002）。なぜなら1回目の接触が最も反応が高く、接触頻度が増えるにつれて反応は逓減していくだけだからです。

　こうした有効フリークエンシーに関する"神話"について、バイロン・シャープ教授によると、よくある広告のトラッキングデータに分かりやすい反応が出るにはそれくらいの接触が必要というだけの話で、そのような閾値が存在するという明確なエビデンスはないとのことです（Sharp, 2017）。ただし、比較的新しい耐久財のカテゴリーでは、S字型の反応関数になるという報告もあります（Vakratsas et al., 2004）。

　まとめると、**新しいカテゴリーや耐久財の場合は接触頻度を高めたほうがいい場合もある**、しかし、**大半の成熟市場や消費財では同じ人に2回、3回と重複接触させるより、単純に「最初の1回」をあてる人数を増やしたほうがよい（リーチに軍配が上がる）**ということになりそうです。実際、

顧客基盤の中で接触頻度の高低を調べてみると、接触1回で買っている割合はかなり高いようです（Jones, 1999; McCurdy, 2017）。

未顧客の獲得は、
第一想起を取りにいくゲームではない

しかし、「それだと伝わる情報や理解が足りず、第一想起を取れないのでは？」「いわゆる単純接触効果（接触回数が増えるほど好きになる）についてはどうなの？」と思われる方もいるかもしれません。1つずつ説明します。まず、第一想起に関しては、大きなブランドが既存顧客をターゲットするときと（i.e., マージン戦略）、小さなブランドが未顧客層に想起を拡大するときで（i.e., ボリューム戦略）、見方が変わります。前者の場合は確かにおっしゃる通りで、繰り返しの接触は態度変容や購入意向の増加に貢献するといわれています（Burton et al., 2019; Schmidt & Eisend, 2015）。また、LTVの極めて高い優良顧客に対しては、高密度のコミュニケーションが有効な場合もあるでしょう（e.g., 外商、BtoB）。

一方、小さなブランドが成長するためには、未顧客層に対する事前想起の形成が大事になるわけですが、そうした変化は第一想起には現れません。実際、**第一想起の変化の大部分は既存顧客によるもので、未顧客の反応が現れるのは助成想起**のほうだといわれています（Romaniuk, 2023）。つまり、未顧客の獲得は「ターゲットを絞り込んで第一想起を短期的に取りにいくゲームではない」ということです。そもそも未顧客は広告に関しても無関心なので、1回目で気づき、2回目で興味を持ち、3回目に行動する（買う）といったプロセスを想定すること自体に無理があります。

単純接触効果はどうなの？

　単純接触効果については、「**タイムフレーム**」と「**広告の働き**」の2側面から考える必要があります。そもそもライトユーザーにとって年に1〜2回しか買わないということはザラです（Dawes et al., 2022）。つまり、有効フリークエンシーを前提とした「広告が集中しているタイミング」において、需要が発生していない未顧客のほうが多いわけです（Dawes, 2021）。広く定期的にリーチしない限り、そうした層に事前のメンタルアベイラビリティを構築することはできません。メディア単位で考えても同じことです。特定の時期に広告をバースト（集中）させても、結局そのメディアのヘビーユーザーや、たまたまその時期にそのメディアを多く見ている人にしか届きません（Romaniuk & Sharp, 2022）。

　次に、需要が発生するメカニズムと広告の働きについて考えてみましょう。広告業界の経験が長くなると、あたかも「広告が需要を生み出している」と錯覚することがあります（広告→需要）。しかし、第7章で学んだカテゴリーエントリーポイント（CEP）に関するファクトを思い出してください。**広告が需要を生み出すわけではありません。生活の中で需要が生まれ、その需要に合った広告に"気づく"のです**（需要→広告）。例えば筆者の話ですが、「今日の夕飯どうしようかな（夏っぽいもの食べたいし、冷えたビールもいきたいな）」と思っていた時に、たまたまKFCのレッドホットチキンのCMを見て、「そういえばもう売ってるのか、ケンタッキーにしよう」ということがありました。何かと比較したり検討したりはしていません。ほぼ瞬間的にウーバーイーツで注文していました。

　このように、広告は需要が発生したタイミングやオケージョンに近づいていって「こんな商品ありますよ」とそっと背中を押す（ナッジ）、あるいは想起集合の中で少しだけ目立たせる働きがあります（Sharp,

2010）。もし消費者を説得することがゴールなら、短期間に高頻度で接触させて理解を促す必要があるかもしれませんが、前節で説明したように**広告の主な役割は説得ではなくパブリシティ**です（Ehrenberg, 1974; Ehrenberg et al., 2002）。つまり、すでにある記憶を更新することや経験に基づく連想を強化することが目的なので（Ambler, 1998; Jones, 1990a）、短期間で何回も接触させる必要はなく、むしろ**低頻度の接触を長期間繰り返したほうがいい**わけです。

　ただ、需要が生まれるタイミングを正確に判定することはできませんから、結局は年間を通して出稿スケジュールをならしていく、つまり**リーセンシー**の考え方になっていくわけです（Ephron, 1997）。実際、いくつかの認知心理学の実験で、短期間に集中して接触するより（e.g., 1カ月で12回）、インターバルを空けて長期間接触し続けたほうが購買する確率は高まり（e.g., 1カ月に1回を1年間）、認知や想起、再認などの記憶系指標も10〜20%向上することが明らかになっています（Sahni, 2015; Sawyer et al., 2009）。要するに、**「1回忘れてまた思い出す」を繰り返したほうが結果は良い**ということです（Romaniuk & Sharp, 2022）。

　では「短期×高頻度」の考え方に全く立つ瀬がないのかというと、そういうわけでもなく、**新商品や季節性の高い商品の発売時などでは有効**とされています（Jones, 1999）。ただし、その場合でも期間を切って（3カ月程度）、その後は「長期×低頻度」のフライトにしていくのがよさそうです（実際、筆者もこのパターンをよく取り入れます）。

　ちなみに「あまり予算がないから」という理由で、反応の高い一部のセグメントに絞り込んだ"エンゲージメント系"の施策に走る方がいますが、**エンゲージメントはリーチの代わりにはなりませんし、「広告しなくても買う人にわざわざ広告しているだけ」という可能性が高くなる**ことに注意しましょう（第9章5節参照）。予算がタイトなのはどの企業も

同じです。

　ただし "本当に" 小さく、"本当に" 予算がない場合は、広告ではなくフィジカルアベイラビリティの強化に集中したほうがよいともいわれています（Romaniuk & Sharp, 2022）。つまり電話、メール、外回りなどのドブ板営業ですね。

「95:5ルール」
なぜBtoBやサービス業こそ
未顧客が重要なのか？

　リーセンシーの考え方は、BtoBやサービス業ではことさら重要になってきます。これはアレンバーグ・バス研究所のジョン・ドーズ教授が提唱している「**95:5ルール**」で考えると分かりやすいと思います (Dawes, 2021)。あなたの業界ではどれくらいのスパンで買い替えや再購入が起こりますか。何年に1回、契約の見直しが行われるでしょうか。例えば、平均して5年に1回、買い替えが起こることがデータで分かっているとしましょう。そうすると、任意の1年で買い替える人は単純計算で全体の20%、さらに四半期だと5%になります。つまり**四半期単位で考えると、カテゴリー需要が発生しているアクティブな潜在顧客は全体の5%しかおらず、残りの95%は需要が発生していない未顧客**になるわけです。

　一般的な事業会社では、プロモーションやパフォーマンスマーケティングは四半期、もしくはそれ以下のスパンでPDCAを回すことが多いかと思いますが、そうした短期施策でコンバージョンさせられるのは、**いくら頑張っても潜在層の5%程度が上限**だということです。別の言い方をすると、仮にある四半期のプロモーションに年間予算の大部分を投入した場合、その後に市場に入ってくる未顧客に対してほとんどアクションできないことになります。しかも、5%と言いましたが、実際はその中で競合としのぎを削って奪い合うことになりますから、現実的にはさらに「数分の1」のゲームになります。このような「**5%の奪い合いの**

繰り返し」と「残り95％に対する事前の想起形成」、長期的にはどちら**のインパクトが大きいのか**ということを考えてみてほしいのです。

　BtoBやサービス業では、この「95：5ルール」はより重要な意味を持ちます。なぜなら、ニーズが発生して初めて「認知→興味→比較検討→・・・購買」といった購買プロセスが始まるという人は、現実にはほとんどいないからです。大半は、需要が発生したときには、すでにいくつかのブランドが想起される状態になります。このときに、「**自社製品や自社サービスが思い浮かぶ状態にしておくこと**」がBtoBマーケティングの本質です。消費財などであれば、コンビニやスーパーに行ってその場で気づく、その場で決めるということもありますが、BtoBではそんな買われ方はしません。需要が発生したときに想起されなければ検討すらしてもらえません。問い合わせも、コンペに呼ばれることもないのです。

　また現在では、BtoBでもパフォーマンス測定のためにROIやROASを用いることが増えましたが、これらは効率性の指標なので、「**現在市場にいる5％をいかに効率よく刈り取れたか**」しか分かりません。詳しくは第9章で解説しますが、ビジネスが成長するには「効率」の前に「効果」が求められます。つまり、ビジネスインパクトが大きいことをしないといけません。「**5％に対する効率性**」ばかり追っていても、「**95％に対する効果**」は得られないのです。近年ではBtoBでのブランディングにも注目が集まっていますが、結局はBtoCと同じで、メンタルアベイラビリティの視点が大事なわけです。

ターゲティング思考の罠:広告の質や解像度で「リーチ不足」をカバーできるのか?

　先日、クライアントミーティングに同席していた某戦略ファームのシニアコンサルタントが、ターゲティングに関して次のような意見を述べていました。

「最近はSTPにはエビデンスがない、ターゲットを決めるなという話も聞くが実務を分かっていない。実務で考えた場合、顧客層を定めずに戦略や施策をつくることは無理であり、また無駄である」

　まず、顧客層を限定せずともターゲティングはできます。**大部分のカテゴリーユーザーが直面するオケージョンやタイミングをターゲットにすればよいからです**(その具体論については第7章で解説しています)。レガシーなマーケティング理論から離れられない人にこうした話をすると、十中八九、次のような感想が返ってきます。

「いや、その場合でも結局は顧客レベルでのターゲット定義が必要になる。でないと商品コンセプトやメディアプランが正しく機能しない」

　そもそも、**誰もターゲットを決めるなとは言っていません。リーチを犠牲にするなと言っているのです。**よくこれらを混同している人がいますが、この2つは全く別の話です。ターゲットを定義するのは別に問題

ありません。フォーカスするCEPやオケージョンと組み合わせて決めてもよいですし、もっとざっくり「F1〜F2女性」「シニア層」などとしてもよいでしょう。それさえも決めるなというのは確かに非現実的です。問題はターゲットを決めた後のリーチです。つまり、F1〜F2がターゲットならその女性層"全員"にリーチできる設計になっているか、シニアならシニア層"全員"に訴求できる施策になっているのかということです*。

*広告代理店風に言えば、コミュニケーションターゲットの解像度を高めるのはいいですが、コミュニケーションターゲットにしか配信しないのはよくないですよ、媒体計画はビジネスターゲットに広くリーチできるように設計しましょう、ということです。

　予算が少なくて全員は無理というなら、**少ない予算が許す範囲内で、最大の非重複リーチを取りにいくメディアプラン**を目指しましょう。よく、「ウチは大企業とは違って予算がない、だからリーチメインの施策は難しい」とおっしゃる方がいますが、何も最初から全国区のCMを流しましょうと言っているわけではないのです。それに大手だからといって広告宣伝費に余裕があるわけではありません。彼ら／彼女らの母集団は"国内全員"になるからです。グローバルの大企業であれば、リーチしなければいけないのは"世界中"です。どんな企業であろうが、その規模に応じて予算は常に限られているのです。ですから、その限られた予算をどう使うかという判断をファクトに基づいて慎重に行う必要があるわけです。

　一方、中小企業やデジタル出身のマーケターからは、「とはいえ、マスマーケティングは金ばかりかかって費用対効果が不明瞭だ」という反論もよく挙げられます。「リーチよりターゲティングの解像度が重要」「デジタルはプラットフォームで細かい設定ができる」「費用対効果を見ながらリーンにPDCAを回せるところが魅力だ」といった意見も聞かれます。

ターゲットを絞って利益を出すには、どの程度の広告パフォーマンスが必要なのか？

では、結局どう考えればよいのでしょうか。ポイントになるのは、**ターゲティングとリーチのトレードオフが引き起こす利益への影響**を理解した上で判断することです。いわゆるSTPなどでいわれるところのターゲティングは、「全体からある一部分に絞り込む」という意味合いを伴います。そして、そこに予算と予実が絡むと、「**結局、手数を増やすことに金を使ったほうがもうかるのか、特定顧客層の購買確率を高めることに金を使ったほうがもうかるのか**」というトレードオフを考える必要が出てきます。つまり、ターゲットを絞り込むほどリーチは減るわけですが、その代わりに「メッセージとニーズの合致度」や「ブランドからの提案と顧客が求める価値のフィット」などを高めることができるのではないか、というわけです。

こうしたテーマに関してはフェイスブックとSpotifyを用いた実証実験があり、次のような結果が報告されています（Ahmadi et al., 2023）。

- フィールド実験を行い、「ターゲットを絞り込んだ施策（以後、ターゲティング施策）」が「ターゲットを絞り込まない施策（以後、非ターゲティング施策）」と同じ利益を生み出すためには、広告パフォーマンス*をどれだけ向上させる必要があるのかを割り出すモデルを作成した。

  * "Break-even performance"：CTR、コンバージョン率、コンバージョン当たりの長期マージン(i.e., LTV)。

- そのモデルを別のデータセットに当てはめて、さまざまな条件のセグメントで利益を推定し、「非ターゲティング施策」と比べた。

- その結果、約半数のターゲティング施策が、非ターゲティング施策と同じ利益を生み出すには極めて高い（非現実的な）パフォーマンス向上が求められることが判明した。

図表8-4を見てください。リーチが半分になると、同じ利益を出すためには2倍近い広告パフォーマンスが求められます。さらにリーチが元の20%しかなければ、約4倍の広告パフォーマンスが必要になります。ターゲットを絞り込むほど、利益を確保するために求められる広告パフォーマンスは指数関数的に増えていくようです（Ahmadi et al., 2023）。

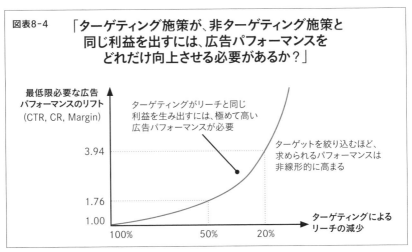

図表8-4　「ターゲティング施策が、非ターゲティング施策と同じ利益を出すには、広告パフォーマンスをどれだけ向上させる必要があるか？」

最低限必要な広告パフォーマンスのリフト（CTR, CR, Margin）

ターゲティングがリーチと同じ利益を生み出すには、極めて高い広告パフォーマンスが必要

ターゲットを絞り込むほど、求められるパフォーマンスは非線形的に高まる

3.94
1.76
1.00
100%　50%　20%

ターゲティングによるリーチの減少

出所:以下を基に筆者が作成
Ahmadi, I., Abou Nabout, N., Skiera, B., Maleki, E., & Fladenhofer, J. (2023). Overwhelming targeting options: Selecting audience segments for online advertising. *International Journal of Research in Marketing*. Advance online publication.

　読者はこうした結果をどのように受け止めたでしょうか。割と新しい研究であり、再現研究が豊富にあるわけではないので、あまり断定的なことは言えませんが、筆者は「**広告戦略において、量の少なさを質の高さで相殺するという考え方は現実的ではなさそうだ**」と感じました。

CTRだけならまだしも、メッセージやクリエイティブを変えるだけで成果を2倍以上にするなどそう簡単にできないからです。また、ターゲティングの解像度を高めるために利用するデータもただではありませんし、精度の問題もあるため（e.g., Neumann et al., 2019）、施策の最適化には限界が出てきます。実際、先述のフィールド実験を行った研究者らも、サードパーティーデータの規制によってパフォーマンス向上に利用できるデータのクオリティーが低下すれば、**ターゲティングメインの戦略はいっそう魅力的ではなくなる**だろうと述べています（Ahmadi et al., 2023）。

ターゲティングの打開策は、「費用対効果」 ではなく「実験」にあり

こうしたファクトに対するマーケターの反応は、大きく2つに分かれる印象です。1つが「費用対効果の把握が甘いからそうなる。ROIやROASさえしっかり把握しておけば大丈夫」というもの、もう1つが「だからこそ徹底的にABテスト（実験）を行うべきだ」というものです。

まず前者についてですが、ROIやROASを見ながら反応の高い顧客を絞り込んでいくと、**「すでに買う気になっている人」に偏っていきます**。確かにそうしたグループでは平均より売上がリフトしますし、指標の数値も高く出ますが、それは施策の効果が高いからではなく、施策があろうがなかろうが買う一部の既存顧客やヘビーユーザーにしかリーチしていないからです（Sharp, 2017）。つまり、**新しい増分売上を生み出していない可能性が高い**わけです。しかし見かけ上の数値は悪くないので、「ターゲットしないほうがもうかったのでは？」などとは誰も言いません。新規顧客が入ってこず、既存顧客へのターゲティングも頭打ちになり、売上が停滞して初めて何かおかしいと気づきます。私見ですが、D2Cの事業者を中心に、数年前からこうした話を結構聞くようになり

ました。

　逆に、うまいマーケターは徹底的にABテストを行っている印象です。実際、Ahmadi et al.（2023）も、**狭いターゲット層にコミットする前にその収益性を綿密に評価すべき**だと述べています。ただABテストといっても、本当に成果を出している企業は「そこまでやるか」というレベルでやっています。統計を少しかじった程度のマーケターが片手間に何パターンかテストしてみる、といったレベルではありません。データサイエンティストを雇い、オフラインからオンラインまでカスタマージャーニーの大半をカバーする何百というシナリオを用意して、コストも時間もかけたフィールド実験を行っています。それこそ実験店舗や実際の商品を用意して、ほぼ本番環境でRCT（ランダム化比較試験）をやっているクライアントもいます。

新規の非重複リーチ拡大に貢献する ターゲティングならOK

　一方、新しい増分リーチを増やすためのセグメンテーションやターゲティングは、むしろ積極的に行うべきです。一度、「**トップブランドの顧客構成と比べて自社の顧客構成が偏っていないか**」を診断してみましょう。次のような視点で顧客基盤を調べてみて、今まで買ってくれなかった消費者層に新しくリーチするには、どこを“ターゲット”すべきかを考えてみるのです。筆者がコンサルティングに入るとき最初によくやるのですが、結構見落としがあります。

- 地理的リーチ（トップブランドは利用されていて、自社は利用されていない特定の場所や地域はないか？）
- 時間的・季節的リーチ（トップブランドは利用されていて、自社は利用さ

れていない特定の時間帯や季節、イベントはないか？）

- 顧客層リーチ（トップブランドでは獲得できていて、自社が獲得できていない顧客層はないか？）

- チャネル別リーチ（トップブランドは配荷されていて、自社は配荷されていないタッチポイントはないか？ 流通できていないチャネルはないか？）

- 機能別リーチ（トップブランドは対応していて、自社は対応できていない機能や成分はないか？ UX的に現在利用しにくい層はいないか？）

　なぜこういう診断をするのかというと、**競合するブランド同士の顧客プロファイルはほとんど変わらない**からです（Anesbury et al., 2017; Kennedy & Ehrenberg, 2001）。平均的な顧客構成はカテゴリーによって大まかに決まっており、事業が成長するときはその顧客構成に従って成長します。端的に言えば、「**トップブランドと同じような顧客構成になっていないなら、何かがおかしい**」ということです。ですから、まずはカテゴリーを代表するブランドと比べて、現在自社が獲得できていない顧客や地域、タイミング、オケージョンなどをあぶり出すわけです。古いブランドで若い層が買ってないのであれば、若い層のリーチを増やすべきですし、利用タイミングに偏りがあるのであれば、新しい利用タイミングを提案すべきです。そうした新規の増分リーチを増やすためのターゲティングであれば問題もありません。ただ、訴求軸はそのターゲット層に向けたものであっても、メディアプランはなるべく市場全員に向けた設計にしましょう。

　まとめます。“広告の量”と“広告の質”は等価ではありません。どんな広告でも大量にやれば売上はリフトしますが、リーチ不足をクオリティーの高さで何とかしようとすると、極めて高いパフォーマンスが求められます。そして、**リーチが減るほど不可能なレベルに近づいていきます**。「既存顧客からのマージンを太らせるためにあえてターゲティン

グしている」「ボリューム成長には別の施策を走らせている」ということであればよいですが、**"ターゲティング脳"になると視点が内へ内へと行ってしまい、結局、利益や顧客基盤を狭めることになります。**

　そのあたりをきちんと評価した上で、「やはりターゲティングしたほうが総合的な利益は大きくなる」というのであればそれでよいでしょう。しかし、そうでないのであれば、**中途半端にターゲティングするより、リーチを広げたほうが手っ取り早くビジネスインパクトを出せる**と思います。ちなみに、どれだけメッセージやクリエイティブを最適化しようが、事業の持続的な成長には浸透率の増加が必要なことに何ら変わりはありません。

メッセージや表現は
一貫性が大事？
それとも変えていくべき？

昔からブランドには一貫性が大切だといわれています（Keller, 1999）。一方、広告のコンテクストやエグゼキューション（表現）を少しずつ変えることで、売上反応や想起形成に役立つという研究もあります（Bass et al., 2007; Lodish et al., 1995; Unnava & Burnkrant, 1991）。実務の現場ではこれらの"合わせ技"、つまり「**WHAT（メッセージ）には一貫性を持たせ、メディアやタッチポイントによってHOW（表現）を変えていく**」というアプローチが良いとされているように思います。アンケートをとったわけではありませんが、大手広告代理店のプランナーやクリエイティブディレクター何人かに「広告の一貫性について何か意識していることはある？」と聞いてみても、やはりこのパターンの回答が返ってくることが多い印象でした。

では、このパターンで"決まり"なのでしょうか。つまり、どんなブランドでも「メッセージは一貫させて表現を変える」という型に従って広告コミュニケーションを考えていれば、間違いないのでしょうか。そもそも、誰かが検証した上でこのパターンが良いとされているのでしょうか。近年の研究によると、少なくとも「**カテゴリー**」「**ブランドの規模**」「**ブランドの年数**」「**均衡市場か、変化の激しい市場か**」などによって最適な型は違ってくることが分かっています（Becker & Gijsenberg, 2023; Pauwels et al., 2022）。

成熟市場ではブランドの大きさによって
アプローチが異なる

　まず消費財では、33ブランド、247の広告のデータを用いて、**広告の一貫性**（異なる時点間で自社の広告内容がどれだけ類似しているか）と、**広告の共通性**（自社と競合の広告内容がどれだけ類似しているか）の売上に対する影響を調べた研究があります（Becker & Gijsenberg, 2023）。この研究によると、売上を増やすには、

> **小さなブランドは「WHATもHOWも一貫性を持たせる。ただし、HOWは競合との類似性および感情面の一貫性を重視する」**

とよさそうです。小さなブランドでは、**メッセージの一貫性だけでなく、感情面の一貫性も重要**になります。つまり、キャンペーンごとに異なる感情を惹起するのではなく、同じような感情を惹起し続ける表現の一貫性も求められるということです。ただ、どのような感情を惹起するかには自由度があるようです。また小さなブランドの場合、広告内容がある程度競合と近くても、売上にはプラスに働く場合があるようです。あまり直感的ではないかもしれませんが、小さなブランドはそもそも知っている人が少ないので、まず「どのようなカテゴリーのブランドなのか」という意味でのWHATを伝えることが先だということです。実際、ブランドの想起に関する実験でも、小さなブランドはカテゴリーとの結びつきを強化したほうが記憶されやすいことが分かっています（Stocchi et al., 2016）。これは、広義には**カテゴリーメンバーシップ**と呼ばれる考え方で、次節で詳しく説明します。

　次に、大きなブランドの場合はどうなのでしょうか。Becker and Gijsenberg（2023）によると、

大きなブランドは「WHATもHOWも変えていく」

という方針がよさそうです。まず大きなブランドの場合、競合との類似性は売上にはプラスになりません。それに加えて、実はメッセージや表現の一貫性も売上に対してプラスに働かないようです。小さなブランドとは逆で、**成熟市場の大きなブランドには一貫性より変化が求められる**わけです。これも少々意外かもしれませんが、簡単に言えば、昔からあるブランドが同じことばかり言っていると飽きられるということです（Naik et al., 1998）。実際、よく知られているブランドの広告コミュニケーションでは、一般的なカテゴリー知識や連想は避けたほうがよいとされています（Stocchi et al., 2016）。

まとめると、**小さなブランドは「メッセージも表現も一貫性が大事」**、逆に大きなブランドは「メッセージも表現も変えていく」ということです。こうした傾向は、第7章7節のCEPの視点で考えると、よりスムーズに理解できるかと思います。すなわちブランドが小さなうちはCEPを1つ選び、そこにフォーカスしてメンタルアドバンテージを築く（i.e., 小さなブランドは一貫性が重要）。一定以上のメンタルアドバンテージを確立したら、次のCEPにシフトしてブランドが想起される機会を増やしていく（i.e., 大きなブランドは変化が重要）ということです。

変化の激しい市場では、
ブランドの新旧によってアプローチが異なる

一方で、こうしたパターンは「成熟市場におけるWHATとHOWの捉え方」と言えるかもしれません*。つまり、シェアや消費者行動が大きく変わらない比較的安定した市場において、メッセージと表現はどうあるべきかという話です。では、環境の変化が激しい市場だとどのよう

に考えればよいのでしょうか。

*Becker and Gijsenberg（2023）はドイツの消費財のデータを用いた研究です。

　Pauwels et al.（2022）は、そのような変化の大きな市場として1990年から2003年までの米国ミニバン市場を選び、メッセージとエグゼキューションの変化が売上に及ぼす影響を調べました。この時期はマーケットの成長期〜成熟期に該当し、市場環境がダイナミックに変化していたのと同時に、消費者のプレファレンスも快適性から所有コスト、パフォーマンス、安全性へと目まぐるしく変化していたようです。このような変化の激しい市場においては、広告コミュニケーションにどのような一貫性、あるいは変化が求められるのでしょうか。同研究によると、まず、

新しいブランドは「WHATもHOWも変えていく」

という組み合わせのパフォーマンスが高いようです。環境の変化が大きな市場では、選好も商品属性も多岐にわたるため、新しいブランドはWTPの変化に合わせて柔軟に"ピボット"することが求められるようです（Pauwels et al., 2022）。CEP的に言えば、メンタルアドバンテージとディスアドバンテージをこまめに確認し、自社に有利なCEPを臨機応変に狙っていくということになるでしょうか。次に、

成熟ブランドは「WHATは同じで、HOWを変える」

ことで売上への効果が高まるようです。これは冒頭で言及した、「メッセージには一貫性を持たせ，表現を変えていく」という定番パターンですね。一貫性は守りつつ、CEPに合わせてブランドの価値を再解釈し、ストーリーやクリエイティブでブランドの記憶をアップデートしていくことが大切なわけです。ちなみに、成熟ブランドが逆のパターン（エグ

ゼキューションは同じでメッセージだけ変える）をやるとマイナスの影響が出るようです（Pauwels et al., 2022）。

　ここまで、変化の少ない市場と変化の激しい市場それぞれについて、メッセージや表現は一貫性が大事なのか、それとも変えていくべきなのかを見てきました。Becker and Gijsenberg（2023）とPauwels et al.（2022）の報告をまとめ、CEP視点の解釈を加えると、およそ図表8-5のように整理することができるかと思います。

図表8-5

	小さなブランド／ 新しいブランド	大きなブランド／ 成熟ブランド
変化の少ない市場 （例:成熟市場の消費財）	WHATもHOWも同じ ・CEPを1つ選び、メンタルアドバンテージを築く。ただし、HOWは競合との類似性、惹起する感情の一貫性を重視	WHATもHOWも変えていく ・一定以上のメンタルアドバンテージを確立したら、次のCEPにシフトしてブランドが想起されるオケージョンを増やしていく
変化の激しい市場 （例:技術革新が盛んな耐久財）	WHATもHOWも変えていく ・プレファレンスの変化に合わせて価値提案を柔軟に"ピボット"。メンタルアドバンテージを取りやすいところを探す	WHATは同じ、HOWを変える ・ベネフィットの一貫性は保ちつつ、CEPに合わせたストーリーやクリエイティブで価値を再解釈。定期的な記憶のアップデート

出所:以下を基に筆者が作成
　Becker, M., & Gijsenberg, M. J. (2023). Consistency and commonality in advertising content: Helping or hurting?. *International Journal of Research in Marketing, 40*(1), 128-145.
　Pauwels, K., Sud, B., Fisher, R., & Antia, K. (2022). Should you change your ad messaging or execution? It depends on brand age. *Applied Marketing Analytics, 8*(1), 43-54.
　Romaniuk, J. (2023). *Better brand health: Measures and metrics for a how brands grow world.* Oxford University Press

カテゴリーメンバーシップの確立：POPが先、PODは後

　テレビを見ていて「これ何のCM？」と思われたことはないでしょうか。あるいは家電量販店などで、「これは何に使うの？」というガジェットに出くわした経験はないでしょうか。このような場合、それがどんなカテゴリーに属するブランドなのかを明らかにして、カテゴリー需要を満たすための妥当な選択肢であることを示す、**カテゴリーメンバーシップ**の確立が重要です。

　例えば、あなたがXという大学の広報担当だとしましょう。近年、学生不足に悩んでおり、何とかして学生数を増やしたいと思っています。さて、多くの受験生に興味を持ってもらうためには、

　①「X大学が、いかに東大と異なる面で優れているか」
　②「X大学が、いかに東大と共通項や類似点を持っているか」

のどちらから伝えますか。マーケターマインドを持った人なら、①を訴求したくなるかもしれませんが、まず伝えるべきは②です。ここで、

* 研究者：学問のヘビーユーザー
* 受験生：学問のライトユーザー（あるいは未顧客）

と考えてみてください。その分野の研究者から見れば、東大より専門性の高い研究をしている大学は他にもあるかもしれません。しかし、その

入り口にも立っていない「学問のライトユーザー」である受験生にとって、東大のネームバリューはとても大きいわけです。つまり「東大と違う」という連想それ自体が好ましくなく、東大から離れるほど興味は薄れていきます。そうではなく、②東大との類似点がたくさんあることを知り、「ああ、それならX大学もいいかもしれないな」と思われて初めて、①「そうした共通項があるうえで、特にこの領域では東大より力を入れていて……」という相違点に聞く耳を持ってもらえるわけです。

　こうした話は、より広義にはPOD（Point of Difference：相違点連想）とPOP（Point of Parity：類似点連想）という枠組みで議論されることがあります。一般的に、**PODの前にまずPOPを達成することが大切**だといわれています（Keller et al., 2002; Kotler & Keller, 2006/2008）。つまり自己紹介と同じで、「どこが違うか」の前に、まず「何であるか」が先だということです。例えば、今ではファストフードチェーンやコンビニでもおいしいコーヒーを飲むことができますが、ひと昔前までは、ファストフードやコンビニで本格的なコーヒーが飲めるとは思われていませんでした。このような場合、競合との差別化より、まず「ファストフードやコンビニで本格的なコーヒーが飲める＝ファストフードやコンビニも本格派コーヒーカテゴリーの一員である」というカテゴリーメンバーシップを広めることが先決です。

　しかし、日々の業務ではPODばかりに意識が向きがちで、POPがおざなりになることがあります。例えば筆者の知っているケースだと、比較的シェアの大きなブランドが、ヘビーユーザーの声を掘り下げてPODの解像度を高めていった結果、POPの感情訴求しかしていない無名ブランドに1年足らずでシェアを奪われたということがあります。**ヘビーユーザーを基準にPODばかり訴求した結果、ライトユーザーが置き去りになってしまったわけです。小さなブランドや新しいブランドは**

特に要注意です。大手との差別化やニッチポジションばかりに目がいき、そもそも「当たり前のことが、当たり前にできなさそう」と敬遠されるケースも少なくありません。未顧客が大半の小さなブランドこそ、カテゴリーメンバーシップをシグナルすることが大切なのです（Romaniuk, 2023）。

購買ファネルという錯視:
なぜ無意味な比率を計算し、
納得感でKPIを決めるのか？

　マーケティングの世界にはいろいろな「**行動モデル**」や「**購買ファネ
ル**」があります。その歴史は古く、古典的なところを挙げればAIDA
やAIDMAが有名ですし、その後も多くの研究者によってさまざまな
派生モデルが提唱されてきました（Barry & Howard, 1990）。そうしたモ
デルの多くは理論ベースの仮説にすぎなかったのですが、実証されるこ
となく当時のマーケターの間に浸透していきました。そのような状況を
危惧したVakratsas and Ambler（1999）やWeilbacher（2001, 2002）は、
**「広告業界では表現や文脈を少し変えただけのモデルが次々と出てくるが、
直感的に合っている感じがするだけで、広告がそのようにワークすると
はこの100年誰も実証していない」**といった疑義を呈しました*。

*特に当時の広告効果モデルに対して向けられた批判です。この批判に関しては近年いくつかのエビデンスが
集まってきており、詳しくは第8章8節で解説します。

　それから約20年たった現在も、状況が大きく変わったとは思いませ
ん。今でも毎年のように新しい行動モデルや購買ファネルが出てきます
が、「消費者が本当にそういう買い方をしている」という根拠や、「広告
がそのように消費者を動かす」という再現性が検証されているものは稀
です。なかには、「こんな人っていそうだよね」「最近はこういう選び
方をする消費者が増えていそう」といった、**コンサルタントやプランナー
の"想像力の賜物"＝作り話でしかないモデル**も結構あります。
　昔から使われているようなモデルやファネルについても同様で、「み

んながそう言っているから、きっとそうなんだろう」程度にしか認識されていないことが多い印象を受けます。もちろん、データでサポートされているモデルもあります。しかし、筆者もかつて試みたことがありますが、行動モデルの再現性をきちんと実証するのはかなり大変です*。

*チャレンジされるのであれば、Bruce et al.（2012）やValenti et al.（2023）などを参照ください。

　ある意味、これはマーケティング業界の“常”なのかもしれません。日常業務の中で、そうした「そもそも論」を考えることはあまりないでしょう。むしろ議論の中心になるのは、そうした行動モデルを“正”とした上でどんな認識変化を起こすのか、そのためにどのようなメッセージやマーケティングミックスが最適なのか、あるいはファネルであればどこにボトルネックがあり、どうすれば解消できるかといったHOWの部分だと思います。

　しかし、何かしらの変化をゴールとして目指すなら、「**ブランドが選ばれるためにその変化が必要である**」、もしくは「**その変化を起こせば買われやすくなる**」ことが大前提となります。そこが担保されていないのなら、その変化を起こすための施策も、その変化をKPIとした評価も意味がないからです。こうしたことを背景に、本節および次節ではモデルやファネルにまつわるエビデンスを確認していきたいと思います。

ファネルは消費者行動ではなく、歩留まりはボトルネックではない

　まず購買ファネルから始めましょう。実務でファネルを使う際は、よく**歩留まり**を計算すると思います。例えば、関心から理解が100人→70人で、理解から比較が70人→20人の場合、「理解→比較フェーズがボトルネックになっている、その歩留まりを解消する施策を講じて購買プ

ロセスを促進しよう」のように考えるわけです。現在でもこうしたアプローチを採用しているブランドは結構ありますが、いくつかの問題点があります。そもそも「歩留まり」とは何を表しているのでしょうか。「ボトルネックになっている」とはどういうことなのでしょうか。

　まず、**ファネルは消費者行動やカスタマージャーニーではありません**。そのように消費者行動が進む、ブランドがそのような選ばれ方をする、というエビデンスがあってファネルが設定されているとは限りません。「どれもだいたい同じようなもの」と思っている人がいますが、全く違います。**ファネルは企業側の「管理ツール」であり、歩留まりとは単なる「集計ロジック」です**。認識変化や行動変容に段階（順序、フェーズ、シーケンス）を想定すること自体は構いませんが、マーケターの想像で勝手に設定してはいけません。やるならデータをとってやりましょう。

　次に、歩留まりの計算に意味があるのは、購買行動が逐次的に進む場合です。確かに障害物競争のように、「1つひとつのハードルをクリアしていけば最終的にゴール（ブランド）にたどり着く」というプロセスを想定すれば、途中でつまずくと（歩留まり）、購買に向かう流れがそこで停滞するため（ボトルネック）、それを解消する必要が出てきます。しかし、例えば比較フェーズをクリアしなくてもブランドにはたどり着くし、比較フェーズをクリアしてもブランドへのたどり着きやすさは変わらないとしたら、「理解→比較」という歩留まりの計算にも、そのパスを強化するための施策にも意味はありません。**ボトルネックでも何でもないから**です。

　では購買行動が障害物競争のように進むのかというと、そんなエビデンスはありません。生活文脈の中でカテゴリーニーズが生まれると、その状況に関連する長期記憶が検索され、いくつかのブランドが想起され

ます。いわゆる想起集合と呼ばれるものです。この、「記憶を検索して想起するまでのプロセス」はディリクレ（Dirichlet）という確率過程で近似されることが知られています（Stocchi, 2014）。つまり、実際のブランド選択は確率的なものだということです。ですから、極めて関与度の高いカテゴリーや、BtoBのように意思決定プロセスが定型化されている場合を除いて、「**歩留まり**」や「**ボトルネック**」**という発想自体がそもそも"ズレている"のです。**

　確かに近年では、広告効果に階層的な順序があることを認める研究もありますが（次章で解説します）、それでも企業が任意にフェーズを設定できるわけではありませんし、1つのフェーズをクリアしないと次のフェーズに進まないといった、厳密な逐次性を前提にしているわけでもありません。

ファネルに含まれる大半の指標は
シェアや浸透率と相関する

　中間KPIに関しても注意点があります。行動モデルや購買ファネルをブランドの健康診断に用いる、あるいは広告効果測定のフレームワークとして利用しているケースをよく目にします。例えば、購入意向や推奨意向のような態度変容項目、自分向きである、信頼できるといったブランドイメージ項目をKPIとしてスコアリングするわけです。しかし第7章で解説したように、こうした中間KPIのスコアは個々のマーケティング活動（e.g., 効果測定対象のプロモーション）によって増減するのではなく、ブランドの浸透率（利用経験）によってほぼ一律に決まります。**何かマーケティングをしたから1つのKPIだけ高くなるとか、特定の歩留まりだけ解消されるとか、そんなふうにはなりません。**ダブルジョパディの影響を受けるからです（Dall'Olmo Riley et al., 1997; Ehrenberg et al., 2002）。さらに言うと、**これらのスコアが高まるのは売上成長やシェア**

拡大した“後”なので、そもそも「KPI」としてどんな解釈ができるのか、
筆者には理解しかねます。

ストーリーとしての納得感＝KPIではない

　どうしてこのような勘違いがなくならないのでしょうか。私見ですが、
原因の一端として、**ファクトではなく直感や納得感でKPIを決めている**
ことが挙げられると思います。例えばファンを増やすというゴールがあ
るとき、そこから天下り的に「ということは、こういう人が増えてほし
いよね」「ブランドに対してこういうイメージやパーセプションを持っ
てほしいよね」「ブランドのこの機能の理解が深まってほしいよね」と
いった具合に、マーケターにとってうれしいこと・望ましいことベース
でKPIが決まっていくことがあります。

　これは完全に**想像と感性の世界**です。ストーリーとして納得感がある
かどうか、直感的におかしくないかといった感覚が優先されるあまり、「そ
れが売上に結びつく根拠は？」といったエビデンスの観点は想起すら
されないのかもしれません。しかし、すてきな物語と消費者行動の事実
は別です。**いくら納得感があっても、その物語に沿って購買行動が起こ
る保証などありませんし、「マーケターがKPIだと思うからKPIになる」
わけではないのです。**このようにして、冒頭で挙げたWeilbacher（2001,
2002）が問題視した状況が出来上がっていくのだと思います。ちなみに、
エビデンスに基づきKPIを決めていく、ブランドの健康診断を行うと
いうテーマに関してはRomaniuk（2023）が良書です。

　一方、ファネルをKPIとしてではなく、「こういう状態の人にはこう
いう施策が有効だよね」というプロモーション全体の整理や、「こうい
うコンテンツも必要だよね」というマッピングに使う分にはいいと思い

ます。とはいえ、先に述べた通りファネルは企業側が決めた集計ロジックであって、実際のカスタマージャーニーではありません。整理やマッピングをするなら、それこそデータドリブンでカスタマージャーニーをつくったほうが、よほど現実に即した整理ができると思います。

パーセプションチェンジの科学：エビデンスで学ぶ認識変化の設計と落とし穴

　近年のマーケターの大きな関心事の1つに**パーセプションチェンジ**（**認識変化**）があります。筆者が統括するコレクシア社のコンサルティング部門でも、「市販の書籍を参考に自分たちでやってみたんだけど、うまくいかなくて……」という相談が増えています。彼ら／彼女らの企画書を見せてもらうと、まず「現状のブランド認識」と「あるべきブランド認識」が設定されており、後者を達成するためにいくつかの中間的なパーセプションチェンジを段階的に起こしていく、それに必要なマーケティング活動を設計するという構造になっています。その構造自体はいいのですが、問題は中身の決め方です。そうした企画の大半が、あたかも「望ましいパーセプションチェンジを任意の順番で起こすことができて、かつそうすることで売上アップやリピートなどの成果が期待できる」という前提で組まれている印象を受けます。

　そのようなエビデンスはありません。「どのような広告反応を起点として購買プロセスが始まるか」「どのような順序で認識変化が起きて購買に結びつくか」は、カテゴリーや差別化の強弱などによりおよそ決まっています（Valenti et al., 2023）。企業側が好きにいじれるわけではありません。また、「どのようなブランドで、どのような認識変化が最も購買につながりやすいか」も違います。そのあたりを、しっかりデータをとって分析しているなら話は別ですが、**マーケターが任意に設定した「あ**

るべき認識変化」を達成できれば売上がぐんとアップする、という根拠などないのです。筆者は、CMOやマーケターが「あるべきだと信じていた認識変化」を達成した結果、売上がぐんと"下がった"ケースをいろいろ知っています。1件2件ではありません。なんなら本書を執筆している現在も、そのような「起こしてしまった認識変化」をフィックスするための相談を受けています。

つまり、「良かれと思ってまず手と足を動かしてみたら、取り返しのつかない損が出た」ということもあり得るのです。パーセプション系の案件に限った話ではないですが、事実やエビデンスに基づいてやらないと、ブランドエクイティに大きな傷を残すことにもなりかねません。本節では、そうした落とし穴をできる限り回避するためのヒントと、お勧めの取り組み方について話したいと思います。

広告効果モデルの歴史：HoEを中心に

少し背景をおさらいしておきます。広告研究の分野では昔から、消費者が広告に触れてから購買行動が起こるまでの間には、何らかの心理的な反応段階があるのではないかと考えられてきました（Vakratsas & Ambler, 1999）。つまり広告と購買の間に、広告→"X"→購買となるような中間因子があるのではないかというわけです（Lavidge & Steiner, 1961; Palda, 1966）。このような広告効果の階層的な影響のことをHoE（Hierarchy of Effects）と言ったりします（Pauwels et al., 2020）。

その起源の1つとなるのがAIDAです。ご存じの通り、もともとは営業・販売技術の要諦を説いたものですが、後に広告研究でも採用されるようになりました。AIDAは、その後いくつもの派生モデルにつながっていくのですが（Barry & Howard, 1990）、その大半が注意や認知から始まり、いくつかのステップを経て購買に至るという構造になっていま

す。みなさんが日々の業務で用いる行動モデルや購買ファネルでも、いくつかの階層やフェーズが設定されていると思います。

　この分野の研究は数が膨大で、筆者も全て追い切れているわけではないのですが、パーセプション設計に関わる話に絞ると次のような背景があるようです。まず、広告反応には**情緒や感情の側面**（Affect：以後A）、**認知や思考の側面**（Cognition：以後C）、**経験や行動の側面**（Experience：**以後E**）の3つがあるといわれています（Vakratsas & Ambler, 1999）。初期の研究では、常にCがAに先行してEは登場しない、C→A（→行動）というリニアな反応シーケンスが主流だったそうです。つまり、購買行動は気づきや理解から始まるという見方が有力だったわけです。

　それに対して「必ずしもCが最初にくるわけではない、消費者の関与度やカテゴリーの買われ方などによりシーケンスは異なってくるはず」だという見方の研究も出てきます（Ray, 1973; Vaughn, 1986）。また、「広告が全ての消費者に同じ影響を与え、一方向に進ませるという考え方には根拠がない」と、線形の反応シーケンスを前提にすること自体に疑問を呈した研究もあります（Weilbacher, 2001）。つまり、統一された見解には至っていなかったわけです。また実証研究も限られていたようです。

理論から実証へ

　ここからは、後続の研究の中でも特にマイルストーン的な研究を3つほどピックアップして話を進めたいと思います。1つ目がVakratsas and Ambler（1999）です。著者らは250報以上の先行研究や書籍のレビューを行い、A、C、Eに必ずしも時系列的な順番があるとは言えないとしています。つまり、広告には感情的反応、認知的反応、経験的反応の3側面があるということについては一般化可能としつつも、そこに順序はなく、広告はA、C、Eに同時に影響を与えることで購買

を促し、購買もまたEを強化するのが自然だと考えたわけです。ただ、Vakratsas and Ambler（1999）は網羅的な先行研究のレビューではあるのですが、実証研究ではありません。

そこで、2つ目のBruce et al.（2012）です。この研究では、1ブランドに限ってですが、データを基にブランドに最も適した反応シーケンスを割り出しています（大きなソフトドリンクブランド、シーケンスはE→C→A）。それに加えて、この研究の貢献は「**統合型階層モデル（Integrated Hierarchy Model）**」を実証した点にあります。このモデルの特徴は、広告が売上に直接つながるパスと（e.g., 購買喚起）、中間因子を介して売上につながるパスがあり（e.g., ブランド構築）、広告はそれら双方に影響を与えると同時に、売上（購買や利用）も中間因子を強化するという構造をしています。別の言い方をすると、売上と中間因子の間に双方向の影響があるということです（**広告→E→C→A⇄売上**）。

しかし、1ブランドに当てはまったからといって、それを直ちに一般化できるわけではありません。そこで、大規模な時系列データに基づいた再現研究を行ったのが3つ目のValenti et al.（2023）です。この研究では18の消費財カテゴリー、178ブランドを研究対象として、Vakratsas and Ambler（1999）やBruce et al.（2012）の報告が、どの程度一般化できるのかを検証しました。その結果、消費財では、売上から中間因子に対するフィードバックを含んだ統合型階層モデルの当てはまりが良いことが明らかになりました。分析対象となった178ブランドのうち、実に171ブランド（96%）が統合型階層モデルに分類されたそうです。

つまり、消費財で認識変化の企画を立てるときは、広告が購買に先立って認識や感情を形成し、それが購買をドライブするという一方向で考えるのではなく、利用経験も態度や認識を強化するという**双方向の影響**

を前提にしたほうがよいということです。本書で見てきたアレンバーグ・バスの研究を踏まえると、むしろ後者のパス（利用→中間因子）のほうが影響力は大きいのかもしれません。

認識変化の設計への応用

　さて、Valenti et al., (2023) の実証研究からは、他にも実務に役立つ情報をいろいろと得ることができます。例えば、全体を通して**最も多く観測された反応シーケンスは「A→C→E」**のようです。少なくとも消費財の場合は、迷ったら**「感情→理解→経験」というつながりをイメージしてキャンペーンを設計すると、間違いが少ないかもしれません**（恣意的なファネルではなく）。さらに著者らはブランドが実用目的か快楽目的か*、差別化の程度が強いか弱いかの計4パターンで反応シーケンスが異なることを報告しています。図表8-6を見てください。例えば「実用財×差別化が強い」ブランドの場合、最も頻度が高いシーケンスはA→C→E、次にC→E→A、A→E→Cと続きます。

*広告効果を考える上でのカテゴリー区分として、よくUtilitarian（実用財）とHedonic（快楽財）という分類がされます（Li et al., 2020）。例えば、洗剤や生理用品、シェービング用品などは前者に、ビールやキャンディ、スナック菓子などは後者に区分されます（Valenti et al., 2023）。要するに、マイナスをゼロにする問題解決に使われるのが実用財、ゼロをプラスあるいはプラスをさらにプラスにするために使われるのが快楽財というイメージでよいでしょう。

　次に、最頻シーケンス（各パターンの一番上）の最初の反応に注目してください。いずれも全てA（感情）から始まっています。特に「実用財×差別化が弱い」場合はAから始まるシーケンスが最も多いようです。つまり、**差別化認識の低い機能性重視の消費財こそ、感情訴求が購買の起点になりやすい**ということです。また、売上への寄与が最も大きいのはシーケンスの最後にくる反応のようです（Valenti et al., 2023）。各パターンの最頻シーケンスは、「快楽財×差別化が強い」場合を除き、Eで終わっています。つまり第7章8節で解説したように、**購買文脈や利**

用体験の描写が**重要**になるということです。これらの傾向をまとめると、購買プロセスをスタートさせる起点をつくりたいなら**感情側面**を強めに訴求すべきであり、売上に対する直接的な効果を高めたいのであれば**経験側面**を強調した広告にするのがよさそうです。

図表8-6　**広告反応シーケンス（カテゴリー×差別化の強弱）**

	差別化が強い	差別化が弱い
実用財	1. (A) → C → (E) (35%) 2. C → E → A (24%) 3. A → E → C (18%)	1. (A) → C → (E) (65%) 2. A → E → C (13%) 3. C → E → A (13%)
快楽財	1. (A) → E → (C) (38%) 2. C → E → A (24%) 3. E → C → A (14%)	- (A) → C → (E) (29%) - C → E → A (29%) - A → E → C (29%)

出所:以下を基に筆者が作成
Valenti, A., Yildirim, G., Vanhuele, M., Srinivasan, S., & Pauwels, K. (2023). Advertising's sequence of effects on consumer mindset and sales: A comparison across brands and product categories. *International Journal of Research in Marketing, 40*(2), 435-454.

「快楽財×差別化が強い」場合は他と少し毛色が異なり、最頻シーケンスはA→E→Cとなります。起点は他と同じく感情反応ですが、売上アップに対してはブランドの知識や理解を深めるコミュニケーションも有効になってくるようです。「楽しさやうれしさがベネフィットになるカテゴリーなのに、考えさせることが効果的なの？」と思われたかもしれませんが、これは消費者の**関与度**が高いからです。第8章2節で、関与度が高いカテゴリーでは説得が有効な場合があるという話をしましたが、快楽財の場合、自分の趣味嗜好に合っているかどうかをしっかり吟

味するため、検討する選択肢の数が多くなり（Whitley et al., 2018）、かける時間や労力も増える（Okada, 2005）という実験結果があります。つまり、**快楽財のほうが熟考しやすい**わけです。

コラム：実用財と快楽財におけるプレファレンスの逆転

　実用財と快楽財における選択行動の違いについて、非常に興味深い実験があります。Okada（2005）によると、実用財と快楽財がそれぞれ単独で提示された場合は快楽財が選ばれやすく、実用財と快楽財が同時に提示された場合には実用財が選ばれやすくなるそうです。ですから、例えばカーディーラーがスポーツカーを売りたい場合はピンでショールームに展示すべきであり、他の実用性の高いSUV（多目的スポーツ車）のような車種とは並べて置かないほうがよいわけです。

　また、快楽財に対して人は金銭より時間や労力をかける傾向があり、実用財に対しては逆に金銭で解決する傾向があるようです。従って、実用目的と快楽目的を併せ持つようなカテゴリー（e.g., スニーカー）では、通常の購買オプションに加えて、時間や労力をかけて"ゲット"する（e.g., 限定品を開店前から店に並んで買う）という選択肢を用意しておくことは理にかなっているわけです。

｜　エビデンスに基づいて適切に自由度を狭める　｜

　広告コミュニケーション開発においては、**高過ぎる自由度**はかえって問題になることもあります。何でもあり状態になってしまい、企画が収束しないからです。例えば認識変化の企画はある意味「どうとでも書け

てしまう」ので、どう書いてもそれっぽく、かつどこか間違えている気もするという状態になりやすいかと思います。確信を持って「これだ！」と言える根拠に欠けるわけです。

　目指すパーセプションの数が増え過ぎるという問題もあります。よくあるのが、認識変化の企画を作るためにアイデア出しのワークショップを行い、「起こしたい認識変化はたくさん見つかったが、どれも捨てがたく中間フェーズが多くなってしまった」というケースです。筆者が今まで見た中だと、広告に接触してから買うまでに10ステップ近く設定しているブランドを見たことがあります（消費財です）。これはいくら何でも多過ぎます。消費財を買うのに10も認識変化が必要なことなどまずあり得ませんし、仮に**それだけ変化させないと買ってもらえないなら、どんなマーケティングをしたところで現実的には買われない**と思います。

　いずれにしても、「いざ具体的にどう企画に落とし込むか」を考える際には、ある程度の**"縛り"**があるほうがやりやすいと思います。そしてその縛りの部分、企画でいえば骨子に当たる部分には、しっかりとしたエビデンスが求められます。そこを間違うと、いくら下流のアイデアやクリエイティビティーが優れていても、大した効果は見込めないからです。このことを踏まえて認識変化の設計に話を戻すと、図表8-6を骨子とした次のようなアプローチが考えられます。

〈**エビデンスに基づいた認識変化の設計ステップ**〉

（1）まず、フォーカスするCEPを決めます（第7章6節、7節）。
（2）次に「実用財か快楽財か」「差別化が強いか弱いか」の2軸で、自社カテゴリーに当てはまる確度の高い上位3つのシーケンスを特定します*。

＊先にCEPを決めるのは、CEPによって「実用目的か快楽目的か」が変わる場合があるからです。

（3）CEPのカスタマージャーニーデータを別途取得し、どのシーケンスが最も当てはまりが良いかを分析、起こすべき認識変化の順序を同定します。

（4）仮にA→C→Eが最も当てはまりが良かったとすれば、A、C、Eそれぞれについて具体的にどのようなパーセプションチェンジを目指すのか、そのためにどのようなメッセージを訴求中心に置くのか、マーケティングミックスをどうするかなどを検討していきます。

　こうすることで、**エビデンス的にも自社の再現性としても確度が高く、かつフェーズが多過ぎない実用的な認識変化の設計図**が出来上がります。また、CEPを絞り込んでからカスタマージャーニーデータを集めるので、タッチポイントの選定やメッセージのアイデア出しもしやすいでしょう。1点、（2）における差別化の強弱とは「マーケターから見てどうか（差別化しているつもりか）」ではありません。「消費者にどう映っているか」です。詳しくは第4章4節をご覧ください。

広告クリエイティブの科学：オリジナリティーを売上につなげるためのエビデンス

　近年では、クリエイティブに関してもデータで評価することが多くなってきました。クリエイティブやキャッチコピーの事前テストもよく行われます。本節ではクリエイティブにどのようなポテンシャルがあるのか、ビジネスインパクトを高めるには、どのような点に留意する必要があるのかについて調べていきたいと思います。

　たまに、商業芸術としての本分を超えるような独創性の高い広告を見ることがあります。**しかし、そうしたクリエイティビティーの追求は、事業成長に対して常にプラスなのでしょうか**。そもそもクリエイティビティーとは独創性の高さやユニークさに限った話なのでしょうか。実務レベルでブランド戦略とどのように結びつけていけばよいのでしょうか。エビデンスを見ながら確認していきましょう。

　まず一般的な傾向として、クリエイティビティーは長期的なビジネス成長に対して大きな効果を持つことが知られています（Binet & Field, 2013）。ところが、広告賞を受賞したキャンペーンと未受賞のキャンペーンを比較すると、前者はリーチ（ESOV*）が犠牲になる傾向もあるようです。クリエイティブ開発に金をかけた分、出稿量が少なくなるのかもしれません。ですが第8章4節で解説したように、広告の質と広告の量は等価交換にはなりません。**広告の質**（e.g., **クリエイティブ**）**で出稿量**

の少なさをカバーするには、**現実離れしたパフォーマンスが求められます**（Ahmadi et al., 2023）。従って、売上に対する直接効果は受賞キャンペーンのほうが低くなる場合もあるわけです（Binet & Field, 2013）。

＊Extra Share of Voiceの略。第9章2節で解説します。

　さらに近年の研究では、**広告賞を受賞するような広告でも効果**（特に**浸透率**）**が年々減少傾向にある**ことが指摘されており、その原因として短期成果の偏重主義が挙げられています（Binet & Field, 2017）。Field（2019）は、2008年から2018年の間に広告賞を受賞したキャンペーンを、その後大きなビジネス成果（シェア成長、利益成長など）を達成した高パフォーマンス群とそうではない低パフォーマンス群に分け、どのような要因が関係してくるのかを調べました。興味深いことに、低パフォーマンス群では短期成果や狭いターゲティングが重視されていたのに対し、高パフォーマンス群では長期視点とブランド構築が重視され、テレビやOOH、オンライン動画といった裾野の広い媒体で市場全員にリーチしていたことが明らかになっています。

　次に、広告クリエイティビティーの高さとは何か、売上とどのように関連するのかについて考えてみたいと思います。よく「**クリエイティビティー＝オリジナリティーの高さ**」と思われていますが、**近年の研究によると必ずしもそうとは言えない**ようです。確かにオリジナリティーはクリエイティビティーの1側面ではありますが、全てではありません。Smith et al.（2007）は、広告のクリエイティビティーを規定する要素として次の5つを挙げています。

Originality：
通常と異なる、習慣的な視点やステレオタイプを打ち破る、ユニークな

Flexibility：
複数の異なるアイデアを含む、1つの視点から別の視点へシフトする

Elaboration：
細部を描く、基本的なアイデアを複雑なアイデアへ

Synthesis：
普通なら関連しないものを結びつける、驚きのあるつながりを描く

Artistic Value：
視覚的・言語的な独自性がある、アイデアが映像的に生き生きと表現される

　これら5つの要素を用いて、Reinartz and Saffert（2013）は広告のクリエイティビティーを評価する尺度を開発し、2005年から2010年までの437のテレビCMを調査して、各クリエイティブ要素の売上に対する効果を分析しました。その結果、**オリジナリティー単体の効果はそこまで強くないこと**＊、**オリジナリティーは他の要素と「掛け算」することで効果が高まる**ことなどを発見しました。先に挙げた5つの要素から、順序は考慮せず2つを選ぶと $_5C_2 = 10$ 通りの組み合わせが考えられるわけですが、それぞれのペアの売上に対するインパクトを推定したところ、**効果の高い上位3つの組み合わせは「Originality + Elaboration」「Originality + Artistic Value」「Elaboration + Artistic Value」**であ

ると報告されています。

＊効果の大きさの降順にElaboration→Artistic Value→Originality→Flexibility→Synthesis

　一方で、実際に最も多く採用されているのは「**Flexibility+Elaboration**」の組み合わせだそうです。細部へのこだわりや差別化ポイントをいろいろ説明したい広告主が多いのかもしれません。では、この組み合わせの売上インパクトはどうかというと、下から2番目です。実際、Flexibility要素は他のいずれの要素と組み合わせても効果が下がるようです。やはり、1つの広告内で複数のアイデアやコンテクストを描くのは避けたほうがよさそうですね。

　またReinartz and Saffert（2013）では、**カテゴリーによっては、クリエイティビティーの追求が必ずしもよい結果につながるとは限らない**ことも示唆されています。

- クリエイティビティーの高さが売上にプラス　→　ひげそり、コーヒー、シャンプー、洗剤
- クリエイティビティーの高さが売上にわずかにプラス　→　コーラ、ヨーグルト
- クリエイティビティーの高さが売上にマイナス　→ボディローション、フェイスケア

　つまり、何でもかんでも新規性や芸術点の高い「とがった広告」にすればいいわけではないということです。実際、広告研究では、クリエイティブには広告をブランド戦略や消費者のゴールと結びつける役割があるため、**「オリジナリティー＋戦略との関連性」が重要**だといわれてきました（Ang et al., 2007; Rosengren et al., 2020; Smith et al., 2007）。クリエイターは、時にクライアントより自分の個性や世界観の追求を優先す

る場合がありますが（Koslow et al., 2003）、それが元で戦略的には最適でない表現になってしまう恐れもあります（Rosengren et al., 2020）。**オリジナリティーは戦略に対して最適化されて初めてマーケティングの役に立つ**、という事実を改めて認識することが大切です。

　そのようなときに役立つのが、前節で解説したHoE（広告の階層効果）の視点です。広告への反応には大きく**感情面、認知面、経験面**の3側面があるわけですが（Vakratsas & Ambler, 1999）、**それぞれの側面に対してどんなエグゼキューション**（広告表現）**が最も効果的か**という研究も進められています。例えば、消費財では感情面から購買プロセスが始まるケースが多いことが分かっているため（Valenti et al., 2023）、感情面に働きかける見せ方・伝え方を知っておけば、未顧客へ効果的にアプローチできそうです。

　Dall'Olio et al.（2023）は16の消費財カテゴリー、91ブランド、2000以上のテレビCMのクリエイティブを分析して、どの側面に対してどのようなエグゼキューションのスタイルが適しているのかを報告しています。図表8-7を見てください。例えば**感情面には「エンターテインメントとイメージ／ビジュアル」の効果が高い**ことが分かります。つまり、視覚的な楽しさや映像表現にこだわったストーリーテリングで、感情を惹起するといいわけです。

図表8-7

エグゼキューションのスタイル		広告弾力性	感情軸のコンテンツ	認知軸のコンテンツ	経験軸のコンテンツ
比較	・他商品との直接比較 ・称賛・絶賛			◯	◯
エンドースメント	・有名人や芸能人による推奨 ・信頼できる／専門的な情報源 ・顧客の実体験に基づく	◯		◯	
エンターテインメント	・ユーモアやコメディ ・ドラマ的な要素 ・起承転結が明確なストーリーテリング ・クレバー／スマートさを感じさせる		◯		
イメージ／ビジュアル	・際立った美しさを強調 ・不快さや嫌悪感を強調 ・図解や表、チャートなどの使用 ・手の込んだ映像表現		◯		◯
ニモニック	・キャラクター、マスコット、 ・キャッチフレーズ ・ジングルや歌、サウンド ・ブランド名の復唱・連呼 ・見やすい連絡先	◯			

出所:以下を基に筆者が作成
　Dall'Olio, F., & Vakratsas, D. (2023). The impact of advertising creative strategy on advertising elasticity. *Journal of Marketing, 87*(1), 26-44.

　また、前節の図表8-6と組み合わせて、自社商品に適した表現要素を絞り込んでいくこともできます。Valenti et al.（2023）の研究によって、売上への影響はシーケンスの最後の反応が最も大きいことが分かっていますから、例えば、

- 実用財で差別化が弱い場合→ACE（経験軸が重要）→比較とイメージ／ビジュアル
- 快楽財で差別化が強い場合→AEC（認知軸が重要）→比較とエンドースメント

と導き出せるわけです。実際のクリエイティブがデータだけで決まることはまずないと思いますが、このようなエビデンスがあると提案の根拠を示しやすくなりますね。

第 9 章

広告予算・
マーケティングROIの
エビデンス

広告予算の基礎:
広告弾力性と限界利益

　広告費はいくらくらいがベストか——長年、経営者やマーケターを悩ませ続けてきたテーマです。トップダウンかボトムアップか、売上ベースで考えるのか利益ベースで考えるのか。はたまた、白書などで公開されているような業界平均をトレースしておけば間違いないのか。どんな落とし穴に留意しておかなければならないのか。考えることはたくさんあります。

　残念ながら、任意の事業における最適な広告予算をピンポイントで教えてくれるエビデンスというものはありません。計算できないからではありません。カテゴリーや市場環境、事業規模、収益構造、企業が置かれた財務状況などにより、"最適"の意味が違ってくるからです。とはいえ広告も事業計画の一部ですから、まず管理会計の視点で考えてみましょう。つまり費用、販売量、利益という枠組みで、「広告にいくら使ったら一番もうかるのか」を計算してみるわけです。

　まず初心者によくあるのが、「100万円の広告費を使って、100万円売り上げたらトントンになる」という勘違いです。そうはなりません。その100万円が丸々その広告に起因する（その広告がなければ得られなかった）売上なのかという話がありますし、仮にそうだとしても、商品を作って顧客の手元に届けるためにはさまざまな費用がありますから、最低でも売上からそれらの費用を差し引いた額で広告費を回収できなければ赤字になります。売上から変動費を差し引いた額を**限界利益**と言いますが、仮にブランドの限界利益率（限界利益/売上）が50%だとすれば、100万

円の広告費をペイするためには、最低でも100万円/50%＝200万円の売上が必要になります。実際は他の固定費を含めて計算することになりますが、いずれにしても、**広告を"費用"として考える場合は限界利益で見るのが基本**になります（"投資"として考える場合については、また後で説明します）。

さて、こうした考え方で最適な予算を割り出すには、「正味なところ、広告をどれだけ増やすと限界利益がどれくらい増えるのか」という目安が必要になります。仮に変動費は管理部門が把握しているとすると、広告の増加がトップラインに与える影響の大きさが分かれば、それに応じて限界利益を案分する（何掛けかして広告予算を算出する）ことが考えられるからです。この影響の大きさは、一般的に**広告弾力性**（広告費［量］の変化率に対する販売量の変化率）で表されます。

ここで1つの目安として、限界利益に対する広告費の割合がこの広告弾力性と等しくなるように予算比率を決める、という考え方があります（Broadbent, 1988; Wright, 2009）。つまり「売上×ブランドの限界利益率×広告弾力性」として予算を割り出すということです。いくつかのメタ研究により、短期の広告弾力性の平均はおよそ0.1程度であることが知られていますから（Hanssens, 2015; Sethuraman et al., 2011; Wind & Sharp, 2009）、例えば限界利益率が50%の事業であれば、0.5×0.1＝0.05で売上の5%を広告費に回せばよさそうだ、のように考えるわけです。後述するように少々単純化し過ぎではあるものの、バイロン・シャープ教授らも、「使っている広告の弾力性が分からなければ、目安として粗利の10%程度を広告に使うのが妥当だろう」としています（Sharp, 2017, p.472）。

広告弾力性はカテゴリーや時間軸、プロダクトライフサイクルなどに

よって変化します。自社が置かれた状況に近い弾力性値を参照しましょう。Hanssens（2015）によると、非耐久財（0.11）より耐久財（0.35）のほうが、短期（0.12）より長期（0.24）のほうが、成熟期（0.11）よりライフサイクルの初期（0.16）のほうが相対的に広告弾力性は大きくなります*。従って、耐久財で新商品を発売するときや、新しいサブカテゴリーを開拓して長期視点のブランド構築をするときなどは、通常より多めの予算を使ってもよいかもしれません。

*価格弾力性の平均が-2.6、流通は0.6〜1.7くらいですから（流通と売上の関係はＳ字型）、マーケティング４Ｐの中でもいかに価格や流通のインパクトが大きいのかよく分かりますね。

9-2

事業成長に必要な広告量、および不況時の予算の考え方: ESOV

　一方で、前節の予算の決め方は近視眼的であるというそしりも免れません。現実的には競合の広告も影響してきますし、事業成長という意味では未顧客の想起形成やブランド構築といった投資の視点も必要になります。また、特定期間における単一ブランドの利益最大化というボトムアップの考え方では、ブランドポートフォリオ全体を通して見たときに最適な予算配分になるとは限りません。

　加えて、現在の収益に対して予算の割合を設定するということは、広告費を収益の原因ではなく結果として扱っており、因果が逆ではないかという指摘もあります（Danenberg et al., 2016）。つまり、現在の売上を支えている顧客基盤を上限として予算を決めることになりかねないため、それを広げる取り組み、例えば未顧客のメンタルアベイラビリティへの投資や、新しいサブカテゴリーを浸透させるためのコミュニケーションなどがおろそかになる懸念があるわけです。こうした観点も踏まえつつエビデンスに目を向けると、計量経済学者のGrace Kiteは、ソースの異なる複数のデータを分析し、**経験的な目安としては売上の5〜10%を広告に回すと高い投資対効果を得られるようだ**、としています（Kite, 2022）。しかし、同時期のニールセンのリポートによると、実際に広告に再投資されているのは5%以下であることが多く、過小投資の傾向にあるようです（Nielsen, 2022）。

「現在のシェアを維持するだけ」でも、 最低限必要な広告量というものがある

実務で重要なのは、「市場で成長するには、現実問題としてどの程度の予算が必要なのか」ということだと思います。仮に、小さなブランドも大きなブランドも、市場のプレーヤー全員が同じ決め方をしたらどうなるのでしょうか。全員が成長することなどあり得るのでしょうか。実は、小さなブランドが大きなブランドと同じ理屈で広告予算を決めていても成長できません。ここで理解しておきたいのが**SOV（シェアオブボイス）**です。実際の市場シェアをSOM（Share of Market）と呼ぶのに対して、広告量のシェアのことをSOV（Share of Voice：自社の広告量/カテゴリー内全ての広告量）と呼びます。一般的には、**SOVがSOMを上回った分だけ成長しやすい***と考えられています（Binet & Field, 2013, 2018）。

*ただし相関と因果は別ですから、成長しているブランドの広告予算が多いという結果を表しているにすぎないという見方もあります。

ここで留意したいのが、カテゴリーごとに、**現在の市場シェアを維持するだけでも必要な出稿量**というものがあるということです（Sharp, 2017）。当たり前のことですが、何もせずに現在の市場シェアをキープできるわけではありません。ではその広告量、何が目安になると思いますか。単純に考えれば「市場シェアと同じだけの広告量シェアが必要なのではないか」、つまりSOV＝SOMとなるように決めればよいのではないかと思われるかもしれませんが、実はそうなりません。

大まかな傾向として、小さなブランドが現在の市場シェアを安定して維持するためには「**市場シェアと同等以上の広告量（SOV≧SOM）**」が必要となります。その一方で、大きなブランドは「**市場シェア未満の広告量（SOV<SOM）**」で維持できる場合があることが知られています（Binet & Field, 2007; Danenberg et al., 2016; Jones, 1990b）。これは、大きなブラ

ンドは流通やコスト面、ロイヤルティやリピート率、口コミなど広告以外の面でのアドバンテージが圧倒的に多いからだと考えられています。

　当然のことながら、小さなブランドがシェアの拡大を目指すときは、SOV>SOMとなることが必要です。予算の少ない小規模ブランドにとっては、ずいぶん不利に思えるかもしれません。しかし、SOVとSOMの差をESOV（Extra/Excess Share of Voice）と言うのですが、小さなブランドでも「**新商品**」と「**ニッチ**」の場合は、**シェア成長に対するESOVの効率が特に高い**という報告もあります（Binet & Field, 2018）。つまり、**少し頑張ってSOMを超える広告を出せば**、**新商品やニッチブランドは比較的大きな見返りを期待できる**わけです。

　以上のことから、短期視点では管理会計的な見方をしつつ、長期的な成長戦略においては、たとえ小規模ブランドであってもESOVを考慮して、自社にとって最適な予算を割り出すということになろうかと思います。

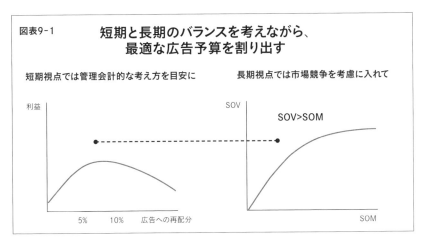

図表9-1　**短期と長期のバランスを考えながら、最適な広告予算を割り出す**

出所:以下を基に筆者が作成
　Binet, L., & Field, P. (2018). *Effectiveness in context: A manual for brand building.* Institute of Practitioners in Advertising.
　Kite, G. (2022). *Three data-led pointers for marketers during budget season.* Marketing Week. https://www.marketingweek.com/grace-kite-three-pointers-budget-season/
　Wright, M. (2009). A new theorem for optimizing the advertising budget. *Journal of Advertising Research, 49*(2), 164-169.

エビデンスに基づく
「不況時の広告予算」の考え方

不況時は多くの企業が広告出稿に対してあまり積極的ではありません。企業の収益や消費者の購買意欲が下がることが予想されるためです。しかし、実はこのマインドはエビデンスに逆行しています。まず、不況時には広告効果も低くなると考えている人が多いですが、これは思い込みです。**不況時でも広告弾力性はそこまで変わりません**（Hanssens, 2015）。ですから、広告費を粗利の減少分カットするのは仕方ないにしても、それ以上縮小すべきではありません（Wright, 2009）。

不況時の広告のあり方については、新型コロナウイルス禍に端を発する経済停滞の中で活発な議論と分析が行われました。少なくとも市場シェア＝広告量シェアとなる程度には維持すべきで、逆に今やっているものを差し止めたり、短期の購買喚起策に走ったりはしないほうがいいようです（Field, 2021; IPA, 2008）。むしろ、不況のときこそ広告活動に力を入れたほうがいいかもしれません。というのも、**ブランド形成やメンタルアベイラビリティの獲得といった面においては、不況がチャンスになる**こともあるからです。

実際に、2008年の不況でESOVを増やしたブランドは、その後大きな成長を達成したそうです。Field（2021）は、不況時に選択した広告戦略によってブランドをグループ1（ESOVがゼロもしくはマイナス）、グループ2（ESOVが0〜8%）、グループ3（ESOVが8%以上）という3グループに分け、それぞれがその後どのように成長したかを分析しました。その結果、グループ3では利益や価格力、シェア、浸透率などに関する大きな成果がグループ1に比べて約5倍多く報告されたそうです*。例えばグループ3のシェア成長はグループ1の4.5倍となりました。また、グル

第三部 **HOW以前の問題** 広告コミュニケーションの規則性

ープ3では38％が大きな利益成長を達成しましたが、グループ1では利益成長の報告はありませんでした。

　さらに興味深いのは、そのように成長したブランドの全てが、不況時に広告費を増やしたわけではないということです（Field, 2021）。不況時は競合も広告を控えるため、いつもと同じ広告費をキープするだけで平時以上のSOVを狙える可能性もあるわけです。

＊一方で、不況時でも広告を出せるほど余力のあるブランドがそのまま成長を続けた、という見方もできます。

マーケティングROIの落とし穴:
事業成長は「効果」が先、
「効率」は後

　次に、**マーケティングの費用対効果・投資対効果**について考えていきたいと思います。近年、広告費に対する認識も変わってきており、単純にペイできればいい"費用"ではなく、長期にわたってブランドを構築・維持する"投資"であるという考え方が広まってきています。それと並行して、ROI（Return on Investment）やROAS（Return on Advertising Spend）といった言葉も随分カジュアルに使われるようになりました。問題は、**そうした言葉の意味を本当に分かって使っている人がどれだけいるのか**、ということです。これらは極めて誤用の多い指標です。

　ROIにしろROASにしろ、利益や売上をコストで"割って"算出します。ところが、筆者がまだ駆け出しの頃、管理部門のボス（今で言うところのCFO）に「なぜ割るの？」と指摘されたことがあります。その当時は、覚えたての広告効果モデルで広告のリターンを正確に推定することばかりに目がいき、「**リターンをコストで割る**」という式の"形"自体には何の疑問も持っていませんでした。

筆者：「なぜって、投資に対してリターンがどう変化したかを見たいわけですよね」

管理部門：「うん、君はね。でもこっちが見たいのは利益だから。も

っと言うとキャッシュだから。割らずに引いて」

「割らずに引いて」とは、ROIではなくリターンだけ報告してくれればいい、という意味です。当時の筆者は「ファイナンスというからにはROIが必要だろう。費用対効果の意識が高い自分は褒められてしかるべきだ」と短絡的に考えていました。ですが褒められるどころか、やめてくれと言われたわけです。なぜだか分かりますか。

「効果」が先、「効率」は後

　経営者や株主が見るのは効果、つまり**実際のリターン**だからです (Sharp, 2017)。ROIに限った話ではありませんが、現場と経営層ではどうしても意識や視点が違ってきます。Marketing Weekがマーケターに向けて行った2022年および2023年の調査によると、「CEOやCFOが重視しているのは何だと思うか」について、「ビジネス成果を出すこと」や「新規獲得」などを抜き「ROI」がトップになったそうです (Stephenson, 2023)。実に半数近いマーケターが**「お偉いさんはROIを最も重視している」**と思っており、大企業になるほどその傾向は強まるようです*。

*一方で、約半数のマーケターが「経営層は効果検証の際にROIを重視しすぎている」とも考えているようです。

　しかし、**ROIは「効率」の指標であって「効果」の指標ではありません**。筆者も今では経営者のはしくれですが、効果より効率が優先という経営者にはあまり会ったことがありません。クライアントの経営幹部を見ても、基本的には「何をすればもうかるか、成長インパクトが大きいか」という目標に対する効果が先で、その後に「それを効率よく達成するには、どのような手段があるか」という順番で考える方が多い印象です。もちろん時と場合にもよりますが、そもそもの効果が小さければ、いくらROIを改善したところで経営に大したインパクトをもたらさないからです。

413

実際、**効率を優先するとマーケティング活動が小規模になり、結果的に
リターンの絶対額も小さくなっていくといわれています**（Binet & Field,
2017; Sharp, 2017）。

　この問題に拍車をかけているのが、ROIが厳密には何を意味してい
るのか理解せずに、**「とにかく良いこと、もうかりそう」**のようなニュ
アンスで使っている人も多いということです。例えば次のような主張を
聞くことがあります。

〈**ROIに関するバイアス**〉

- ROIを高めることで事業は成長できる
- ROIは、分母（投資）から得られた分子（リターン）という関係性を
  表している
- ROIの最大化が売上や利益の最大化につながる
- ROIが高い打ち手にたくさん投資することで、より多くのもうけが
  得られる

　しかし、これらはいずれも**理解不足からくる誤解、あるいは思い込み**
であり、さまざまな研究者が注意を呼びかけています。ロンドンビジネ
ススクールのティム・アンブラー教授は、ダイレクトマーケティング
などは例外としながらも、"ROI Is Dead: Now Bury It" と題した論
考を発表しています（Ambler, 2004）。控えめに訳出すると「ROIにと
らわれるのはもうやめよう」といった感じでしょうか。またBinet and
Field（2017）は、**「利益成長のドライバー」**と**「ROIのドライバー」**は
**全く別モノであり、ROIを追うほど、事業成長に必要なマーケティング
から離れていく**ことをデータで示しています。
　ここからは、こうした指摘の裏側にあるファクトをひもときながら、

マーケティングROIにどんな落とし穴があるのか、どのように運用すればよいのかを解説していきます*。

* 注：本章は、メーカーや小売店、事業会社などが行うIMC（統合型マーケティングコミュニケーション）でのROIを想定しており、利益率が異なる商品を仕入れて売ることがメインのECサイトや、自社ブランドを持たない一部のD2Cなどには当てはまらない場合があります。あらかじめご了承ください。

MROIの定義:
マーケティングのROI
正しく計算できますか?

　まず、マーケティングROI（MROI）に関するいくつかの研究を手掛かりに、定義の話から始めたいと思います（Farris et al., 2010; Farris et al., 2015; Hanssens, 2019; Lenskold, 2003; Mitchell & Olsen, 2013）。昨今では、費用対効果や投資対効果といった言葉が普段のビジネス会話の中で飛び交うようになりましたが、ファイナンスの用語を使う場合は注意が必要です。1つクイズを出します。あなたが次のような状況で広告を運用しているとします。

- ・売上のベースライン：100万円
- ・広告費用（1媒体のみ使用）：25万円
- ・広告後の売上：150万円
- ・限界利益率：50%

　読み進める前に、この広告の**短期的な**MROIをあなたなりに計算してみてください。セミナーなどでこの問題を出すと、大まかに次の5パターンの回答に分かれます。

（1）500%
（2）200%
（3）100%

（4）0%

（5）情報が足りないので計算できない

　あなたの回答はどれでしたか。まず（1）を選んだ方は「（150-25）/25=5」という計算をされたのだと思います。Webの記事などでは、広告のROI＝（広告からの売上 － 広告費）÷広告費などと書かれていることがありますが、それを額面通りに暗記している人はこれを選びがちです。注意していただきたいのは、「広告をしたときの売上」と「広告に起因する売上」は違うということです。ベースラインの100万円は今回のマーケティングとは関係なく発生しているわけですから、差し引いて計算する必要があります。

　（2）を選んだ方は、「今回の施策に由来する売上は150-100=50万円。これが分子になって、分母は費用を入れればいいから50/25=2」という計算だと思います。これはROASです。ROASは一定の予算内で同規模の媒体や代替施策を比較する分には使えますが、支出レベルの最適化には使えません。また後で解説します。

　（3）は、「確かに売上は50万円増えたけど、モノを作って顧客に届けるまでにはいろいろな費用がかかってるわけだから、限界利益で計算すると（50×0.5）/25=1」という考え方です。それはそうなのですが、リターンを計算するには施策費用も差し引く必要があります。（2）や（3）の分子で計算しているのはリターンではなく、リフトです（Hanssens, 2019）。

　データ分析に慣れている方は、（4）と（5）で迷われることが多い印象です。短期のMROIなら（4）が正解です。考え方としては「限界利益から広告費用を差し引くと50×0.5-25=0、つまり広告による増分利益は0円、従ってMROIも（50×0.5-25）/25=0」となるわけです。一方、「将来のキャッシュフローやLTVが計算に入っていない。広告の残存

効果が不明」などの理由で5番を選ばれた方は、題意からは外れますがそれも慧眼です。長期のMROIを計算するには上記のデータでは足りません。

またMROIを計算する方法にも、ベースラインからの増分リフトで計算する方法、コンバージョン率から計算する方法、カスタマーエクイティから計算する方法、機会費用から計算する方法、ブランド価値から計算する方法など、いくつかのバリエーションがあります（Farris et al. 2015）。本書では、その中で最も基本となる「ベースラインからの増分リフトで計算する方法」を解説していきます。

改めて定義しておくと、本書ではFarris et al.（2010）やMitchell and Olsen（2013）に倣い、MROIを次のように考えます。

MROI＝（マーケティングに起因する増分売上×限界利益率あるいは粗利率－マーケティング費用）/マーケティング費用

厳密性と実用性のトレードオフ

定義とは別の論点として、**MROIにどれだけの精度を求めるのか**という問題もあります。マーケター目線では、特定のマーケティング活動に関する「費用とリターンの関係」を見たいので、普通は粗利からそのマーケティングにかかる費用を差し引いてMROIを計算します。この場合、そのマーケティングを支えている企業インフラ（e.g., 固定費）が配賦されていないため、MROIはかなり大きな数値になります（Farris et al. 2015）。例えばソーシャルメディアのMROIは、媒体費だけをクレジットすれば高く出ますが、コンテンツ開発や顧客対応する人的資源まで含めると数値は大きく下がるわけです（Gallo, 2017）。

一方、事業部単位で考えればマーケティング"だけ"しているわけで

はないので、増分売上を実現するために生産ラインやスタッフの増員が
必要だったのであれば、その支出も考慮すべきだという見方になります
（Farris et al., 2015）。ブランド全体のROIを考える際には特にこういう
議論になりやすいですが、**計算を厳密にすればするほど実用性とのトレ
ードオフになる**ので、どこかで線を引く必要はあります。

　リターンに関しても同様で、推定精度を高めようとするといくつかの
ハードルが出てきます。例えば、設例では広告後の売上からベースライ
ンの売上を引いてマーケティング由来の売上としましたが、これはあく
まで簡便的であり、正確にやるなら広告反応関数、長期効果や間接効果、
LTVへの影響、そこから発生する将来のキャッシュフローなども考慮して、
現在の広告による正味の貢献を割り出す必要があります。とはいえ、複
雑なモデルを組めばよいというものでもありません。必要なデータが増
えますし、前提や仮定を重ねるほど間違う確率も大きくなります。この
ように、ROIを計算する前準備だけでも実は結構大変なのです。

ROIだけ見ていると破綻する：「事業成長」と「ROIの最大化」は別モノ

バイロン・シャープ教授は、"ROI can send you broke" と述べています（Sharp, 2017, p.97）。ROIだけ見ていると文無しになる、つまり事業が破綻するということです。なぜそうなるのでしょうか。その言葉の真意はどこにあるのでしょうか。本節では事業成長とROIの関係について詳しく調べていきたいと思います。

┃　ROIの分母と分子に因果関係はあるのか？　┃

まず、ROIという式の分母と分子の関係について考えていきましょう。なまじ"リターン"という表現が用いられているせいか、多くの方が「**ROIは投資（分母）から得られたリターン（分子）を表している**」と思っていますが、**必ずしもそこに因果関係があるとは限りません**。また、ROIを「広告がなければ買わなかった人が、その広告を見たことで購買した」というふうに解釈する人がいますが、ROIという名前がついているからといって、ただちにそのように解釈してよいわけではありません（実験をしていれば別ですが）。むしろ実際の意味合いとしては、「**過去のマーケティングや既存の購買習慣に由来するリターン／つい最近行ったマーケティングの費用**」に近い指標です。それを知ったところで、実務にはあまり生かせそうにないですね。

　このことはROIの仲間の**ROAS**で考えると分かりやすいと思います。ROASは、特にデジタルマーケティングにおいて、リアルタイムでパフォーマンスを最適化するための指標としてよく利用されています。実際は、ツールで提供される機能（アトリビューションモデルなど）を使って計算することが多いかと思います。しかし、そうしたモデルの中には、これまでのマーケティングや購買習慣の結果として「すでに買うつもりになっている消費者」がたまたま購買直前に見ただけでも、そのコンバージョンを「現在分母に置いている広告の手柄」として、もしくは「カスタマージャーニーと関係なしに企業が設定したルール」に従ってクレジットするものがあります*。

　逆に、現在の施策が新しく生み出す未顧客の認知やプレファレンス、メンタルアベイラビリティの拡大などに由来するリターンはあまり含まれていません。そうした効果が売上に反映されるまでには、ある程度の期間が必要になるからです。実際、Pauwels and Reibstein（2010）は、広告費用対効果の推定において最も問題になるのは、広告費が使われてから効果が出るまでの時間的なズレだろうと述べています。

＊現在は、そうしたルールベースのアトリビューションモデルから、MMM（マーケティングミックスモデル）やAI（人工知能）ベースのモデルへ移行する動きもあるようです。

　つまりROASは、必ずしも「分母に置いた施策を行ったからこそ得られた売上」をクレジットしているわけではないにもかかわらず「そう見えてしまう」、非常にミスリーディングな指標だということです。ROIも同じことです。実際、近年の研究では、アトリビューションモデルによる効果推定は、より精度の高い計量経済モデルを用いた場合に比べて、ペイドサーチなど短期のパフォーマンスマーケティングが約**2倍過大評価**となり、逆にテレビなどの長期のブランド形成が**3〜10倍過小評価**されると報告されています（Binet et al., 2023）。

なぜ「ROIだけ見ていると破綻する」のか？

　将来の事業成長に必要なのは未顧客です（Sharp, 2010）。しかし、既存顧客やヘビーユーザーに比べると、未顧客のROIはどうしても低くなります。従って、ROIやROASを頼りにターゲットやメッセージ、メディアを絞り込んでいくほど、既存顧客やヘビーユーザーに向けた施策が多くなり、逆に未顧客へのリーチは減っていきます。ところが、それだと新しい未顧客が入ってくる入り口がありません。また、既存のヘビーユーザーが平均への回帰（第2章2節）によって未顧客へと落ちていく一方で、再回帰する（再びブランドに戻ってくる）入り口もありません。要するに、**「顧客が出ていきはするが、入ってはこない」**という状態をみすみすつくり出してしまうことになるわけです。

　当然、ROIを重視するほどこの落差は大きくなりますから、顧客基盤の縮小も早まります。この縮小分を既存顧客のアップセルやクロスセルで相殺しようと思っても、第2章で学んだように購買量は生活の関数なので限度があります。この後どうなるかはもうお分かりですね。「顧客が少なくリピートも少ない」というダブルジョパディの"二重苦"をもろに受け、売上が急降下していきます。このように、**ROIは短期的なリターンを過大評価する一方で、持続的なキャッシュフローを生み出す活動にペナルティーをかけるため、最終的にはビジネスを破壊してしまう**わけです（Ambler, 2004）。

　こうした話をすると、「いやいや、短期のROIを高めていくことが、結局は長期的な事業成長に結びつくのだ」といった主張をする人がいます。しかし**ドラッカーは、短期成果の積み重ねで長期成果が達成できるわけではない**と述べています（Drucker, 1993）。つまり、パフォーマンスマーケティングのような「短期施策のROI最大化」の先に、長期的

な成長があるわけではないのです。

　これは実際に大規模データで実証されています。本書を通して見てきたように、ブランド成長のメインドライバーは浸透率です。ところが2008～2016年までのさまざまなマーケティング施策を分析した研究によると、確かに浸透率をはじめ売上、シェア、価格、ロイヤルティなどはいずれも利益成長と1%水準で相関する一方で、それらとMROIの間に統計的に有意な関係は認められないと報告されています（Binet & Field, 2017）。浸透率に至ってはマイナス相関です。

　また、ブランド構築のような長期的なゴールを目指した施策は同時に短期効果も生み出すことがありますが、その逆は成り立ちません（Binet & Field, 2013）。要するに**事業成長とROIの最大化は異なる取り組み、別のメカニズム**なのです。従って、ROIを道標にするほど事業成長からは遠ざかっていく、すなわち「ROIだけ見ていると破綻する」わけです。

収穫逓減の罠:
なぜ利益とROIは反比例するのか?

　すぐ手に入る成果や、簡単な目標ばかりに気を取られることを "Low-hanging fruits"（低い所になっている果実）と揶揄したりしますが、ROIを追いかけるほど事業成長に必要なマーケティングから離れ、やる必要のないマーケティングに行き着いてしまいます。結局、既存顧客やヘビーユーザーに向けた施策のROIが高いのも、施策の効果が高いからではなく、「施策をしようがしまいが買っていた人」にしかリーチしていないからです。

　しかも、**"ファイナンスっぽい響き"の数値がデータドリブンで出てしまうため、余計たちが悪い**のです。実際、多くのビジネスシーンでは、ROIという数値を持ち出すだけで強力な正義を振りかざすことができます。例えば、部下から「この施策はROIが極めて高いので、予算を増やしていきましょう」と上申されたとします。どうしますか。他に事情がなければ、基本前向きに検討するのではないでしょうか。

　しかし、この部下はマーケティングと利益の関係を正しく理解していない可能性があります。施策のビジネスインパクトはROIからは直接読み取れません。例えば、「ROIの高い媒体やメッセージ、セグメントへ優先的に予算を割り振っているのに、売上のトップラインが下がった」「ROIベースで最適な予算配分を割り出したのに全体の利益が減った」のような経験はないでしょうか。それは、「**ROIが高い打ち手**」＝「**売上や利益を増やす効果が大きい打ち手**」ではないからです（Mitchell

& Olsen, 2013）。そして、常にROIが高い施策というのも存在しません。むしろROIが高いのは、たいした予算を使っていない小規模な施策だからであることも多いのです（Sharp, 2017）。

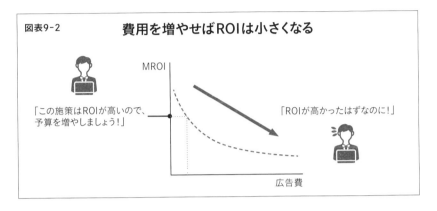

図表9-2　**費用を増やせばROIは小さくなる**

「この施策はROIが高いので、予算を増やしましょう！」

MROI

「ROIが高かったはずなのに！」

広告費

こうした勘違いが起こるのは、ROIが**比の形**をしていることと関係しているかもしれません。というのも、我々は学校でy=ax+bのような一次関数を習います。その際、aは「yの増加量/xの増加量」という変化の割合だと教わります。そのためか、「aの値が大きいほど、xを増やしたときにyも大きく増える」というイメージを当てはめて、「ROIが大きい打ち手に投資するほどもうかりそうだ」と考えてしまうのかもしれません。しかし、これが間違いのもとです。**ROIの分母（費用）は線形に増加しますが、分子（利益）は線形な単調増加にはなりません。**

どういうことでしょうか。この分野の専門家であるUCLAのドミニク・ハンセン教授の解説を参考にしながら考えていきたいと思います（Hanssens, 2019, 2020）。まず、マーケティング費用と売上、および利益の間には一定の関係性があることが知られています（Mantrala et al., 1992）。図表9-3を見てください。

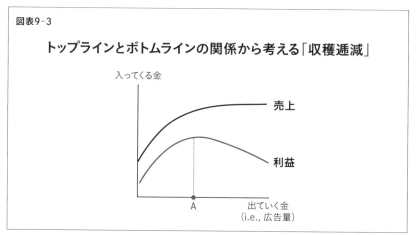

図表9-3

トップラインとボトムラインの関係から考える「収穫逓減」

（縦軸）入ってくる金

売上

利益

A

出ていく金
（i.e., 広告量）

出所:以下を基に筆者が作成
　Hanssens, D. M. (2019). *Finance in marketing: Marketing ROI* [Video]. Marketing Accountability Standards Board. https://marketing-dictionary.org/m/marketing-return-on-investment/
　Mitchell, T., & Olsen, H. (2013). The elasticity of marketing return on investment. Journal of Business & Economics Research, 11(10), 435-444.

　最初は 広告を出すほど売上も利益も伸びていきます。しかし、利益はある時点で最大値Aに達します。そこからさらに広告を増やすと、売上は増えますが利益は減少していきます。**売上"額"は増加しても、その増加"率"は常に減少していく**からです（Mitchell & Olsen, 2013）。このような現象を「**収穫逓減**」と言います。ROIの分母は広告を出したら出した分だけ大きくなっていきますが、出稿1単位あたりのリターンは収穫逓減するため、いずれ利益が変曲点（上昇トレンドが下降トレンドに変わる）を迎えるわけです。

　広告と売上の関係を表す反応関数にもいろいろ種類がありますが、成熟市場ではこのような収穫逓減型の反応関数*になりやすいことが知られています（Taylor et al., 2009; Wind & Sharp, 2009）。収穫逓減は、「マーケティングのHOW」を考える上で大前提となる規則性ですので、少し詳しく説明しておきたいと思います。Mitchell and Olsen (2013) に

よると、広告費の増加に対してMROIは図表9-4（右）のような右下がりの曲線を描きます。図表9-4（左）と見比べると、**ROIが高いからといって売上や利益が大きいわけではない**ですね。実際、順調に成長している企業では**利益とROIは反比例する**こともあります（Mitchell & Olsen, 2013）。

*カテゴリーによってはS字型になりますが（第8章3節参照）、いずれにしても収穫逓減は起こります。

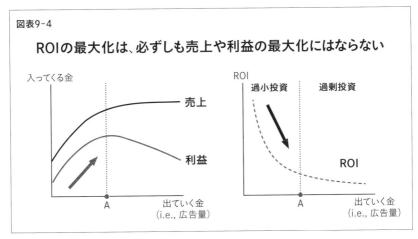

図表9-4

ROIの最大化は、必ずしも売上や利益の最大化にはならない

出所:以下を基に筆者が作成
Hanssens, D. M. (2019). *Finance in marketing: Marketing ROI* [Video]. Marketing Accountability Standards Board. https://marketing-dictionary.org/m/marketing-return-on-investment/
Mitchell, T., & Olsen, H. (2013). The elasticity of marketing return on investment. *Journal of Business & Economics Research, 11*(10), 435-444.

　ROIが高い≠売上や利益を増やす効果が大きい、というのも同じ理由です。ROIが高い打ち手を見つけたら、普通は「その施策を強化しよう、その打ち手にもっと投資しよう」と考えると思います。投下量を増やすと分母は大きくなりますが，分子は徐々に収穫逓減していきます。そしていつの間にか「そこにあったはずのROIが高い打ち手」は消滅します。ですから、**「ROIが高いほどもうかる」というロジックはある意味最初から破綻している**わけです（Ambler, 2004）。

このように、単にROIの最大化を目指しても売上や利益の最大化にはならないため、事業成長の目標管理にROIを使うことは推奨されません（Rust et al., 2004; Sharp, 2017）。一方で、図表9-4をよく見ると、Aを境に利益とROIの関係が逆転していることに気づきます。

　Aより左側：広告を増やすと、ROIは下がるが利益は増える
　Aより右側：広告を減らすと、ROIも利益も増える

　つまりAより左側は**過小投資**、右側は**過剰投資**の状態だということです。過剰投資の状態であれば、広告を減らすことでROIも利益も増えます。しかし過少投資の状態で広告を減らすと、ROIは高くなりますが利益は減ります。つまりROIの高い施策だけを行う、ROIが高くなるように施策やターゲットを絞り込んでいくというのは、利益最大化の観点からは**常に過少投資の状態をキープする**ことになりかねないのです。ROI至上主義にとりつかれている人は、常に頭のどこかで「予算が無駄になっている、もっと最適化できる」と思い込んでいることが多いですが、ニールセンのデータが示すように大半の企業は過少投資です（Nielsen, 2022）。そして、ほとんどの会社が増やしたいのはROIではなく利益なので、「**ROIが低下してもいいから広告投資を増やす**」という**判断も必要になる**わけです。

9-7

単に「費用対効果が高い施策を選び、低い施策は切ればいい」わけではない

いわゆる「**戦略立案**」と呼ばれるタスクの大部分は立案ではなく改善、もしくは適応です。数年ごとに中計を見直したり、新商品の拡販を考えたりとゼロから戦略を組み立てることも確かにありますが、ある程度マーケティングをしてきた会社であれば、「すでにあるものをさらにどう良くするか」という修正作業がかなりの割合を占めると思います。つまり、「これまでの背景を踏まえて、今（次）どうすべきなのか」を導くことが求められるわけです。メディアプランも同じです。過去から現在に至るまでにブランドがやってきた広告の結果、今の認知率、今の浸透率、今のリピート率、今の売上があり、そこから「**次にどうするのが最適なのか**」を割り出すわけです。

現在ではMMM（**マーケティングミックスモデリング**）が身近となり、データドリブンなメディアプランニングが一層進化しています。そうしたなか、「予算の最適配分」「マーケティングミックスの最適化」といった言葉もよく使われるようになってきました。ただし、これらも注意が必要なキーワードです。最適化というのは「1回決めて終わり、後はそれに従ってPDCAを回していけばよい」というものではありません。市場環境や競合のリアクションも刻一刻と変わりますし、広告を行うと同時に収穫逓減が始まるので、**当初の最適配分はいつか必ず崩れます**。

現在の出稿量と消費者の広告反応を見て、増やすのか減らすのか、増やすならどこまで増やし、減らすならどこまで減らすのか、なぜそれが利益の最大化につながると言えるのか——こうした問いに答えられるようにしておかなくてはなりません。例えば、広告反応関数は媒体によって異なりますし、同じ媒体でも現在の出稿量によってROIは変わってきます。さらにアドストック（広告の残存効果など）も変わるため、昨年と同じ費用を使ってもリターンは異なってきます（Pauwels & Reibstein, 2010）。とはいえ、あまり話を複雑にしてもよろしくないので、簡単な例で考えてみましょう。

　今、同規模・同価格帯の媒体Xと媒体Yがあります。これまで両方の媒体を使ってきましたが、それぞれへの出稿量は異なります。媒体Xへの現在の出稿量はA、Yへの出稿量はBです。ここからどうするのがメディアプラン的に適切なのかを考えていきます。図表9-5（左）を見ると、Yの反応曲線は常にXの反応曲線より上にあるので、同じ支出額に対して期待できる売上はYのほうが大きいことが分かります。

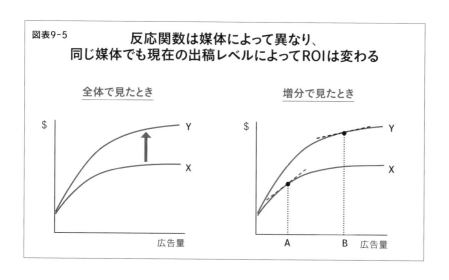

図表9-5

反応関数は媒体によって異なり、同じ媒体でも現在の出稿レベルによってROIは変わる

全体で見たとき

増分で見たとき

　第三部　**HOW以前の問題**　広告コミュニケーションの規則性

　では、Yに予算をオールインするのがベストなのでしょうか。ここで図表9-5（右）を見ると、確かに媒体としてのトータルはYのほうが高いのですが、現在の出稿量を主語にすると、次の予算はXに投下したほうが増分リターンは大きいことが分かります。しかしXもいずれは収穫逓減しますから、結局それぞれの媒体の収穫逓減を確認しながら予算を割り振っていく必要があるわけです（図表9-6）。いずれにしても、単に「**費用対効果が高い施策を選び、低い施策は切ればいい」という考え方では、利益の最大化は達成できない**のです。

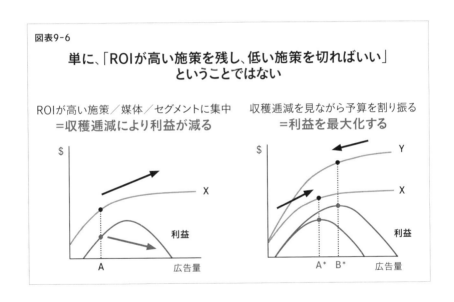

図表9-6
**単に、「ROIが高い施策を残し、低い施策を切ればいい」
ということではない**

ROIが高い施策／媒体／セグメントに集中
＝収穫逓減により利益が減る

収穫逓減を見ながら予算を割り振る
＝利益を最大化する

　こうした視点を持っておくだけでも、いろいろな場面で応用が利きます。例えば媒体営業などで、「ウチの媒体は他媒体に比べて、こんなに費用対効果が高いんですよ」というピッチを聞くことがあります。しかし、それは「その媒体がマイナーだから（あるいは他の理由で）どの広告主も大した予算を投入していないだけ、まだ収穫逓減が始まっていないだけ」かもしれません。また、「数億円規模のテレビCM」と「数十万

円しか使っていないWeb広告」の費用対効果を、同一の土俵上で比べているリポートを見ることがありますが、費用の絶対額が大きく異なる施策のROIは比べられません（Hanssens, 2019）。いずれにしても、費用対効果系の話を聞くときには、収穫逓減が必ず起こること、**見せ方次第**で「**大きなROIはつくれる**」ということを常に念頭に置いておきましょう。

9-8

インクリメンタルROI:
常に「次の1円をどこに使うべきか」
で考える

　この施策はGoなのかNo-Goなのか、いくらまで投資してどこでストップすべきなのか、何を根拠にそう言えるのか——ROIの数値をただ眺めていても、こうした判断はつきません。実は一言でROIといっても、「**トータルROI（全体）**」「**インクリメンタルROI（増分）**」「**マージナルROI（限界）**」の3種類があります（Farris et al., 2015）。メディアの意思決定では、これらを使い分けることがポイントになってきます。Farris et al.（2010）とFarris et al.（2015）を参考に説明します。

　トータルROIは「全てのコストとそこから得られた全てのリターン」を比べたものです。図表9-7でいうと、

$$\{(S^2 - S^0) \times 限界利益率 - A^2\} / A^2$$

になります。それに対して、**インクリメンタルROI**は「ある時点から追加で行ったマーケティング活動に対して、追加で得られた増分リターンがいくらなのか」を測ります。図表9-7を見ると出稿量A^1で得られる売上がS^1です。そこから出稿量を$A^1 \to A^2$へ増やしたときに売上が$S^1 \to S^2$に増えるとすれば、インクリメンタルROIは

$$\{(S^2 - S^1) \times 限界利益率 - (A^2 - A^1)\} / (A^2 - A^1)$$

と計算されます。**マージナルROI**は「広告をわずかに増やしたとき (i.e., $A^2 + ¥1$)、売上がどれくらい増えるのか(i.e., $S^2 + ds/da$)」という意味で、経済学の限界概念を含んだ値になります。本書の範囲内では、インクリメンタルROIをさらに細かく見ていったもの、という理解で構いません。

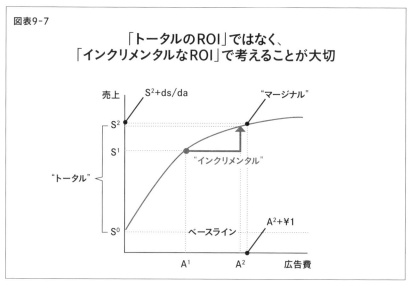

図表9-7

「トータルのROI」ではなく、
「インクリメンタルなROI」で考えることが大切

出所:以下を基に筆者が作成
Farris, P. W., Bendle, N., Pfeifer, P., & Reibstein, D. (2010). *Marketing metrics: The definitive guide to measuring marketing performance* (2nd ed.). Pearson Education.
Farris, P. W., Hanssens, D. M., Lenskold, J. D., & Reibstein, D. J. (2015). Marketing return on investment: Seeking clarity for concept and measurement. *Applied Marketing Analytics, 1*(3), 267-282.

いわゆるROIという場合は、トータルのROIを指すことが多いかと思います。つまり、「一般的にどの媒体のROIが高いのか」という視点です。しかしメディアプランを考えるときには、**「次に出すなら、どの媒体に出すとROIが高いのか」というインクリメンタル（増分）の視点**が大切になります。なぜなら、媒体にしろセグメントにしろ、投資するほど収穫逓減するからです。つまり、図表9-7のようなカーブを想定するなら、同じ100万円の出稿でも、「最初の100万円」が最もリターン

が大きく、その次の100万円、さらにその次の100万円になるほどリターンは減少していきます。従って、現在から見た「**次の100万円**」が**投資に値するものなのか、はたまた機会費用を考えれば他の選択肢に投資したほうがいいのかを、常に把握しておく**ことが重要になるわけです。

｜　インクリメンタルROIで収穫逓減を見定める　｜

　では、インクリメンタルROIの使い方をFarris et al.（2015）の設例を参考に学んでいきましょう。最初に注意事項を1つ。今から紹介するのは簡便法であり、反応関数の形状やLTVなどが考慮されていませんので、本来はしっかりMMMを組むほうがよいと思います。ただ、イチからMMMを説明しようとするとそれはそれで1冊の本になるので、そこは専門書*に任せ、ここでは基本的な考え方を説明します。

＊『マーケティング効果の測定と実践 -- 計量経済モデリング・アプローチ』（有斐閣）が良書です。

　ある媒体Xについて、次のようなデータがあったとします。

- **シナリオ1**：広告費40万円を使い、限界利益100万円
- **シナリオ2**：広告費を追加で20万円増やし（累積60万円）、限界利益140万円
- **シナリオ3**：広告費をさらに追加で20万円増やし（累積80万円）、限界利益162万円

　まず、シナリオ1からシナリオ2へ変えたときのインクリメンタルROIを計算してみましょう。コストの増分は20万円、限界利益の増分は40万円ですから、

　シナリオ1→シナリオ2のインクリメンタルROI：100%

と求めることができます。

図表9-8

媒体X	費用	限界利益	増分利益	ROI
シナリオ1	400,000	1,000,000	600,000	150%
シナリオ2	600,000	1,400,000	800,000	133%
インクリメンタル	200,000	400,000	200,000	100%

　一方で、この追加コスト20万円を機会費用と考えれば、媒体Xに使ってもいいですし、他の施策で使ってもいいわけです。この判断についてFarris et al. (2015) は、ROIの計算と評価を社内で標準化し、合意された基準を持っておくことが重要だと述べています。つまり、「ROIがこの水準を超えたらGo、超えなければNo-Go」という判断をするための**閾値**を持っておく、ということです。ここでは仮に50%としましょう。

　　シナリオ1→シナリオ2のインクリメンタルROI：100%>50%

　閾値より高いので、この時点では媒体Xでシナリオ2を運用するのがよさそうです。では、シナリオ2からさらに20万円追加するとしたらどうでしょうか（シナリオ3）。

図表9-9

媒体X	費用	限界利益	増分利益	ROI
シナリオ2	600,000	1,400,000	800,000	133%
シナリオ3	800,000	1,620,000	820,000	103%
インクリメンタル	200,000	220,000	20,000	10%

　確かに限界利益はさらに増えますが、この場合のインクリメンタルROIは10%となり閾値の50%を下回ります。

　シナリオ2→シナリオ3のインクリメンタルROI：10%<50%

　明らかに収穫逓減してきていますね。媒体Xに60万円出稿している状態であれば、次の20万円は他で使ったほうがよさそうです。このように、ROIという指標の性質をよく理解した上で使えば、決まった予算の中で最も効率的な判断をするのに役立つわけです（Ambler, 2004; Farris et al., 2015）。ただし、あくまでもインクリメンタルな視点で評価することを忘れないようにしましょう。もしシナリオ1もシナリオ2も検討してない状態で、シナリオ3のトータルROIだけを見ていたら、Goと判断したかもしれません。しかし、シナリオ3をシナリオ2からの「追加の支出」と考えることで、そうした判断ミスを減らせるわけです（Farris et al., 2015）。

　最後に、これはあくまで短期的な利益を中心にした見方です。事業成長に必要な「広く薄いパーセプションの形成」を考えるときは、そもそもインクリメンタルな"ROI"ではなく、インクリメンタルな"リーチ"（増分リーチ、第8章4節参照）の視点で、未顧客層の認知獲得や助成想起への効果を評価するようにしましょう。

おわりに

エビデンスが全てなのか？

　エビデンスに基づいて「事業成長の当たり前」を見直す旅も、いよいよ終わりに近づいてきました。最後くらいは、エビデンスではなく私個人の感想を述べたいと思います。

　本書を執筆するうえで、ある1冊の本が常に頭の片隅にありました。ルイス・キャロルの『鏡の国のアリス』です。消費者があるブランドを初めて買う。あるいはまた同じブランドを選ぶ。確かにそれ自体は客観的な事実なのですが、その背景には、ちょうど『鏡の国のアリス』に出てくる写し鏡の中のように、あべこべで、常識が通用せず、合理が不合理に、不合理が合理に変わる世界が広がっています。執筆に際しては、ファクトの羅列に終始するのではなく、どうすればそうした驚きや面白さを伝えられるかということを考えながら進めてきました。

　うまく伝わったかは分かりませんが、要するに「市場や消費者行動を見る視点は1つではない」ということです。最適解とは置かれた文脈によって変わるもの——極端な話、すべて"ケースバイケース"です。あるときはn=1のインサイトかもしれません。あるときは他社の成功事例かもしれません。あるときは経験に基づく"決め"の問題かもしれません。そこにファクトベース、あるいはエビデンス思考という"選択肢"を持ってもらうことが本書の狙いです。

　同時に、これは「エビデンスが全てではない」ことを物語っています。"はじめに"でもお伝えしたように、私もエビデンスで何もかもうまくいくなどとは思っていません。実際、本業ではクライアントの個別具体的な

438

課題において、「エビデンスに基づく事業成長」を推進しているわけですが、やはり最大の難所は「人」です。つまり、「しがらみと思い込み、経験則と自尊心が複雑に絡み合った組織の意思決定の中に、どのようにしてエビデンスベースの考え方を溶け込ませていくか」という所が最大のポイントです。このお題だけでも1冊書けそうですが、1つ言えるのは、結局のところ実務で生かせる知識というのは「こういう時はこうしとけばよい」「おおまかにはこういう傾向がある」という、ざっくりとしたメタ的な理解なのだろうということです。

「本文と言ってることが逆じゃないか！」とお叱りを受けそうですが、まあ聞いてください。「エビデンス思考で事業成長の当たり前を見直す」というコンセプト上、本文ではかなり細かいところまで突っ込み、定義し、数値を出して、ソースを明記しています。ですが、別に難しい横文字や細かい数値を覚えてほしいわけではありません。

　結局、どれだけ精度の高い分析や実験結果を知っていても、あなたがそれを忠実に再現できるわけではありません。あなたの事業を取り巻く環境は、実験室やソフトウェアの中の世界とは違うからです。ですからむしろ、国が違っても、時代が違っても、カテゴリーが違っても、ターゲット層が違っても、価格帯やチャネルが違っても「だいたいそうなる」「おおまかにはこういう傾向がある」という頑健なパターンを知っておくことのほうが大切なのです。実務で「使える」というのはそういうことです。

　ただし、その大まかな傾向や規則性の理解がずれていたら元も子もありません。そして本書を通して見てきたように、「そこから間違っているケース」が非常にたくさんあります。ですから、そこだけは事実に基づいて、市場とは、消費者行動とは、事業成長とはどういうものなのかをしっかり押さえておきましょうというわけです。それに加えて、自社

の再現性を高めるための「場合分け」や「使い分け」もできたら、なお良いですね。ちなみに、私は「エビデンスで傾向を掴み、実際はテストしてみる」という"パッケージ"での運用を推奨しています。

　いずれにしても、まずは「自分の知ってる当たり前は当たり前ではないかもしれない」**「実は"当たり"の前ではなく、"外れ"の前にいるかもしれない」**と気づくこと。そこからです。私もそうでした。

———

　本書を執筆するに際し、多くの方にご支援とご助力を賜りました。ここに感謝の意を表したいと思います。まず、本書は数多くのマーケティング研究者の肩の上に立っています。特にエビデンスベーストマーケティングの中心であるアレンバーグ・バス研究所、そしてその礎を築いた故アンドリュー・アレンバーグ教授、故フランク・バス教授、故ジェラルド・グッドハート教授に深い感謝と畏敬の意を捧げます。中央大学名誉教授で元日本マーケティング学会会長の田中洋先生、慶応義塾大学大学院の鮫島至智さん、カルチュア・コンビニエンス・クラブの北田博充様には専門性を生かした貴重なアドバイスを頂きました。

　三井住友海上火災保険の木田浩理様、JR東日本の渋谷直正様、ELYZAの野口竜司様との定期的なディスカッションはいつも非常に有意義で、新しい気づきや洞察を得られることが何度もありました。また、常日頃より実務で信頼を寄せていただいているクライアントの皆様、この場を借りて御礼申し上げます。本書を執筆する中で得られた知見も生かしつつ、より一層お役に立てるよう努めてまいります。

　日経クロストレンドの酒井康治様には、企画当初から執筆、構成まで

幅広い相談に乗っていただきました。おおらかな人柄と鋭い指摘には頭が下がる思いです。北村行夫弁護士、雪丸真吾弁護士、真喜志ちひろ弁護士には、主に著作権や引用に関するアドバイスを頂きました。コレクシアの村山幹朗社長と遠藤頌太部長には、孤独な執筆作業のなかで、壁打ち（とガス抜き）の面で大いにサポートしていただきました。また同社の春本義彦くん、岡崎未沙さん、鈴木悠太くん、松井なつきさん、篠原拓実くんにはプルーフリードに協力していただきました。本当に、いつも大変助かっています。

　最後に、根拠のある事業成長は今あるエビデンスを知って終わり、ではありません。そこがスタートです。こうしている瞬間にも世界のどこかで新しい事実が見つかり、知見が蓄積されています。そうした情報を広く発信・共有する場として、LINE公式アカウントを開設しております。本書に書き切れなかったテーマや、最新エビデンスのアップデート、読者からの質問コーナー（FAQ）、読書会、イベントなどのお知らせ、正誤表など、さまざまなコンテンツを発信しています。本書の読者であればどなたでも登録していただくことができますので、今後の継続学習にぜひお役立てください。

芹澤 連

- LINE 公式アカウント

- X（旧Twitter）　https://twitter.com/serizawa_ren_
- LinkedIn　https://www.linkedin.com/in/ren-serizawa-586669217/

引用文献（英文）

Aaker, D. A., & Keller, K. L. (1990). Consumer evaluations of brand extensions. *Journal of Marketing, 54*(1), 27-41.

Aaker, D. A. (1991). *Managing brand equity: Capitalizing on the value of a brand name.* The Free Press, NY.

Aaker, J. L. (1997). Dimensions of brand personality. *Journal of Marketing Research, 34*(3), 347-356.

Ahmadi, I., Abou Nabout, N., Skiera, B., Maleki, E., & Fladenhofer, J. (2023). Overwhelming targeting options: Selecting audience segments for online advertising. *International Journal of Research in Marketing. Advance online publication.* https://doi.org/10.1016/j.ijresmar.2023.08.004

Ailawadi, K. L., Lehmann, D. R., & Neslin, S. A. (2003). Revenue premium as an outcome measure of brand equity. *Journal of Marketing, 67*(4), 1-17.

Ajzen, I., & Fishbein, M. (1977). Attitude-behavior relations: A theoretical analysis and review of empirical research. *Psychological Bulletin, 84*(5), 888.

Ajzen, I. (1991). The theory of planned behavior. *Organizational Behavior and Human Decision Processes, 50*(2), 179-211.

Ajzen, I. (2012). Martin Fishbein's legacy: The reasoned action approach. *The Annals of the American Academy of Political and Social Science, 640*(1), 11-27.

Ajzen, I., & Fishbein, M. (2005). The influence of attitudes on behavior. In D. Albarracin, B. T. Johnson, & M. P. Zanna (Eds.), *The handbook of attitudes* (pp. 173-221). Lawrence Erlbaum Associates.

Allenby, G. M., & Lenk, P. J. (1995). Reassessing brand loyalty, price sensitivity, and merchandising effects on consumer brand choice. *Journal of Business & Economic Statistics, 13*(3), 281-289.

Allsopp, J., Sharp, B., & Dawes, J. (2004). *The double jeopardy line – empirical results.* Proceedings of the ANZMAC Conference, Wellington, New Zealand.

Ambler, T. (1998). Myths about the mind: Time to end some popular beliefs about how advertising works. *International Journal of Advertising, 17*(4), 501-509.

Ambler, T. (2000). Persuasion, pride and prejudice: How ads work. *International Journal of Advertising, 19*(3), 299-315.

Ambler, T. (2003). *Marketing and the bottom line: The marketing metrics to pump up cash flow* (2nd ed.). FT Prentice Hall.

Ambler, T. (2004). ROI is dead: Now bury it. *WARC,* Issue 453. https://www.warc.com/fulltext/Admap/79369.htm

Anesbury, Z., Winchester, M., & Kennedy, R. (2017). Brand user profiles seldom change and seldom differ. *Marketing Letters, 28,* 523-535.

Anesbury, Z. W., Talbot, D., Day, C. A., Bogomolov, T., & Bogomolova, S. (2020). The fallacy of the heavy buyer: Exploring purchasing frequencies of fresh fruit and vegetable categories. *Journal of Retailing and Consumer Services, 53,* 101976.

Ang, S. H., Lee, Y. H., & Leong, S. M. (2007). The ad creativity cube: Conceptualization and initial validation. *Journal of the Academy of Marketing Science, 35,* 220-232.

Armstrong, J. S., Du, R., Green, K. C., & Graefe, A. (2016). Predictive validity of evidence-based persuasion principles: An application of the index method. *European Journal of Marketing, 50*(1/2), 276-293.

Ataman, M. B., Mela, C. F., & Van Heerde, H. J. (2008). Building brands. *Marketing Science, 27*(6), 1036-1054.

Ataman, M. B., Van Heerde, H. J., & Mela, C. F. (2010). The long-term effect of marketing strategy on brand sales. *Journal of Marketing Research, 47*(5), 866-882.

Avis, M., Forbes, S., & Ferguson, S. (2014). The brand personality of rocks: A critical evaluation of a brand personality scale. *Marketing Theory, 14*(4), 451-475.

Avis, M., & Aitken, R. (2015). Intertwined: Brand personification, brand personality and brand relationships in historical perspective. *Journal of Historical Research in Marketing, 7*(2), 208-231.

Baehre, S., O'Dwyer, M., O'Malley, L., & Lee, N. (2022). The use of Net Promoter Score (NPS) to predict sales growth: Insights from an empirical investigation. *Journal of the Academy of Marketing Science,* 1-18.

Bagwell, K. (2007). The economic analysis of advertising. In M. Armstrong & R. Porter (Eds.), *Handbook of industrial organization, 3,* 1701-1844. Elsevier.

Baker, M. (2016). 1,500 scientists lift the lid on reproducibility. *Nature, 533* (7604). https://doi.org/10.1038/533452a

Baldinger, A. L., Blair, E., & Echambadi, R. (2002). Why brands grow. *Journal of Advertising Research, 42*(1), 7-14.

Baldinger, A. L., & Rubinson, J. (1996). Brand loyalty: The link between attitude and behavior. *Journal of Advertising Research, 36,* 22-36.

Banelis, M., Riebe, E., & Rungie, C. M. (2013). Empirical evidence of repertoire size. *Australasian Marketing Journal, 21*(1), 59-65.

Barden, P. (2022). *Decoded: The science behind why we buy.* Wiley.

Barnard, N. R., & Ehrenberg, A. S. C. (1990). Robust measures of consumer brand beliefs. *Journal of Marketing Research, 27*(4), 477-484.

Barry, T. E., & Howard, D. J. (1990). A review and critique of the hierarchy of effects in advertising. *International Journal of Advertising, 9*(2), 121-135.

Barwise, T. P. & Ehrenberg, A. S. C. (1985). Consumer beliefs and brand usage. *Journal of the Market Research Society, 27*(2), 81-93.

Bass, F. M. (1969). A new product growth for model consumer durables. *Management Science, 15*(5), 215-227.

Bass, F. M. (1974). The theory of stochastic preference and brand switching. *Journal of Marketing Research, 11*(1), 1-20.

Bass, F. M. (1995). Empirical generalizations and marketing science: A personal view. *Marketing Science 14*(3): Part 2 of 2, G6-G19.

Bass, F. M., Bruce, N., Majumdar, S., & Murthi, B. P. S. (2007). Wearout effects of different advertising themes: A dynamic Bayesian model of the advertising-sales relationship. *Marketing Science, 26*(2), 179-195.

Becker, G. S., & Murphy, K. M. (1993). A simple theory of advertising as a good or bad. *The Quarterly Journal of Economics, 108*(4), 941-964.

Becker, M., & Gijsenberg, M. J. (2023). Consistency and commonality in advertising content: Helping or hurting?. *International Journal of Research in Marketing, 40*(1), 128-145.

Belk, R. W. (1975). Situational variables and consumer behavior. *Journal of Consumer Research, 2*(3), 157-164.

Bem, D. J. (2011). Feeling the future: Experimental evidence for anomalous retroactive influences on cognition and affect. *Journal of Personality and Social Psychology, 100*(3), 407-425.

Bennet, D., Graham, C., & Scriven, J. (2010). Don't try to manage brand loyalty. *International Marketing Trends, 1,* 28.

Berger, J., Draganska, M., & Simonson, I. (2007). The influence of product variety on brand perception and choice. *Marketing Science, 26*(4), 460-472.

Berns, G. S., & Moore, S. E. (2012). A neural predictor of cultural popularity. *Journal of Consumer Psychology, 22*(1), 154-160.

Bhattacharya, C. B. (1997). Is your brand's loyalty too much, too little, or just right?: Explaining deviations in loyalty from the Dirichlet norm. *International Journal of Research in Marketing, 14*(5), 421-435.

Bijmolt, T. H., Van Heerde, H. J., & Pieters, R. G. (2005). New empirical generalizations on the determinants of price elasticity. *Journal of Marketing Research, 42*(2), 141-156.

Binet, L., & Carter, S. (2018). *How not to plan: 66 ways to screw it up.* Matador.

Binet, L., & Field, P. (2007). *Marketing in the era of accountability: Identifying the marketing practices and metrics that truly increase profitability.* WARC.

Binet, L., & Field, P. (2013). *The long and the short of it: Balancing short and long-term marketing strategies.* Institute of Practitioners in Advertising.

Binet, L., & Field, P. (2017). *Media in focus: Marketing effectiveness in the digital era.* Institute of Practitioners in Advertising.

Binet, L., & Field, P. (2018). *Effectiveness in context: A manual for brand building.* Institute of Practitioners in Advertising.

Binet, L., Kite, G., & Roach, T. (2023). *The 3rd age of effectiveness* [webinar]. IPA. https://ipa.co.uk/knowledge/videos-podcasts/the-3rd-age-of-effectiveness

Bird, M., & Ehrenberg, A. S. C. (1966). Intentions-to-buy and claimed brand usage. *Journal of the Operational Research Society, 17*(1), 27-46.

Bird, M., Channon, C. & Ehrenberg, A. S. C. (1970). Brand image and brand usage. *Journal of Marketing Research, 7*(3), 307-14.

Bogomolova, S., Anesbury, Z., Lockshin, L., Kapulski, N., & Bogomolov, T. (2019). Exploring the incidence and antecedents of buying an FMCG brand and UPC for the first time. *Journal of Retailing and Consumer Services, 46*, 121-129.

Bound, J. A. (2009). The S parameter in the Dirichlet-NBD model: A simple interpretation. *Journal of Empirical Generalisations in Marketing Science, 12* (3)

Box, G. E. (1979). Robustness in the strategy of scientific model building. In R.L. Launer & G.N. Wilkinson (Eds.), *Robustness in statistics* (pp. 201-236). Academic Press. https://doi.org/10.1016/B978-0-12-438150-6.50018-2

Boyd, D., & Stephen, A. (2022). *The DNA of breakthrough brand value creation: A growth blueprint for brands in the modern connected economy.* Kantar & Oxford Saïd Business School. https://www.kantar.com/uki/-/media/project/kantar/uki/wbt/website-the-dna-of-breatkthrough-brand-value-creation.pdf

Boztuğ, Y., Hildebrandt, L., & Raman, K. (2014). Detecting price thresholds in choice models using a semi-parametric approach. *OR Spectrum, 36*(1), 187-207.

Brick, C., Hood, B., Ekroll, V., & De-Wit, L. (2022). Illusory essences: A bias holding back theorizing in psychological science. *Perspectives on Psychological Science, 17*(2), 491-506.

Broadbent, S. (1988). *The advertiser's handbook for budget determination.* Lexington Books.

Bruce, N. I., Becker, M., & Reinartz, W. (2020). Communicating brands in television advertising. *Journal of Marketing Research, 57*(2), 236-256.

Bruce, N. I., Peters, K., & Naik, P. A. (2012). Discovering how advertising grows sales and builds brands. *Journal of Marketing Research, 49*(6), 793-806.

Burton, J. L., Gollins, J., McNeely, L. E., & Walls, D. M. (2019). Revisiting the relationship between ad frequency and purchase intentions: How affect and cognition mediate outcomes at different levels of advertising frequency. *Journal of Advertising Research, 59*(1), 27-39.

Cannon, H. M., Leckenby, J. D., & Abernethy, A. (2002). Beyond effective frequency: Evaluating media schedules using frequency value planning. *Journal of Advertising Research, 42*(6), 33-46.

Casado, E., & Ferrer, J. C. (2013). Consumer price sensitivity in the retail industry: Latitude of acceptance with heterogeneous demand. *European Journal of Operational Research, 228*(2), 418-426.

Castellion, G., & Markham, S. K. (2013). Perspective: New product failure rates: Influence of a rgumentum ad p opulum and self-interest. *Journal of Product Innovation Management, 30*(5), 976-979.

Castleberry, S. B., Barnard, N. R., Barwise, T. P., Ehrenberg, A. S. C., & Dall'Olmo Riley, F. (1994). Individual attitude variations over time. *Journal of Marketing Management, 10*(1-3), 153-162.

Charlton, A. (2022, December 28). *2022 marketing metascience year in review.* OpenMKT.org. https://openmkt.org/research/replications-of-marketing-studies/

Chen, A. (2021). *The cold start problem: How to start and scale network effects.* Harper Business.

Cohen, J., Lockshin, L., & Sharp, B. (2012). A better understanding of the structure of a wine market using the attribute of variety. *International Journal of Business and Globalisation, 8*(1), 66-80.

Comanor, W. S., & Wilson, T. A. (1979). The effect of advertising on competition: A survey. *Journal of Economic Literature, 17*(2), 453-476.

Cooper, R. G., Edgett, S. J., & Kleinschmidt, E. J. (2004). Benchmarking best NPD practices—II. *Research-Technology Management, 47*(3), 50-59.

Dall'Olio, F., & Vakratsas, D. (2023). The impact of advertising creative strategy on advertising elasticity. *Journal of Marketing, 87*(1), 26-44.

Dall'Olmo Riley, F., Ehrenberg, A. S. C., Castleberry, S. B., Barwise, T. P., & Barnard, N. R. (1997). The variability of attitudinal repeat-rates. *International Journal of Research in Marketing, 14*(5), 437-450.

Dall'Olmo Riley, F., Rink, L., & Harris, P. (1999). Patterns of attitudes and behaviour in fragmented markets. *Journal of Empirical Generalisations in Marketing Science, 4*(3).

Danaher, P. J., Bonfrer, A., & Dhar, S. (2008). The effect of competitive advertising interference on sales for packaged goods. *Journal of Marketing Research, 45*(2), 211-225.

Danaher, P. J., & Brodie, R. J. (2000). Understanding the characteristics of price elasticities for frequently purchased packaged goods. *Journal of Marketing Management, 16*(8), 917-936.

Danenberg, N., Kennedy, R., Beal, V., & Sharp, B. (2016). Advertising budgeting: A reinvestigation of the evidence on brand size and spend. *Journal of Advertising, 45*(1), 139-146.

Davidson, A. R., & Jaccard, J. J. (1979). Variables that moderate the attitude–behavior relation: Results of a longitudinal survey. *Journal of Personality and Social Psychology, 37*(8), 1364.

Dawes, J. (2011) Predictable patterns in buyer behaviour and brand metrics: Implications for brand managers. In M. D. Uncles(Ed.), *Perspectives on Brand Management* (chap. 6). Tilde University Press.

Dawes, J. (2016a). Brand growth in packaged goods markets: Ten cases with common patterns. *Journal of Consumer Behaviour, 15*(5), 475-489.

Dawes, J. (2016b). Testing the robustness of brand partitions identified from purchase duplication analysis. *Journal of Marketing Management, 32*(7-8), 695-715.

Dawes, J. (2018). Price promotions: Examining the buyer mix and subsequent changes in purchase loyalty. *Journal of Consumer Marketing, 35*(4), 366-376.

Dawes, J. (2020). The natural monopoly effect in brand purchasing: Do big brands really appeal to lighter category buyers?. *Australasian Marketing Journal, 28*(2), 90-99.

Dawes. J. (2021). Advertising effectiveness and the 95-5 rule: Most B2B buyers are not in the market right now. In J. Romaniuk, B. Sharp, J. Dawes, & S. Faghidno (Eds.), *How B2B Brands Grow.* The B2B Institute. LinkedIn.

Dawes, J. (2022). Factors that influence manufacturer and store brand behavioral loyalty. *Journal of Retailing and Consumer Services, 68,* 103020.

Dawes, J., Bond, A., Hartnett, N., & Sharp, B. (2017). Does double jeopardy apply using average spend per buyer as the loyalty metric?. *Australasian Marketing Journal, 25*(4), 261-268.

Dawes, J., Graham, C., Trinh, G., & Sharp, B. (2022). The unbearable lightness of buying. *Journal of Marketing Management, 38*(7-8), 683-708.

Dawes, J., Mundt, K., & Sharp, B. (2009). Consideration sets for financial services brands. *Journal of Financial Services Marketing, 14*(3), 190-202.

Dawes, J., & Nenycz-Thiel, M. (2013). Analyzing the intensity of private label competition across retailers. *Journal of Business Research, 66*(1), 60-66.

Dawes, J., & Nenycz-Thiel, M. (2019) *Deconstructing premiumisation with Ehrenberg-Bass* [Blog]. Ehrenberg-Bass. https://www.marketingscience. info/deconstructing-premiumisation-with-ehrenberg-bass/

Dawes, J., Stocchi, L., & Dall'Olmo-Riley, F. (2020). Over-time variation in individual's customer satisfaction scores. *International Journal of Market Research, 62*(3), 262-271.

Deppe, M., Schwindt, W., Kugel, H., Plassmann, H., & Kenning, P. (2005). Nonlinear responses within the medial prefrontal cortex reveal when specific implicit information influences economic decision making. *Journal of Neuroimaging, 15*(2), 171-182.

Desai, K. K., & Hoyer, W. D. (2000). Descriptive characteristics of memory-based consideration sets: Influence of usage occasion frequency and usage location familiarity. *Journal of Consumer Research, 27*(3), 309-323.

Dixon, M., Freeman, K., & Toman, N. (2010). Stop trying to delight your customers. *Harvard Business Review, 88*(7/8), 116-122.

Dolnicar, S., & Rossiter, J. R. (2008). The low stability of brand-attribute associations is partly due to market research methodology. *International Journal of Research in Marketing, 25*(2), 104-108.

Dowling, G. R., & Uncles, M. (1997). Do customer loyalty programs really work?. *Sloan Management Review, 38*(4), 71-82.

Driesener, C., & Rungie, C. (2022). The Dirichlet model in marketing. *Journal of Consumer Behaviour, 21*(1), 7-18.

Drucker, P. (1993). *Post-capitalist society.* Harper Business.

East, R., Romaniuk, J., & Lomax, W. (2011). The NPS and the ACSI: A critique and an alternative metric. *International Journal of Market Research, 53*(3), 327-346.

Ehrenberg, A. S. C. (1974). Repetitive advertising and the consumer. *Journal of Advertising Research, 14*(2), 25-34.

Ehrenberg, A. S. C. (1994). Theory or well-based results: Which comes first?. In G. Laurent, G. L. Lilien, & B. Pras (Eds.), *Research traditions in marketing* (pp. 79-108). Kluwer Academic Publishers.

Ehrenberg, A. S. C. (2000a). Repetitive advertising and the consumer. *Journal of Advertising Research, 40*(6), 39-48.

Ehrenberg, A. S. C. (2000b). Repeat buying: Facts, theory and applications. *Journal of Empirical Generalisations in Marketing Science, 5*(5).

Ehrenberg, A. S. C., Barnard, N. R., & Sharp, B. (2000). Decision models or descriptive models?. *International Journal of Research in Marketing, 17*(2-3), 147-158.

Ehrenberg, A. S. C., Barnard, N., Kennedy, R., & Bloom, H. (2002). Brand advertising as creative publicity. *Journal of Advertising Research, 42*(4), 7-18.

Ehrenberg, A. S. C., & Goodhardt, G. J. (2001). New brands: Near-instant loyalty. *Journal of Targeting, Measurement and Analysis for Marketing, 10,* 9-16.

Ehrenberg, A. S. C., Goodhardt, G. J., & Barwise, T. P. (1990). Double jeopardy revisited. *Journal of Marketing, 54*(3), 82-91.

Ehrenberg, A. S. C., Hammond, K., & Goodhart, G. J. (1994). The after-effects of price-related consumer promotions. *Journal of Advertising Research, 34*(4), 11-22.

Ehrenberg, A. S. C., Uncles, M. D., & Goodhardt, G. J. (2004). Understanding brand performance measures: Using Dirichlet benchmarks. *Journal of Business Research, 57*(12), 1307-1325.

Eisenbeiss, M., Cornelißen, M., Backhaus, K., & Hoyer, W. D. (2014). Nonlinear and asymmetric returns on customer satisfaction: Do they vary across situations and consumers?. *Journal of the Academy of Marketing Science, 42,* 242-263.

Engel, J. F., Kollat, D. T., & Blackwell, R. D. (1968). *Consumer Behavior.* New York. Holt, Rinehart and Winston.

Ephron, E. (1997). Recency planning. *Journal of Advertising Research, 37*(4), 61-66.

Erdem, T., Keane, M. P., & Sun, B. (2008). The impact of advertising on consumer price sensitivity in experience goods markets. *Quantitative Marketing and Economics, 6*(2), 139-176.

Evanschitzky, H., Baumgarth, C., Hubbard, R., & Armstrong, J. S. (2007). Replication research's disturbing trend. *Journal of Business Research, 60*(4), 411-415.

Fader, P. (2012). *Customer centricity: Focus on the right customers for strategic advantage* (2nd ed.). Wharton Digital Press.

Fader, P., Hardie, B. G., & Ross, M. (2022). *The customer-base audit: The first step on the journey to customer centricity.* Wharton School Press.

Fader, P. S., Hardie, B. G., & Lee, K. L. (2005). "Counting your customers" the easy way: An alternative to the Pareto/NBD model. *Marketing Science, 24*(2), 275-284.

Fader, P. S., & Schmittlein, D. C. (1993). Excess behavioral loyalty for high-share brands: Deviations from the Dirichlet model for repeat purchasing. *Journal of Marketing Research, 30*(4), 478-493.

Farlcy, J. U., & Ring, L. W. (1970). An empirical test of the Howard-Sheth model of buyer behavior. *Journal of Marketing Research, 7*(4), 427-438.

Farquhar, P. H. (1989). Managing brand equity. *Marketing Research, 1*(3).

Farris, P. W., Bendle, N., Pfeifer, P., & Reibstein, D. (2010). *Marketing metrics: The definitive guide to measuring marketing performance* (2nd ed.). Pearson Education.

Farris, P. W., Hanssens, D. M., Lenskold, J. D., & Reibstein, D. J. (2015). Marketing return on investment: Seeking clarity for concept and measurement. *Applied Marketing Analytics, 1*(3), 267-282.

Field, P. (2019). *The crisis in creative effectiveness.* IPA. https://ipa.co.uk/media/7699/ipa_crisis_in_creative_effectiveness_2019.pdf

Field, P. (2021, January 2). *Advertising in recession — long, short, or dark?.* [LinkedIn page]. LinkedIn. Retrieved June 10, 2023, from https://www.linkedin.com/business/marketing/blog/linkedin-ads/advertising-in-recession-long-short-or-dark

Fishbein, M., & Ajzen, I. (1975). *Belief, attitude, intention, and behavior: An introduction to theory and research.* Reading, MA: Addison-Wesley.

Fisher, N. I., & Kordupleski, R. E. (2019). Good and bad market research: A critical review of Net Promoter Score. *Applied Stochastic Models in Business and Industry, 35*(1), 138-151.

Formisano, M., Pauwels, K., & Zarantonello, L. (2020). A broader view on brands' growth and decline. *International Journal of Market Research, 62*(2), 127-138.

Foxall, G. R. (2002). Marketing's attitude problem-and how to solve it. *Journal of Customer Behaviour, 1*(1), 19-48.

Gallo, A. (2017, July 25). A refresher on marketing ROI. *Harvard Business Review*. Retrieved June 11, 2023, from https://hbr.org/2017/07/a-refresher-on-marketing-roi

Gibson, L. D. (1996). What can one TV exposure do?. *Journal of Advertising Research, 36*(2), 9-19.

Gielens, K., & Steenkamp, J. B. E. (2007). Drivers of consumer acceptance of new packaged goods: An investigation across products and countries. *International Journal of Research in Marketing, 24*(2), 97-111.

Godden, D. R., & Baddeley, A. D. (1975). Context-dependent memory in two natural environments: On land and underwater. *British Journal of Psychology, 66*(3), 325-331.

Goodhardt, G. J., Ehrenberg, A. S. C., & Chatfield, C. (1984). The Dirichlet: A comprehensive model of buying behaviour. *Journal of the Royal Statistical Society, Series A (General), 147*(5), 621-655.

Gourville, J. T. (2006). Eager sellers and stony buyers: Understanding the psychology of new-product adoption. *Harvard Business Review, 84*(6), 98-106.

Gourville, J. T., & Soman, D. (2005). Overchoice and assortment type: When and why variety backfires. *Marketing Science, 24*(3), 382-395.

Graham, C., Bennett, D., Franke, K., Henfrey, C. L., & Nagy-Hamada, M. (2017). Double Jeopardy-50 years on. Reviving a forgotten tool that still predicts brand loyalty. *Australasian Marketing Journal, 25*(4), 278-287.

Graham, C., & Kennedy, R. (2022). Quantifying the target market for advertisers. *Journal of Consumer Behaviour, 21*(1), 33-48.

Graham, C., Scriven, J., & Bennett, D. R. (2012, January 19-21). *Brand Loyalty. Plus ça change...? Using the NBD-Dirichlet parameters to interpret long-term purchase incidence and brand choice* [Conference item]. International Marketing Trends Conference, Venice, Italy. London South Bank University.

Grasby, A., Maria Corsi, A., Dawes, J., Driesener, C., & Sharp, B. (2019). Brand extensions: Does buying a brand in one category increase propensity to buy It in another?. *SSRN Electronic Journal.* http://dx.doi.org/10.2139/ssrn.3398695

Grime, I., Diamantopoulos, A., & Smith, G. (2002). Consumer evaluations of extensions and their effects on the core brand: Key issues and research propositions. *European Journal of Marketing, 36*(11/12), 1415-1438.

Gupta, S., & Cooper, L. G. (1992). The discounting of discounts and promotion thresholds. *Journal of Consumer Research, 19*(3), 401-411.

Gupta, S., Lehmann, D. R., & Stuart, J. A. (2004). Valuing customers. *Journal of MarketingResearch,61*(1), 7-18

Gupta, V. K., Saini, C., Oberoi, M., Kalra, G., & Nasir, M. I. (2020). Semmelweis reflex: An age-old prejudice. *World Neurosurgery, 136,* e119-e125.

Habel, C., & Lockshin, L. (2013). Realizing the value of extensive replication: A theoretically robust portrayal of double jeopardy. *Journal of Business Research, 66*(9), 1448-1456.

Habel, C., & Rungie, C. (2005). Drawing a double jeopardy line. *Marketing Bulletin, 16*(1), 1-10.

Han, S., Gupta, S., & Lehmann, D. R. (2001). Consumer price sensitivity and price thresholds. *Journal of Retailing, 77*(4), 435-456.

Hanssens, D. M. (2019). *Finance in marketing: Marketing ROI* [Video]. Marketing Accountability Standards Board. https://marketing-dictionary.org/m/marketing-return-on-investment/

Hanssens, D. M. (2020). *Long-term impact of marketing: A compendium* [Webinar]. MMA Global. https://www.mmaglobal.com/thegreatdebate/dominique-hanssens-long-term-impact

Hanssens, D. M. (2015). *Empirical generalizations about marketing impact* (2nd ed.). Cambridge, MA: Marketing Science Institute.

Hanssens, D. M., Parsons, L. J., & Schultz, R. L. (2001). *Market response models: Econometric and time series analysis* (2nd.ed.). Kluwer Academic Publishers.(D. M. ハンセン, L. J. パーソンズ, R. L. シュルツ／阿部誠(監訳)・パワーズ恵子(訳)(2018)『マーケティング効果の測定と実践 -- 計量経済モデリング・アプローチ』有斐閣)

Hanssens, D. M., Pauwels, K. H., Srinivasan, S., Vanhuele, M., & Yildirim, G. (2014). Consumer attitude metrics for guiding marketing mix decisions. *Marketing Science, 33*(4), 534-550.

Harrison, F. (2013). Digging deeper down into the empirical generalization of brand recall: Adding owned and earned media to paid-media touchpoints. *Journal of Advertising Research, 53*(2), 181-185.

Hartnett, N., Greenacre, L., Kennedy, R., & Sharp, B. (2020). Extending validity testing of the Persuasion Principles Index. *European Journal of Marketing, 54*(9), 2245-2255.

Hartnett, N., Gelzinis, A., Beal, V., Kennedy, R., & Sharp, B. (2021). When brands go dark: Examining sales trends when brands stop broad-reach advertising for long periods. *Journal of Advertising Research, 61*(3), 247-259.

Helsen, K., & Schmittlein, D. (1994). Understanding price effects for new nondurables: How price responsiveness varies across depth-of-repeat classes and types of consumers. *European Journal of Operational Research, 76*(2), 359-374.

Hoek, J., Dunnett, J., Wright, M., & Gendall, P. (2000). Descriptive and evaluative attributes: What relevance to marketers?. *Journal of Product & Brand Management, 9*(6), 415-435.

Hoek, J., Kearns, Z., & Wilkinson, K. (2003). A new brand's behaviour in an established market. *Journal of Product & Brand Management, 12*(1), 52-65.

Homburg, C., Koschate, N., & Hoyer, W. D. (2005). Do satisfied customers really pay more? A study of the relationship between customer satisfaction and willingness to pay. *Journal of Marketing, 69*(2), 84-96.

Holden, S. J. (1993). Understanding brand awareness: let me give you a C (L) Ue!. *Advances in Consumer Research, 20*(1), 383-388.

Holden, S. J., & Lutz, R. J. (1992). Ask not what the brand can evoke; Ask what can evoke the brand?. *Advances in Consumer Research, 19,* 101-107.

Hossain, A., Anesbury, Z. W., Driesener, C., & Trinh, G. (2023). Valuing the contribution of ultra-light buyers. *Journal of Consumer Behaviour,* 1-13. https://doi.org/10.1002/cb.2251

Howard, J. A., & Sheth, J. N. (1969). *The theory of buyer behavior.* New York. John & Wiley Sons.

Huang, A., Dawes, J., Lockshin, L., & Greenacre, L. (2017). Consumer response to price changes in higher-priced brands. *Journal of Retailing and Consumer Services, 39*, 1-10.

Hubbard, R., & Armstrong, J. S. (1994). Replications and extensions in marketing: Rarely published but quite contrary. *International Journal of Research in Marketing, 11*(3), 233-248.

Ineichen, A. (2022, September 6). *Letter: Keynes changed his mind, even if the quote isn't his.* The Financial Times. https://www.ft.com/content/76e6fae7-f273-49e6-8238-288d9e4991c7

IPA (2008). *Advertising in a downturn: A report of key findings from an IPA seminar.* IPA. https://ipa.co.uk/knowledge/publications-reports/advertising-in-a-downturn

Jaccard, J., King, G. W., & Pomazal, R. (1977). Attitudes and behavior: An analysis of specificity of attitudinal predictors. *Human Relations, 30*(9), 817-824.

Jarvis, W., & Goodman, S. (2005). Effective marketing of small brands: Niche positions, attribute loyalty and direct marketing. *Journal of Product & Brand Management, 14*(5), 292-299.

Ji, M. F., & Wood, W. (2007). Purchase and consumption habits: Not necessarily what you intend. *Journal of Consumer Psychology, 17*(4), 261-276.

Johansson, P., Hall, L., Sikstrom, S., & Olsson, A. (2005). Failure to detect mismatches between intention and outcome in a simple decision task. *Science, 310*(5745), 116-119.

Jones, J. P. (1990a). Advertising: strong force or weak force? Two views an ocean apart. *International Journal of Advertising, 9*(3), 233-246.

Jones, J. P. (1990b). Ad spending: Maintaining market share. *Harvard Business Review, 68*(1), 38-42.

Jones, J. P. (1995). *When ads work: New proof that advertising triggers sales.* Lexington Books.

Jones, J. P. (1999). What does effective frequency mean today. In J. P. Jones (Ed.). *The advertising business: Operations, creativity, media planning, integrated communications.* Sage.

Juster, F. T. (1966). Consumer buying intentions and purchase probability: An experiment in survey design. *Journal of the American Statistical Association, 61*(315), 658-696.

Kahn, B. E., Kalwani, M. U., & Morrison, D. G. (1988). Niching versus change-of-pace brands: Using purchase frequencies and penetration rates to infer brand positionings. *Journal of Marketing Research, 25*(4), 384-390.

Kahneman, D., & Tversky, A. (1979). Prospect theory: An analysis of decisions under risk. *Econometrica, 47*(2), 263-292.

Kalyanaram, G., & Little, J. D. C. (1994). An empirical analysis of latitude of price acceptance in consumer package goods. *Journal of Consumer Research, 21*(3), 408-418.

Kalyanaram, G., & Winer, R. S. (1995). Empirical generalizations from reference price research. *Marketing Science, 14*(3), 161-169.

Kapferer, J. N. (2008). *The new strategic brand management: Creating and sustaining brand equity long term* (4th ed.). Kogan Page Publishers.

Kaul, A., & Wittink, D. R. (1995). Empirical generalizations about the impact of advertising on price sensitivity and price. *Marketing Science, 14*(3), 151-160.

Keiningham, T. L., Cooil, B., Andreassen, T. W., & Aksoy, L. (2007a). A longitudinal examination of net promoter and firm revenue growth. *Journal of Marketing, 71*(3), 39-51.

Keiningham, T. L., Cooil, B., Aksoy, L., Andreassen, T. W., & Weiner, J. (2007b). The value of different customer satisfaction and loyalty metrics in predicting customer retention, recommendation, and share-of-wallet. *Managing Service Quality: An International Journal, 17*(4), 361-384.

Keller, K. L. (1993). Conceptualizing, measuring, and managing customer-based brand equity. *Journal of Marketing, 57*(1), 1-22.

Keller, K. L. (1999). Managing brands for the long run: Brand reinforcement and revitalization strategies. *California Management Review, 41*(3), 102-124.

Keller, K. L. (2003). Brand synthesis: The multidimensionality of brand knowledge. *Journal of Consumer Research, 29*(4), 595-600.

Keller, K. L., & Lehmann, D. R. (2006). Brands and branding: Research findings and future priorities. *Marketing Science, 25*(6), 740-759.

Keller, K. L., Sternthal, B., & Tybout, A. (2002). Three questions you need to ask about your brand. *Harvard Business Review, 80*(9), 80-89.

Kennedy, R., & Ehrenberg, A. S. (2001). Competing retailers generally have the same sorts of shoppers. *Journal of Marketing Communications, 7*(1), 19-26.

Kim, B. D., & Rossi, P. E. (1994). Purchase frequency, sample selection, and price sensitivity: The heavy-user bias. *Marketing Letters, 5*(1), 57-67.

Kim, B. J., Singh, V., & Winer, R. S. (2017). The Pareto rule for frequently purchased packaged goods: An empirical generalization. *Marketing Letters, 28*(4), 491-507.

Kite, G. (2022). *Three data-led pointers for marketers during budget season.* Marketing Week. https://www.marketingweek.com/grace-kite-three-pointers-budget-season/

Knutson, B., Rick, S., Wimmer, G. E., Prelec, D., & Loewenstein, G. (2007). Neural predictors of purchases. *Neuron, 53*(1), 147-156.

Kohli, C. S., Harich, K. R., & Leuthesser, L. (2005). Creating brand identity: A study of evaluation of new brand names. *Journal of Business Research, 58*(11), 1506-1515.

Koslow, S., Sasser, S. L., & Riordan, E. A. (2003). What is creative to whom and why? Perceptions in advertising agencies. *Journal of Advertising Research, 43*(1), 96-110.

Kotler, P., & Keller, K. L. (2006). *Marketing management* (12th ed.). Prentice Hall.(コトラー, P. & ケラー, K. L. /恩藏直人(監修)・月谷真紀(訳)(2008)『コトラー&ケラーのマーケティング・マネジメント第12版』ピアソン・エデュケーション)

Kozyrkov, C. (2020, May 18). *Focus on decisions, not outcomes! The terrible price that society pays for outcome bias.* Towards Data Science, Medium. https://towardsdatascience.com/focus-on-decisions-not-outcomes-bf6e99cf5e4f

Krampe, C., Gier, N. R., & Kenning, P. (2018). The application of mobile fNIRS in marketing research—detecting the "first-choice-brand" effect. *Frontiers in Human Neuroscience, 12*, 433.

Kraus, S. J. (1995). Attitudes and the prediction of behavior: A meta-analysis of the empirical literature. *Personality and Social Psychology Bulletin, 21*(1), 58-75.

Krugman, H. E. (1972). Why three exposures may be enough. *Journal of Advertising Research, 12*(6), 11-14.

Lavidge, R. J., & Steiner, G. A. (1961). A model for predictive measurements of advertising effectiveness. *Journal of Marketing, 25*(6), 59-62.

Lee, J. Y., Gao, Z., & Brown, M. G. (2010). A study of the impact of package changes on orange juice demand. *Journal of Retailing and Consumer Services, 17*(6), 487-491.

Lenskold, J. (2003). *Marketing ROI: The path to campaign, customer, and corporate profitability.* McGraw-Hill.

Li, J., Abbasi, A., Cheema, A., & Abraham, L. B. (2020). Path to purpose? How online customer journeys differ for hedonic versus utilitarian purchases. *Journal of Marketing, 84*(4), 127-146.

Li, F., Habel, C., & Rungie, C. (2009). Using polarisation to reveal systematic deviations in Dirichlet loyalty estimation. *Marketing Bulletin,* 20, 1-15.

Lilienfeld, S. O., Wood, J. M., & Garb, H. N. (2000). The scientific status of projective techniques. *Psychological Science in the Public Interest, 1*(2), 27-66.

Lodish, L. M., Abraham, M., Kalmenson, S., Livelsberger, J., Lubetkin, B., Richardson, B., & Stevens, M. E. (1995). How TV advertising works: A meta-analysis of 389 real world split cable TV advertising experiments. *Journal of Marketing Research, 32*(2), 125-139.

Lomax, W., & McWilliam, G. (2001). Consumer response to line extensions: Trial and cannibalisation effects. *Journal of Marketing Management, 17*(3-4), 391-406.

Mantrala, M. K., Sinha, P., & Zoltners, A. A. (1992). Impact of resource allocation rules on marketing investment-level decisions and profitability. *Journal of Marketing Research, 29*(2), 162-175.

McCarthy, D. M., & Winer, R. S. (2019). The Pareto rule in marketing revisited: Is it 80/20 or 70/20?. *Marketing Letters, 30,* 139-150.

McCurdy, B. (2017). Reach vs. frequency in the ROI stakes [Blog]. *Radio Ink.* https://radioink.com/2017/01/09/reach-vs-frequency-roi-stakes/

McPhee, W. N. (1963). *Formal theories of mass behaviour.* The Free Press of Glencoe.

Mecredy, P., Wright, M. J., & Feetham, P. (2018). Are promoters valuable customers? An application of the net promoter scale to predict future customer spend. *Australasian Marketing Journal, 26*(1), 3-9.

Mecredy, P. J., Wright, M. J., Feetham, P. M., & Stern, P. (2022). Empirical generalisations in customer mindset metrics. *Journal of Consumer Behaviour, 21*(1), 102–120.

Melnikoff, D. E., & Bargh, J. A. (2018). The mythical number two. *Trends in Cognitive Sciences, 22*(4), 280–293.

Meta. (2022). *Digital advertising's role in driving long-term brand growth.* https://www.facebook.com/business/news/short-and-long-term-roi-of-digital-advertising

Meyer-Waarden, L., & Benavent, C. (2006). The impact of loyalty programmes on repeat purchase behaviour. *Journal of Marketing Management, 22*(1-2), 61–88.

Milberg, S.J., Park, C.W., & McCarthy, M.S.(1997). Managing negative feedback effects associated with brand extensions: The impact of alternative branding strategies. *Journal of Consumer Psychology, 6,* 119–40

Mitra, A., & Lynch Jr, J. G. (1995). Toward a reconciliation of market power and information theories of advertising effects on price elasticity. *Journal of Consumer Research, 21*(4), 644–659.

Min, S., Zhang, X., Kim, N., & Srivastava, R. K. (2016). Customer acquisition and retention spending: An analytical model and empirical investigation in wireless telecommunications markets. *Journal of Marketing Research, 53*(5), 728–744.

Mitchell, T., & Olsen, H. (2013). The elasticity of marketing return on investment. *Journal of Business & Economics Research, 11*(10), 435–444.

Moore, G. A. (1999). *Crossing the chasm: Marketing and selling high-tech products to mainstream customers.* Harper Business.

Morgan, N. A., & Rego, L. L. (2006). The value of different customer satisfaction and loyalty metrics in predicting business performance. *Marketing Science, 25*(5), 426–439.

Morwitz, V. G., Steckel, J. H., & Gupta, A. (2007). When do purchase intentions predict sales?. *International Journal of Forecasting, 23*(3), 347–364.

Moskowitz, G. B., & Grant, H. (Eds.). (2009). *The psychology of goals.* Guilford press.

Motoki, K., & Iseki, S. (2022). Evaluating replicability of ten influential research on sensory marketing. *Frontiers in Communication, 7*, 1048896. https://doi.org/10.3389/fcomm.2022.1048896

Naik, P. A., Mantrala, M. K., & Sawyer, A. G. (1998). Planning media schedules in the presence of dynamic advertising quality. *Marketing Science, 17*(3), 214-235.

Naples, M. J. (1979). *Effective frequency: The relationship between frequency and advertising effectiveness.* Association of National Advertisers.

Naples, M. J. (1997). Effective frequency: Then and now. *Journal of Advertising Research, 37*(4), 7-13.

Neal, D. T., Wood, W., & Quinn, J. M. (2006). Habits—A repeat performance. *Current Directions in Psychological Science, 15*(4), 198-202.

Nelson, P. (1970). Information and consumer behavior. *Journal of Political Economy, 78*(2), 311-329.

Nelson, P. (1974). Advertising as information. *Journal of Political Economy, 82*(4), 729-754.

Nenycz-Thiel, M., Graham, C., Dawes, J., McColl, B., Tanusondjaja, A., Martin, J., & Victory, K. (2018a, December 3-5). *How markets grow. The factors associated with category expansion* [Conference paper]. ANZMAC Conference. Adelaide, Australia.

Nenycz-Thiel, M., McColl, B., Dawes, J., Trinh, G., & Graham, C.(2018b, December 3-5). *Predicting category growth from quarterly penetration* [Conference paper]. ANZMAC Conference. Adelaide, Australia.

Nenycz-Thiel, M., & Romaniuk, J. (2011). The nature and incidence of private label rejection. *Australasian Marketing Journal, 19*(2), 93-99.

Neumann, N., Tucker, C. E., & Whitfield, T. (2019). Frontiers: How effective is third-party consumer profiling? Evidence from field studies. *Marketing Science, 38*(6), 918-926.

Neven, D., & Thisse, J. F. (1990). On quality and variety competition. In J. J. Gabszewicz, J. F. Richard, & L. A. Wolsey (Eds.), *Economic decision making: Games, econometrics and optimization: Contributions in honor of Jacques H. Drèze* (pp. 175-199). Amsterdam: North-Holland.

Newman, G. E., Gorlin, M., & Dhar, R. (2014). When going green backfires: How firm intentions shape the evaluation of socially beneficial product enhancements. *Journal of Consumer Research, 41*(3), 823-839.

Nielsen (2022). *The 2022 ROI report for advertisers.* The Nielsen Company. https://global.nielsen.com/wp-content/uploads/sites/2/2022/07/ROI-Report-2022-Advertisers-English.pdf

Nordhielm, C. L. (2002). The influence of level of processing on advertising repetition effects. *Journal of Consumer Research, 29*(3), 371-382.

Okada, E. M. (2005). Justification effects on consumer choice of hedonic and utilitarian goods. *Journal of Marketing Research, 42*(1), 43-5

Open Science Collaboration. (2015). Estimating the reproducibility of psychological science. *Science, 349*(6251), aac4716. https://doi.org/10.1126/science.aac4716

Ottati, V., Price, E. D., Wilson, C., & Sumaktoyo, N. (2015). When self-perceptions of expertise increase closed-minded cognition: The earned dogmatism effect. *Journal of Experimental Social Psychology, 61,* 131-138.

Palda, K. S. (1966). The hypothesis of a hierarchy of effects: A partial evaluation. *Journal of Marketing Research, 3*(1), 13-24.

Park, J. H., Venger, O., Park, D. Y., & Reid, L. N. (2015). Replication in advertising research, 1980-2012: A longitudinal analysis of leading advertising journals. *Journal of Current Issues & Research in Advertising, 36*(2), 115-135.

Pauwels, K. (2021, September 14). How to manage price thresholds: Customers discount your discounts. *Smarter Marketing gets Better Results: Prof. Dr. Koen Pauwels on marketing analytics.* https://analyticdashboards.wordpress.com/2021/09/14/how-to-manage-price-thresholds-customers-discount-your-discounts/

Pauwels, K. (2023, August 20). *FAQs on differentiation from WARC podcast.* LinkedIn. https://www.linkedin.com/pulse/faqs-differentiation-from-warc-podcast-prof-dr-koen-pauwels/

Pauwels, K., Erguncu, S., & Yildirim, G. (2013). Winning hearts, minds and sales: How marketing communication enters the purchase process in emerging and mature markets. *International Journal of Research in Marketing, 30*(1), 57-68.

Pauwels, K., & Reibstein, D. (2010). Challenges in measuring return on marketing investment: Combining research and practice perspectives. *Review of Marketing Research 6*, 107-124.

Pauwels, K., Srinivasan, S., & Franses, P. H. (2007). When do price thresholds matter in retail categories?. *Marketing Science, 26*(1), 83-100.

Pauwels, K., Sud, B., Fisher, R., & Antia, K. (2022). Should you change your ad messaging or execution? It depends on brand age. *Applied Marketing Analytics, 8* (1), 43-54.

Pauwels, K., Valenti, A., Srinivasan, S., Yildirim, G., & Vanheule, M. (2020). Is there a hierarchy of effects in advertising? Empirical generalizations for consumer packaged goods. *Marketing Science Institute Working Paper Series 2020, Report No. 20-139.*

Pauwels, K., & van Ewijk, B. (2013). Do online behavior tracking or attitude survey metrics drive brand sales? An integrative model of attitudes and actions on the consumer boulevard. *Marketing Science Institute Working Paper Series, 13*(118), 1-49.

Pauwels, K., & van Ewijk, B. (2020). Enduring attitudes and contextual interest: When and why attitude surveys still matter in the online consumer decision journey. *Journal of Interactive Marketing, 52*(1), 20-34.

Pechmann, C., & Stewart, D. W. (1988). Advertising repetition: A critical review of wearin and wearout. *Current Issues and Research in Advertising, 11*(1-2), 285-329.

Percy, L., & Rossiter, J. R. (1992). A model of brand awareness and brand attitude advertising strategies. *Psychology & Marketing, 9*(4), 263-274.

Petty, R. E., & Cacioppo, J. T. (1986). The elaboration likelihood model of persuasion. *Advances in Experimental Social Psychology, 19*, 123-205.

Phua, P., Hartnett, N., Beal, V., Trinh, G., & Kennedy, R. (2023). When brands go dark: A replication and extension: Examining market share of brands that stop advertising for a year or longer. *Journal of Advertising Research, 63*(2), 172-184.

Pieters, R., & Wedel, M. (2007). Goal control of attention to advertising: The Yarbus implication. *Journal of Consumer Research, 34*(2), 224-233.

Plassmann H, Kenning P, Ahlert D. (2007a). Why companies should make their customers happy: The neural correlates of customer loyalty. *Advances in Consumer Research 34:* 1-5.

Plassmann, H., O'doherty, J., & Rangel, A. (2007b). Orbitofrontal cortex encodes willingness to pay in everyday economic transactions. *Journal of Neuroscience, 27*(37), 9984-9988.

Pride, W. M., & Ferrell, O. C. (2015). *Marketing (2016 ed.).* Cengage Learning.

Quelch, J. A., & Kenny, D. (1994). Extend profits, not product lines. *Harvard Business Review, 72*(5), 153-160.

Ratneshwar, S., & Shocker, A. D. (1991). Substitution in use and the role of usage context in product category structures. *Journal of Marketing Research, 28(3)*, 281-295.

Ray, M. L. (1973). Marketing communications and the hierarchy of effects. In P. Clarke (Ed.), *New models for mass communication research.* Sage Publications.

Rayner, K., Miller, B., & Rotello, C. M. (2008). Eye movements when looking at print advertisements: The goal of the viewer matters. *Applied Cognitive Psychology, 22*(5), 697-707.

Reichheld, F. F. (2003). The one number you need to grow. *Harvard Business Review, 81*(12), 46-54.

Reichheld, F. F., & Sasser, W. E. (1990). Zero defections: Quality comes to services. *Harvard Business Review, 68*(5), 105-111.

Reid, L. N., Soley, L. C., & Wimmer, R. D. (1981). Replication in advertising research: 1977, 1978, 1979. *Journal of Advertising, 10*(1), 3-13.

Reinartz, W., & Kumar, V. (2002). The mismanagement of customer loyalty. *Harvard Business Review, 80*(7), 86-94.

Reinartz, W., & Saffert, P. (2013). Creativity in advertising: When it works and when it doesn't. *Harvard Business Review, 91*(6), 106-111.

Riehe, F., Wright, M., Stern, P., & Sharp, B. (2014). How to grow a brand: Retain or acquire customers?. *Journal of Business Research, 67*(5), 990-997.

Ries, A., & Trout, J. (2001). *Positioning: The battle for your mind.* McGraw-Hill Companies.

Robson, D. (2019). *The intelligence trap: Why smart people make dumb mistakes.* WW Norton & Company.(ロブソン, D/土方奈美 (訳)(2020)『The Intelligence Trap: なぜ、賢い人ほど愚かな決断を下すのか』日経BP日本経済新聞出版本部)

Rogers, E.M. (1983). *Diffusion of innovations* (3rd ed.). The Free Press.

Romaniuk, J. (2003). Brand attributes–'distribution outlets' in the mind. *Journal of Marketing Communications, 9*(2), 73-92.

Romaniuk, J. (2006). Comparing prompted and unprompted methods for measuring consumer brand associations. *Journal of Targeting, Measurement and Analysis for Marketing, 15*, 3-11.

Romaniuk, J. (2013). Modeling mental market share. *Journal of Business Research, 66*(2), 188-195.

Romaniuk, J. (2018). *Building distinctive brand assets.* Oxford University Press.

Romaniuk, J. (2022). *Category entry points in a B2B world: Linking buying situations to brand sales.* The B2B Institute, LinkedIn.

Romaniuk, J. (2023). *Better brand health: Measures and metrics for a how brands grow world.* Oxford University Press.

Romaniuk, J., Bogomolova, S., & Dall'Olmo Riley, F. (2012). Brand image and brand usage: Is a forty-year-old empirical generalization still useful?. *Journal of Advertising Research, 52*(2), 243-251.

Romaniuk, J., & Dawes, J. (2005). Loyalty to price tiers in purchases of bottled wine. *Journal of Product & Brand Management, 14*(1), 57-64.

Romaniuk, J., & Ehrenberg, A. (2012). Do brands lack personality?. *Marketing Theory, 12*(3), 333-339.

Romaniuk, J., & Gaillard, E. (2007). The relationship between unique brand associations, brand usage and brand performance: Analysis across eight categories. *Journal of Marketing Management 23*(3-4), 267-284.

Romaniuk, J., & Huang, A. (2020). Understanding consumer perceptions of luxury brands. *International Journal of Market Research, 62*(5), 546-560.

Romaniuk, J., & Nenycz-Thiel, M. (2013). Behavioral brand loyalty and consumer brand associations. *Journal of Business Research, 66*(1), 67-72.

Romaniuk, J., & Nicholls, E. (2006). Evaluating advertising effects on brand perceptions: Incorporating prior knowledge. *International Journal of Market Research, 48*(2), 178-192.

Romaniuk, J., Nguyen, C., & East, R. (2011). The accuracy of self-reported probabilities of giving recommendations. *International Journal of Market Research, 53*(4), 507-521.

Romaniuk, J., & Sharp, B. (2000). Using known patterns in image data to determine brand positioning. *International Journal of Market Research, 42* (2), 1-10.

Romaniuk, J., & Sharp, B. (2003a). Brand salience and customer defection in subscription markets. *Journal of Marketing Management, 19*(1-2), 25-44.

Romaniuk, J., & Sharp, B. (2003b). Measuring brand perceptions: Testing quantity and quality. *Journal of Targeting, Measurement and Analysis for Marketing, 11*, 218-229.

Romaniuk, J., & Sharp, B. (2022). *How brands grow part 2: Including emerging markets, services, durables, B2B and luxury brands* (Rev. ed.). Oxford University Press.

Romaniuk, J., Sharp, B., Dawes, J., & Faghidno, S. (2021). *How B2B brands grow*. The B2B Institute, LinkedIn.

Romaniuk, J., Sharp, B., & Ehrenberg, A. S. C. (2007). Evidence concerning the importance of perceived brand differentiation. *Australasian Marketing Journal, 15*(2), 42-54.

Romaniuk, J., & Wight, S. (2009). The influences of brand usage on response to advertising awareness measures. *International Journal of Market Research, 51*(2), 1-13.

Romaniuk, J., & Wight, S. (2015). The stability and sales contribution of heavy-buying households. *Journal of Consumer Behaviour, 14*(1), 13-20.

Rosengren, S., Eisend, M., Koslow, S., & Dahlen, M. (2020). A meta-analysis of when and how advertising creativity works. *Journal of Marketing, 84*(6), 39-56.

Rossiter, J. (1989). Consumer research and marketing science. *Advances in Consumer Research, 16,* 407-413.

Rungie, C., Brown, B., Laurent, G., & Rudrapatna, S. (2005). A standard error estimator for the polarization index: Assessing the measurement error in one approach to the analysis of loyalty. *Marketing Bulletin, 16,* Technical Note 2.

Rungie, C., & Laurent, G. (2012). Brand loyalty vs. loyalty to product attributes. In A. Diamantopoulos, W. Fritz, & L. Hildebrandt (Eds.), *Quantitative marketing and marketing management: Marketing models and methods in theory and practice* (pp. 423-444). Springer Gabler.

Rungie, C., Laurent, G., Riley, F. D. O., Morrison, D. G., & Roy, T. (2005). Measuring and modeling the (limited) reliability of free choice attitude questions. *International Journal of Research in Marketing, 22*(3), 309-318.

Rust, R. T., Ambler, T., Carpenter, G. S., Kumar, V., & Srivastava, R. K. (2004). Measuring marketing productivity: Current knowledge and future directions. *Journal of Marketing, 68*(4), 76-89.

Sahni, N. S. (2015). Effect of temporal spacing between advertising exposures: Evidence from online field experiments. *Quantitative Marketing and Economics, 13,* 203-247.

Salnikova, E., Baglione, S. L., & Stanton, J. L. (2019). To launch or not to launch: An empirical estimate of new food product success rate. *Journal of Food Products Marketing, 25*(7), 771-784.

Sandell, R. G. (1968). Effects of attitudinal and situational factors on reported choice behavior. *Journal of Marketing Research, 5*(4), 405-408.

Santoso, I., Wright, M., Trinh, G., & Avis, M. (2020). Is digital advertising effective under conditions of low attention?. *Journal of Marketing Management, 36*(17-18), 1707-1730.

Sawyer, A. G., Noel, H., & Janiszewski, C. (2009). The spacing effects of multiple exposures on memory: Implications for advertising scheduling. *Journal of Advertising Research, 49*(2), 193-197.

Schmidt, S., & Eisend, M. (2015). Advertising repetition: A meta-analysis on effective frequency in advertising. *Journal of Advertising, 44*(4), 415-428.

Schmittlein, D. C., Morrison, D. G., & Colombo, R. (1987). Counting your customers: Who-are they and what will they do next?. *Management Science, 33*(1), 1-24.

Schreiner, S. (2020). Ignaz Semmelweis: A victim of harassment?. *Wiener Medizinische Wochenschrift, 170*(11-12), 293-302.

Scriven, J., Bound, J., & Graham, C. (2017). Making sense of common Dirichlet deviations. *Australasian Marketing Journal, 25*(4), 294-308.

Scriven, J., & Ehrenberg, A. (2004). Consistent consumer responses to price changes. *Australasian Marketing Journal, 12*(3), 21-39.

Sethuraman, R., & Tellis, G. J. (1991). An analysis of the tradeoff between advertising and price discounting. *Journal of Marketing Research, 28*(2), 160-174.

Sethuraman, R., Tellis, G. J., & Briesch, R. A. (2011). How well does advertising work? Generalizations from meta-analysis of brand advertising elasticities. *Journal of Marketing Research, 48*(3), 457-471.

Sharp, A., Sharp, B., & Redford, N. (2003, December 1-3). *Positioning & partitioning- a replication & extension* [Conference proceedings]. ANZMAC Conference, Adelaide, Australia.

Sharp, B. (2008). Net promoter score fails the test. *Marketing Research, 20* (4), 28-30.

Sharp, B. (2010). *How brands grow: What marketers don't know.* Oxford University Press. (シャープ, B. /加藤巧(監修)・前平謙二(訳)(2018)『ブランディングの科学:誰も知らないマーケティングの法則11』朝日新聞出版)

Sharp, B. (2007). Loyalty limits for repertoire markets. *Journal of Empirical Generalisations in Marketing Science, 11*(1), 1-9.

Sharp, B. (2016, September 18). *Answering critics.* Marketing Science: Commentary by Professor Byron Sharp. https://byronsharp.wordpress.com/2016/09/18/answering-critics/

Sharp, B. (2017). Marketing: *Theory, evidence, practice.* Melbourne. Oxford University Press.

Sharp, B., & Dawes, J. (2001). What is differentiation and how does it work?. *Journal of Marketing Management, 17*(7-8), 739-759.

Sharp, B., Dawes, J., & Victory, K. (2024). The market-based assets theory of brand competition. *Journal of Retailing and Consumer Services, 76*, 103566.

Sharp, B., & Hartnett, N. (2016). Generalisability of advertising persuasion principles. *European Journal of Marketing, 50*(1/2), 301-305.

Sharp, B., Riebe, E., Dawes, J., & Danenberg, N. (2002). A marketing economy of scale – Big brands lose less of their customer base than small brands. *Marketing Bulletin, 13.* Research Note 2.

Sharp, B., Romaniuk, J., & Graham, C. (2019). Marketing's 60/20 Pareto Law. *SSRN Electronic Journal.* http://dx.doi.org/10.2139/ssrn.3498097

Sharp, B., & Sharp, A. (1997). Loyalty programs and their impact on repeat-purchase loyalty patterns. *International Journal of Research in Marketing, 14*(5), 473-486.

Sharp, B. & Wright, M. (1999). *There are two types of repeat purchase markets* [Conference paper]. 28th European Marketing Academy Conference, Humboldt-University, Berlin, Germany.

Sharp, B., Wright, M., Dawes, J., Driesener, C., Meyer-Waarden, L., Stocchi, L., & Stern, P. (2012). It's a Dirichlet world: Modeling individuals' loyalties reveals how brands compete, grow, and decline. *Journal of Advertising Research, 52*(2), 203-213.

Sharp, B., Wright, M., & Goodhardt, G. (2002). Purchase loyalty is polarised into either repertoire or subscription patterns. *Australasian Marketing Journal, 10*(3), 7-20.

Simon, J. L. (1969). A further test of the kinky oligopoly demand curve. *The American Economic Review, 59*(5), 971-975.

Simon, J. L., & Arndt, J. (1980). The shape of the advertising response function. *Journal of Advertising Research, 20*(4), 11-28.

Singh, J., Scriven, J., Clemente, M., Lomax, W., & Wright, M. (2012). New brand extensions: Patterns of success and failure. *Journal of Advertising Research, 52*(2), 234-242.

Singh, J., & Wright, M. (2016). New brands: Performance and measurement. In F. D. O. Riley, J. Singh, & C. Blankson (Eds.), *The Routledge companion to contemporary brand management* (pp. 186-197). Routledge.

Slotegraaf, R. J., & Pauwels, K. (2008). The impact of brand equity and innovation on the long-term effectiveness of promotions. *Journal of Marketing Research, 45*(3), 293-306.

Smith, R. E., MacKenzie, S. B., Yang, X., Buchholz, L. M., & Darley, W. K. (2007). Modeling the determinants and effects of creativity in advertising. *Marketing Science, 26*(6), 819-833.

Smith, S. M., & Vela, E. (2001). Environmental context-dependent memory: A review and meta-analysis. *Psychonomic Bulletin & Review, 8,* 203-220.

Soyer, E., & Hogarth, R. M. (2020). Don't let a good story sell you on a bad idea. *Harvard Business Review.* https://hbr.org/2020/12/dont-let-a-good-story-sell-you-on-a-bad-idea

Spiller, S. A., & Belogolova, L. (2017). On consumer beliefs about quality and taste. *Journal of Consumer Research, 43*(6), 970-991.

Srinivasan, S., Vanhuele, M., & Pauwels, K. (2010). Mind-set metrics in market response models: An integrative approach. *Journal of Marketing Research, 47*(4), 672-684.

Sriram, S., Balachander, S., & Kalwani, M. U. (2007). Monitoring the dynamics of brand equity using store-level data. *Journal of Marketing, 71*(2), 61-78.

Srivastava, R. K., & Reibstein, D. J. (2005). *Metrics for linking marketing to financial performance.* Report No. 05-200. Marketing Science Institute.

Stephenson, J. (2023, June 16). *ROI top effectiveness metric demanded by C-suite.* Marketing Week. https://www.marketingweek.com/roi-top-metric-effectiveness/

Stigler, G. J. (1961). The economics of information. *Journal of Political Economy, 69*(3), 213-225.

Stocchi, L. (2014). Is consumer memory (really) Dirichlet-like?. *Marketing Bulletin, 25,* Technical Note 1.

Stocchi, L., Wright, M., & Driesener, C. (2016). Why familiar brands are sometimes harder to remember. *European Journal of Marketing, 50*(3/4), 621-638.

Strong Jr, E. K. (1925). Theories of selling. *Journal of Applied Psychology, 9*(1), 75-86.

Taneja, H. (2020). The myth of targeting small, but loyal niche audiences: Double-jeopardy effects in digital-media consumption. *Journal of Advertising Research, 60*(3), 239-250.

Tanusondjaja, A., Nenycz-Thiel, M., Dawes, J., & Kennedy, R. (2018). Portfolios: Patterns in brand penetration, market share, and hero product variants. *Journal of Retailing and Consumer Services, 41,* 211-217.

Tanusondjaja, A., Nenycz-Thiel, M., Kennedy, R., & Corsi, A. (December, 2012). *Is Bigger Always Better? Exploring the relationship between the number of brand offerings in a portfolio and its overall brand penetration* [Conference Paper]. ANZMAC Conference, Adelaide, Australia.

Tanusondjaja, A., Romaniuk, J., Nenycz-Thiel, M., Sakashita, M., & Viswanathan, V. (2023). Examining Pareto Law across department store shoppers. *International Journal of Market Research, 65*(5), 581-596.

Tanusondjaja, A., Trinh, G., & Romaniuk, J. (2016). Exploring the past behaviour of new brand buyers. *International Journal of Market Research, 58*(5), 733-747.

Taylor, J. W. (1977). A striking characteristic of innovators. *Journal of Marketing Research, 14*(1), 104-107.

Taylor, J., Kennedy, R., McDonald, C., Larguinat, L., El Ouarzazi, Y., & Haddad, N. (2013). Is the multi-platform whole more powerful than its separate parts?: Measuring the sales effects of cross-media advertising. *Journal of Advertising Research, 53*(2), 200-211.

Taylor, J., Kennedy, R., & Sharp, B. (2009). Is once really enough? Making generalizations about advertising's convex sales response function. *Journal of Advertising Research, 49*(2), 198-200.

Tellis, G. J. (1988). The price elasticity of selective demand: A meta-analysis of econometric models of sales. *Journal of Marketing Research, 25*(4), 331-341.

Tellis, G. J. (1997). Effective frequency: One exposure or three factors?. *Journal of Advertising Research, 37*(4), 75-80.

Thaler, R. H., & Shefrin, H. M. (1981). An economic theory of selfcontrol. *Journal of Political Economy, 89,* 392-406.

Thaler, R. H. (1999). Mental accounting matters. *Journal of Behavioral Decision-Making, 12,* 183-206.

Theil, H., & Kosobud, R. F. (1968). How informative are consumer buying intentions surveys?. *The Review of Economics and Statistics,* 50-59

Trembath, R., Romaniuk, J., & Lockshin, L. (2011). Building the destination brand: An empirical comparison of two approaches. *Journal of Travel & Tourism Marketing, 28*(8), 804-816.

Trinh, G. T., Dawes, J., & Sharp, B. (2023). Where is the brand growth potential? An examination of buyer groups. *Marketing Letters,* 1-12. https://doi.org/10.1007/s11002-023-09682-7

Trinh, G., Dawes, J., Wright, M. J., Danenberg, N., & Sharp, B. (2022). Extended conditional trend analysis: Predicting triple period buyer flows with a tri-variate NBD model. *Journal of Consumer Behaviour, 21*(1), 92-101.

Trinh, G., Romaniuk, J., & Tanusondjaja, A. (2016). Benchmarking buyer behavior towards new brands. *Marketing Letters, 27*(4), 743-752.

Trout, J., & Rivkin, S. (2008). *Differentiate or die: Survival in our era of killer competition* (2nd ed.). John Wiley & Sons.

Tulving, E. (1983). *Elements of episodic memory.* Oxford University Press.

Uncles, M. D., Dowling, G. R., & Hammond, K. (2003). Customer loyalty and customer loyalty programs. *Journal of Consumer Marketing, 20*(4), 294-316.

Uncles, M. D., Ehrenberg, A., & Hammond, K. (1995). Patterns of buyer behavior: Regularities, models, and extensions. *Marketing Science, 14*(3_ supplement), G71-G78.

Uncles, M. D., Hammond, K. A., Ehrenberg, A. S., & Davis, R. E. (1994). A replication study of two brand-loyalty measures. *European Journal of Operational Research, 76*(2), 375-384.

Uncles, M. D., Kennedy, R., Nenycz-Thiel, M., Singh, J., & Kwok, S. (2012). In 25 years, across 50 categories, user profiles for directly competing brands seldom differ: Affirming Andrew Ehrenberg's principles. *Journal of Advertising Research, 52*(2), 252-261.

Unnava, H. R., & Burnkrant, R. E. (1991). Effects of repeating varied ad executions on brand name memory. *Journal of Marketing Research, 28*(4), 406-416.

Vakratsas, D., & Ambler, T. (1999). How advertising works: What do we really know?. *Journal of Marketing, 63*(1), 26-43.

Vakratsas, D., Feinberg, F. M., Bass, F. M., & Kalyanaram, G. (2004). The shape of advertising response functions revisited: A model of dynamic probabilistic thresholds. *Marketing Science, 23*(1), 109-119.

Valenti, A., Yildirim, G., Vanhuele, M., Srinivasan, S., & Pauwels, K. (2023). Advertising's sequence of effects on consumer mindset and sales: A comparison across brands and product categories. *International Journal of Research in Marketing, 40*(2), 435-454.

van der Maas, H. L. J., Dolan, C. V., Grasman, R. P., Wicherts, J. M., Huizenga, H. M., & Raijmakers, M. E. (2006). A dynamical model of general intelligence: the positive manifold of intelligence by mutualism. *Psychological Review, 113*(4), 842.

van Doorn, J., Leeflang, P. S., & Tijs, M. (2013). Satisfaction as a predictor of future performance: A replication. *International Journal of Research in Marketing, 30*(3), 314-318.

van Doorn, J., Risselada, H., & Verhoef, P. C. (2021). Does sustainability sell? The impact of sustainability claims on the success of national brands' new product introductions. *Journal of Business Research, 137,* 182-193.

van Doorn, J., & Verhoef, P. C. (2011). Willingness to pay for organic products: Differences between virtue and vice foods. *International Journal of Research in Marketing, 28*(3), 167-180.

van Heerde, H. J., Leeflang, P. S., & Wittink, D. R. (2001). Semiparametric analysis to estimate the deal effect curve. *Journal of Marketing Research, 38*(2), 197-215.

Vaughan, K., Beal, V., & Romaniuk, J. (2016). Can brand users really remember advertising more than nonusers?: Testing an empirical generalization across six advertising awareness measures. *Journal of Advertising Research, 56*(3), 311-320.

Vaughan, K., Corsi, A. M., Beal, V., & Sharp, B. (2021). Measuring advertising's effect on mental availability. *International Journal of Market Research, 63*(5), 665-681.

Vaughn, R. (1986). How advertising works: A planning model revisited. *Journal of Advertising Research, 26*(1), 57-66.

Verplanken, B., & Wood, W. (2006). Interventions to break and create consumer habits. *Journal of Public Policy & Marketing, 25*(1), 90-103.

Victory, K., Nenycz-Thiel, M., Dawes, J., Tanusondjaja, A., & Corsi, A. M. (2021). How common is new product failure and when does it vary?. *Marketing Letters, 32*(1), 17-32.

Wakefield, K. L., & Inman, J. J. (2003). Situational price sensitivity: The role of consumption occasion, social context and income. *Journal of Retailing, 79,* 199-212.

Webb, T. L., & Sheeran, P. (2006). Does changing behavioral intentions engender behavior change? A meta-analysis of the experimental evidence. *Psychological Bulletin, 132*(2), 249-268.

Wedel, M., Pieters, R., & Liechty, J. (2008). Attention switching during scene perception: How goals influence the time course of eye movements across advertisements. *Journal of Experimental Psychology: Applied, 14*(2), 129-138

Weilbacher, W. M. (2001). Point of view: Does advertising cause a 'hierarchy of effects'?. *Journal of Advertising Research, 41*(6), 19-26.

Weilbacher, W. M. (2002). Weilbacher comments on: 'In defense of the hierarchy of effects'. *Journal of Advertising Research, 42*(3), 48-49.

Whitley, S. C., Trudel, R., & Kurt, D. (2018). The influence of purchase motivation on perceived preference uniqueness and assortment size choice. *Journal of Consumer Research, 45*(4), 710-724.

Wicker, A. W. (1969). Attitudes versus actions: The relationship of verbal and overt behavioral responses to attitude objects. *Journal of Social issues, 25*(4), 41-78.

Wilbur, K. C., & Farris, P. W. (2014). Distribution and market share. *Journal of Retailing, 90*(2), 154-167.

Williams, P., & Naumann, E. (2011). Customer satisfaction and business performance: A firm-level analysis. *Journal of Services Marketing, 25*(1), 20-32.

Winchester, M. K., & Romaniuk, J. (2003). Evaluative and descriptive response patterns to negative image attributes. *International Journal of Market Research, 45*(1), 1-13.

Winchester, M. K., & Romaniuk, J. (2008). Negative brand beliefs and brand usage. *International Journal of Market Research, 50*(3), 355-375.

Wind, Y. J., & Sharp, B. (2009). Advertising empirical generalizations: Implications for research and action. *Journal of Advertising Research, 49*(2), 246-252.

Wood, W., & Rünger, D. (2016). Psychology of habit. *Annual Review of Psychology, 67,* 289-314.

Woodside, A. G., & Ozcan, T. (2009). Customer choices of manufacturer versus retailer brands in alternative price and usage contexts. *Journal of Retailing and Consumer Services, 16*(2), 100-108.

Wright, M. (2009). A new theorem for optimizing the advertising budget. *Journal of Advertising Research, 49*(2), 164-169.

Wright, M., & Klÿn, B. (1998). Environmental attitude behaviour correlations in 21 countries. *Journal of Empirical Generalisations in Marketing Science, 3*(3).

Wright, M., & MacRae, M. (2007). Bias and variability in purchase intention scales. *Journal of the Academy of Marketing Science, 35,* 617-624.

Wright, M., & Riebe, E. (2010). Double jeopardy in brand defection. *European Journal of Marketing, 44*(6), 860-873.

Wright, M., & Stern, P. (2015). Forecasting new product trial with analogous series. *Journal of Business Research, 68*(8), 1732-1738.

Yarbus, A. L. (1967). *Eye movements and vision.* Plenum.

Yoon, C., Gutchess, A. H., Feinberg, F., & Polk, T. A. (2006). A functional magnetic resonance imaging study of neural dissociations between brand and person judgments. *Journal of Consumer Research, 33*(1), 31-40.

Zielske, H. A. (1959). The remembering and forgetting of advertising. *Journal of Marketing, 23*(3), 239-243.

引用文献（邦文）

漁田武雄（2016）『環境的文脈依存記憶について』応用心理学研究センター通信, 36, 静岡産業大学　https://www.ssu.ac.jp/applied-psychology/161109/

カーネマン, D.（2014）『ファスト＆スロー（上／下）あなたの意思はどのように決まるか？』村井章子（訳）早川書房

クリステンセン, C. M., ホール, T., ディロン, K., & ダンカン, D. S.（2017）『ジョブ理論：イノベーションを予測可能にする消費のメカニズム』依田光江（訳）ハーパーコリンズ・ジャパン

芹澤連（2022）『"未"顧客理解：なぜ「買ってくれる人＝顧客」しか見ないのか？』日経BP

橘玲（2022）『バカと無知—人間、この不都合な生きもの—』新潮社

田中洋（2008）『消費者行動論体系』中央経済社

田中洋（2017）『ブランド戦略論 Integrated Brand Strategy: Theory, Practice, & Cases』有斐閣

プラトン／納富信留（訳）（2012）『ソクラテスの弁明』光文社

村山幹朗, 芹澤連（2020）『顧客体験マーケティング：顧客の変化を読み解いて「売れる」を再現する（Web担選書）』インプレス

著者略歴

芹澤 連　（せりざわ・れん）
株式会社コレクシア コンサルティング事業部 執行役員

マーケティングサイエンティスト。数学／統計学などの理系アプローチと、心理学／文化人類学などの文系アプローチに幅広く精通。非購買層やノンユーザー理解の第一人者として、消費財を中心に、化粧品、自動車、金融、メディア、エンターテインメント、インフラ、D2Cなどの戦略領域に従事。エビデンスベースのコンサルティングで事業会社の市場拡大を支援する傍ら、執筆や講演活動も行っており、企業研修などの講師を務める。著書に『顧客体験マーケティング』（インプレス）、『"未"顧客理解：なぜ「買ってくれる人＝顧客」しか見ないのか?』（日経BP）。日本マーケティング学会員。海外論文を読むのが日課。猫好き。

日経クロストレンド

「マーケティングがわかる　消費が見える」を編集コンセプトとするオンラインビジネスメディア。顧客相手のビジネスを展開している限り、携わるすべての人が「マーケター」です。顧客に寄り添い、課題を解決するヒントを探るべく、日経クロストレンドでは、マーケターのためのデジタル戦略、消費者分析、未来予測など、多彩なテーマの記事を平日毎日お届けします。また、第一線で活躍するマーケターを招いた各種セミナーイベントも定期的に開催。あらゆるマーケティング活動やイノベーション活動を支援します。
https://xtrend.nikkei.com/

戦略ごっこ
マーケティング以前の問題
エビデンス思考で見極める
「事業成長の分岐点」

2023年12月18日　第1版第1刷発行
2024年1月19日　第1版第3刷発行

　著　者　芹澤 連
　発行者　佐藤央明
　発　行　株式会社日経BP
　発　売　株式会社日経BPマーケティング
　　　　　〒105-8308　東京都港区虎ノ門4-3-12
　編　集　酒井康治（日経クロストレンド）
　装　丁　中川英祐（Tripleline）
　制　作　關根和彦（QuomodoDESIGN）
印刷・製本　大日本印刷株式会社

ISBN　978-4-296-20404-5
Printed in Japan
©Ren Serizawa 2023